SUR LE BORD DU CHAOS

Psycho - logiques

Collection fondée par Philippe Brenot
et dirigée par Joël Bernat

Sans exclusives ni frontières, les logiques président au fonctionnement psychique comme à la vie relationnelle. Toutes les pratiques, toutes les écoles ont leur place dans Psycho - logiques.

Déjà parus

Pierre LEGRAND, *Anti-manuel de psychiatrie*, 2020.
Pascale CASTRO-BELLOC, *Le pervers narcissique et ses masques. Le mythe, son cheval de Troie*, 2020.
Cécile WYLER (dir.), *La thérapie par la ChoZif' ou l'art de mettre en scène l'inconscient*, 2020.
Anna CURIR, Fernando DE FELICE, *De la science-fiction à la science*, 2020.
Stéphanie GERMANI, *Coulisses de psychothérapies (en prison)*, 2020.
Ginette JUBINVILLE, *L'art et l'architecture au temps des premiers aliénistes français*, 2020.
Jean-Paul DESCOMBEY, *La psychiatrie sinistrée, toujours*, 2019.
Claudine LEGUEIL BOURDIOL, *Promenade en violence. Et si l'agresseur était aussi une personne ?*, 2019.
Marie-France BLÈS, *S'adresser à l'autre, Regards croisés sur le langage de l'adulte, du bébé et de l'adolescent,* 2019.
Bernard MAROY, *La dépression et son traitement. Aspects méconnus*, Nouvelle édition, 2019.
Pierre DELMAS, *Petit traité de psycho-mythologie ou le pouvoir évolutif du mythe*, 2019.
Patrick ALARY, *Puisque je passais par là... De la psychiatrie de secteur à la réhabilitation polaire*, 2018.
Myriam NOEL-WINDERLING, *Vaincre vos traumatismes par la méthode IPSCi. Une histoire naturelle de la souffrance et de la guérison,* 2018.

MAURIZIO FRISINA

SUR LE BORD DU CHAOS

COMPLEXITÉ, THÉRAPIE SYSTÉMIQUE ET ADDICTIONS

5-7, rue de l'Ecole-Polytechnique, 75005 Paris

www.editions-harmattan.fr

ISBN : 978-2-343-20513-7
EAN : 9782343205137

Par-delà les idées
du bien et du mal
il y a un champ.
je t'y retrouverai.

J. Rumi

Est-il possible que la pathologie mathématique,
c'est-à-dire le chaos, soit la santé ?
Et que la santé mathématique
qui est le pouvoir de prédire et de différencier
ce genre de structure, soit la maladie ?

A. Mandel

INTRODUCTION

Selon les données du National Centre for Health Statistics, 2017 a été la pire année depuis toujours aux États Unis en termes de morts par overdose[1] : environ 200 par jour, soit beaucoup plus que celles provoquées par les armes à feu, les accidents de la route ou encore le SIDA. En 2015, 2016 et 2017, les morts par abus de substances ont chaque année dépassé en nombre celles causées dans l'armée américaine par la guerre du Vietnam. Selon l'Organisation Mondiale de la Santé, plus de 3,3 millions de personnes sont décédées en 2018 des suites d'une consommation excessive d'alcool[2].

Malgré ces données catastrophiques sur les conséquences des addictions, la grande majorité des cultures, toutes époques historiques confondues, a valorisé la consommation de substances psychotropes[3].

Qu'est-ce qui nous pousse vers l'abus d'un produit, malgré les risques qui y sont liés ? Où se situe la frontière entre consommation et addiction ? Comment l'addiction envahit-elle progressivement les différents aspects de la vie des personnes ? Comment retrouver la liberté qui a été perdue ?

Depuis 2007, ma pratique clinique à l'Unité 1 de la Clinique la Ramée à Bruxelles ainsi que dans mon cabinet privé me confronte à toutes ces thématiques.

Les statistiques de nombreuses études récentes, dont celles précédemment citées, soulignent la grandissante *prégnance* des addictions au sein de la société. De la même manière, mais à une échelle différente, cette même prégnance se reproduit également dans les systèmes familiaux et individuels : le produit ou substance, objet d'une addiction, devient le centre de gravité, le mécanisme régulateur des différents aspects de la vie.

Le temps, l'activité, les pensées sont envahis par la recherche de la substance, la consommation, la tentative d'en contrôler – ou d'en empêcher – l'utilisation, la dissimulation de l'abus, l'évitement ou l'affrontement des conséquences. Peu de symptômes affichent une telle capacité à structurer

---

[1] https://www.cdc.gov/nchs/nvss/vsrr/drug-overdose-data.htm

[2] https://apps.who.int/iris/bitstream/handle/10665/274603/9789241565639-eng.pdf?ua=1

[3] Une société ou culture peut mettre en valeur un produit de façon *explicite*, par exemple en le rendant légal contrairement à d'autres produits ; ou en l'associant à des rituels partagés (il suffit de penser à la place de l'alcool dans les sociétés occidentales lors des fêtes, ou même dans les liturgies). Toutefois, une société peut promouvoir l'utilisation d'un produit de façon *implicite*, dans le sens d'une concordance entre valeurs sociales et valeurs associées au produit, comme dans le cas des sociétés capitalistes contemporaines basées sur le consumérisme et sur un rapport au temps lié à l'immédiateté, et la diffusion grandissante de la consommation de cocaïne (voir aussi Rigliano et Bignami 2009).

autour de soi les relations et les narrations d'une personne, et à le faire d'une façon aussi dramatique et destructrice.

En même temps, malgré les années de pratique clinique, je ne cesse d'être étonné par la *fluidité* des addictions, par leur capacité à changer rapidement de forme : en quelques semaines, les personnes dépendantes peuvent s'éloigner du bord du gouffre et améliorer leur vie de façon – pardonnez l'ironie facile – stupéfiante. De même, après des années d'abstinence et d'une liberté retrouvée par rapport à la substance, un seul geste suffit pour entamer une rechute potentiellement dévastatrice.

En quelques entretiens, il est possible d'assister aux améliorations les plus spectaculaires et aux crises les plus soudaines. En quelques séances, les cieux les plus clairs et les abîmes les plus noirs.

La clinique des addictions est une pratique thérapeutique passionnante, fatigante, complexe, intense. Mais elle est également beaucoup plus que tout cela : à travers le symptôme, les addictions interrogent – certes de façon brutale et paradoxale – certains aspects universels de l'existence humaine.

Jusqu'à quel point restons-nous libres par rapport à ce qui nous importe le plus ? Quelle est la frontière entre passion et dépendance ? Comment participons-nous à notre emprisonnement dans certaines positions relationnelles et dans certaines narrations desquelles nous n'arrivons plus à sortir ?

Et, plus profondément, comment traversons-nous les phases de changement de notre vie, et les parenthèses de chaos qui en découlent ? Pourquoi préférons-nous souvent la périodicité et ce que nous connaissons déjà – même si tout cela nous détruit – à la temporaire perte d'équilibre lorsqu'on s'avance en terrain inconnu ?

Le travail thérapeutique avec les personnes qui souffrent d'une addiction nous confronte à toutes ces questions : on s'y perd, pour ensuite se retrouver, juste avant de s'égarer à nouveau.

Dans ces pages, j'ai voulu proposer une *carte*, un ensemble d'idées pour s'orienter grâce à un regard systémique dans la complexité du paysage des addictions. Naturellement, comme Korzybski le rappelait (1933), *la carte n'est pas le territoire* : je ne suis donc aucunement animé par une illusion d'exhaustivité. J'ai plutôt cherché à donner des grilles de lecture qui puissent alimenter chez le thérapeute une certaine *curiosité* (Cecchin 1987 ; 1992 ; 1997) qui permette de répondre à l'impératif éthique de Von Foerster (1987) d'*élargir le champ du possible*, et de se confronter à d'autres modèles.

Le texte est structuré en deux parties, suivies d'une annexe. Dans la première partie, je présente un *modèle introductif* pour entamer le travail de façon systémique et constructiviste avec les addictions. Il est né de mes premières années de pratique à la Clinique la Ramée à Bruxelles et de l'expérience d'enseignement à l'École de Spécialisation en Psychothérapie Systémique du Centre Panta Rei de Milan ; des questions des patients et des étudiants, du dialogue entre pratique et formation, des renvois entre clinique et théorie.

Je l'ai appelé *modèle des trois collines,* car je propose un premier regard sur le paysage des addictions à partir de trois points de vue.

Le premier, dit *auto-organisationnel*, raconte la manière dont le système se structure autour du produit et la forme assumée par les relations dans une addiction.

Le deuxième, celui de la dimension *narrative*, renvoie à la manière dont le langage utilisé par les personnes dépendantes pour décrire (et donc pour construire) leur expérience de la réalité est profondément marqué par la présence du produit. La perte de liberté se reflète, ou peut-être commence, par la fermeture et la rigidité de notre discours sur nous-mêmes et sur ce qui nous entoure.

Enfin, la troisième colline est celle de la dimension *temporelle*, consacrée à la manière dont l'addiction influence intensément notre expérience subjective du temps, ainsi que notre façon de le structurer à travers activités et rituels partagés.

Les trois perspectives seront présentées conjointement à des lignes d'intervention et des exemples cliniques, afin de fournir une approche introductive et transversale au travail thérapeutique avec les addictions.

Au centre de cette première partie, l'idée de se pencher sur la *relation au produit* (Rigliano 2015, 2004) au-delà de la substance spécifique ou objet de l'addiction, en se situant plutôt dans le champ de la complexité (Haken 2000 ; Heylighen 2001 ; Bocchi et Ceruti 1985 ; Morin 1985 et 1986 ; Arecchi 2004).

Dans la deuxième partie de l'ouvrage, en revanche, je présenterai un modèle que j'ai développé plus récemment, basé sur la théorie du chaos (Gleick 2008 ; Prigogine 2008) et la théorie des systèmes complexes (Miller 2015 ; Buchanan 2002 ; Gribbin 2004 ; Johnson 2007). En effet, au fil des années et de ma pratique clinique, j'ai pu observer l'énorme diversité que la forme d'une addiction peut assumer au long de la vie d'une personne. Les patients qui présentaient une relation problématique au produit depuis relativement peu de temps, ou qui étaient dans une phase de transition, me semblaient bien différents des patients qui enchaînaient depuis des années rechutes et rémissions, et qui entamaient un processus de soins pour la quatrième ou cinquième fois. Et ces mêmes patients étaient encore différents des patients chez lesquels l'addiction était chronique au point de presque assumer une vie propre, en s'auto-alimentant et en détruisant tout le reste.

Si, comme Bateson nous le rappelle (1972), le sens dérive de la différence, je ressentais le besoin de rechercher une cartographie qui reflète la diversité clinique qui s'offrait à moi.

Par ailleurs, je voulais développer un modèle qui s'élargisse jusqu'à considérer non seulement la forme du système « dessinée » par le symptôme, mais aussi l'esthétique et le fonctionnement du système thérapeutique. Je cherchais une perspective qui ne se limite pas aux prémisses épistémologiques qui guident notre regard sur les addictions, mais qui inclut également une réflexion sur notre position dans le phénomène que nous décrivons : cette « danse » entre thérapeute, patient et symptôme, qui est au cœur de tout processus thérapeutique.

Une relecture de la théorie du chaos et de la théorie des systèmes complexes ainsi que les promenades qui en ont découlé entre astrophysique, biologie évolutive, mathématique, anthropologie, météorologie, sociologie, économie et cybernétique, m'ont permis de m'autoriser un champ de pensée plus large pour me confronter à toutes ces questions.

Le résultat est la proposition d'un modèle de classification des addictions le long du *continuum* entre chaos et périodicité (que, avec un manque cruel d'originalité, j'ai nommé addictions de types A, B, et C). Ceci afin d'offrir un niveau supérieur de complexité dans la lecture du symptôme et du rapport entre temps et parcours thérapeutique.

Si le modèle des trois collines s'adresse donc à celui qui commence à se confronter aux patients dépendants, le deuxième modèle est pensé pour ceux qui font de la clinique des addictions un axe central de leur pratique clinique.

Enfin, j'ai voulu inclure une annexe, une troisième partie à l'ouvrage, qui traite dans un langage systémique du rapport entre cadre et transgression. Si les addictions sont une *pathologie des limites*, celui qui est confronté à cette pratique clinique rencontre constamment des petits ou grands dépassements des règles et des frontières du processus thérapeutique.

Cette partie finale se donne donc pour objectif d'offrir une lecture systémique de la dialectique entre cadre et transgression à l'intérieur du dispositif thérapeutique, qu'il s'agisse d'une unité de soins au sein d'un hôpital, d'un centre communautaire, ou plus simplement du *setting* d'une consultation privée.

PREMIÈRE PARTIE

UN PREMIER REGARD SUR LES ADDICTIONS : LE MODÈLE DES TROIS COLLINES

PRÉSENTATION

Il y a plusieurs façons de définir une addiction, la plupart d'entre elles se focalisant sur les comportements de la personne dépendante, sur ses caractéristiques ou ses traits internes ; d'autres se basant sur des paramètres liés à la consommation (quantité, fréquence...).

Dans ces pages, je choisirai comme prémisse d'utiliser une définition très simple, transversale, articulée sur la *relation entre la personne et l'objet de l'addiction* (objet que j'appellerai produit ou substance ; cette définition pouvant en réalité se référer également à toute addiction qui a comme objet un comportement, par exemple les dépendances au jeu, au sexe…). Je parlerai d'addiction à un produit quand la personne perd la liberté d'y mettre des limites, c'est-à-dire de décider de consommer ou non, avec quelle intensité et selon quelle temporalité.

L'addiction existe dans la mesure où il y a une perte de liberté dans la relation à un produit. Les Alcooliques Anonymes ont une phrase révélatrice, à ce propos : « Le premier verre est de trop, le dixième n'est pas assez. »

Bateson (1972) décrit les pathologies comme générées par des erreurs épistémologiques, et l'alcoolisme comme une maladie fondée sur l'erreur épistémologique du contrôle : l'alcoolique considère l'alcool (et le soi-même qui boit donc) comme quelque chose de séparé de lui, qui ne lui appartient pas ; il cherche donc inlassablement – mais sans jamais y parvenir – à le contrôler[4]. Epistémologie du contrôle, pathologie de la liberté.

Evidemment, cette perte de liberté dans la relation ne se limite pas au produit et à sa consommation, mais elle s'étend à des portions plus amples du système et aux différents domaines de la vie.

Par exemple, tout comme un alcoolique cherche sans succès à contrôler la bouteille, de façon spéculaire ses proches essayent sans y parvenir de le contrôler, pour l'empêcher de boire.

Lorsque nous évoquons la notion de perte de liberté, nous parlons d'un glissement progressif, et pas d'un changement catégoriel. D'une ligne rouge qui n'est souvent visible que seulement après avoir été franchie. D'un ensemble de nuances grises qui définissent la frontière entre notre capacité à choisir et les contraintes auxquelles nous sommes tous soumis.

Afin d'explorer ce territoire, je propose un regard introductif qui puisse essayer d'en respecter la complexité. Un modèle qui parte du principe que s'offrir plusieurs perspectives est un passage incontournable pour se confronter à tout phénomène.

Bateson (1972 ; 1979) rappelait que la profondeur de notre champ de vision dérive de la présence de deux yeux, et donc de deux visions sur le même objet. La différence, même légère, entre les deux perspectives saisies par les deux yeux (à cause de la faible distance qui les sépare) donne lieu à la profondeur d'un regard qui, dans le cas contraire, ne serait que plat et bidimensionnel. D'où l'importance, selon lui, d'adjoindre une vision circulaire à la vision linéaire que nous utilisons habituellement pour construire notre expérience.

Caruso (2002 ; 2008), dans son idée d'« *autre-vision* », soulignait aussi l'importance de s'offrir différents points de vue – forcément partiels –, mais qui se complètent réciproquement, et d'ainsi permettre d'éviter de tomber dans la tentation épistémologique d'imaginer un regard unique, « méta », susceptible d'appréhender le tout.

À Kyoto, au Japon, il existe un temple appelé Ryōan-ji où l'on trouve un jardin à l'intérieur duquel reposent quinze pierres. Le jardin, qui remonte à la deuxième moitié du XVe siècle, a été construit de sorte que, où que l'on se pose, il est impossible d'arriver à voir toutes les quinze pierres qui le composent. Dès lors, aucun regard ne permet de saisir la totalité, et c'est seulement en se promenant dans les différents recoins du jardin et en ajoutant plusieurs perspectives que nous pouvons essayer d'en appréhender la complexité.

De ce fait, pour s'orienter dans le paysage des addictions, j'estime indispensable de ne pas se limiter à une seule perspective. J'ai nommé cette approche introductive *modèle des trois collines* pour renvoyer à l'idée de trois

---

[4]L'erreur épistémologique selon Bateson est dans ce cas *double* : se considérer séparé du reste du système (le soi-même alcoolique comme distinct du soi-même qui essaye d'arrêter), ainsi que penser qu'une partie du système puisse en contrôler l'ensemble.

points de vue qui, comme dans le jardin du Ryōan-ji, nous aident à saisir un champ dont la totalité ne peut que nous échapper, mais que nous allons essayer d'apprivoiser grâce aux différences entre les trois perspectives.

Les trois collines constituent trois prémisses épistémologiques qui cherchent à décrire, sans aucun mirage d'exhaustivité, les addictions et la conséquente perte de liberté dans la relation à un produit. La confrontation entre les trois regards permet selon moi d'élargir les possibilités de lecture et les points d'intervention clinique.

CHAPITRE 1

La première colline : la dimension auto-organisationnelle

Dans ce chapitre, je chercherai à décrire la manière dont le système se structure (Maturana et Varela 1980) autour du symptôme, et dont la substance donne forme aux relations de la personne dépendante. Mais, d'abord, accordez-moi un bref retour en arrière.

Selon Heylighen (2008), l'auto-organisation est « responsable de la plupart des *patterns*, des structures et des prédispositions à l'ordre que nous rencontrons dans le monde naturel, ainsi que d'une grande partie de ceux dans le champ de l'esprit, de la société et de la culture » (p. 2). Kauffman (1993), pour sa part, considérait que, dans le monde biologique, l'ordre est dû à deux processus : la sélection naturelle et l'auto-organisation.

Mais qu'entendons-nous par auto-organisation, c'est-à-dire ce processus à l'origine de l'ordre et de la structure des phénomènes ?

Selon la théorie de la complexité (Waldrop 1992 ; Haken 2000 ; Heylighen 2001), l'auto-organisation a une définition relativement simple : il s'agit de l'émergence spontanée d'une structure (ou ordre) à partir des interactions locales entre les parties. Par « spontanée », on entend « non provoquée » ou ordonnée par un agent externe, ni prédéterminée. Par « émergence », en revanche, on se réfère au fait que les propriétés de l'ordre ne sont pas réductibles au fonctionnement de ses parties.

Un exemple de propriété émergente est la *conscience*, qui « émerge » du cerveau, mais qui n'est pas réductible à la composition du cerveau même ; ou la *vie* d'une cellule, qui « émerge » de l'ensemble des molécules qui la composent sans toutefois qu'aucune de ces mêmes molécules ne la possède individuellement.

Nous retrouvons plusieurs exemples d'auto-organisation en nature. Pensons un instant à une volée d'oiseaux (Hildenbrandt *et al.* 2010), qui bougent à l'unisson et maintiennent une forme cohérente. Voire à un banc de (milliers de) poissons : chaque poisson est uniquement capable de percevoir les mouvements des poissons immédiatement adjacents à lui et de s'aligner sur eux, et pourtant la somme de ces « interactions locales », par propagation, fait émerger une structure qui n'est ni prédéterminée ni centralisée, mais hautement soudée (Ward *et al.* 2008). Des formes élaborées d'auto-organisation ont également été observées chez les fourmis et parmi les abeilles (Jeanson *et al.* 2005 ; Dussutour *et al.* 2004).

Nombreux sont également les cas d'auto-organisation présents dans le champ de la physique (Haken 2000 ; Heylighen 2008). Il suffit de penser au processus de magnétisation des substances ferreuses : à basse température, les *spins* ont tendance à s'aligner sur leurs voisins, créant ainsi une orientation magnétique collective, au lieu de s'annuler mutuellement. D'autres exemples sont la cohérence des lumières dans les lasers ou encore les processus complexes de cristallisation des polymères.

Dans le domaine des sciences sociales également, plusieurs formes d'ordre émergentes et décentralisées ont été observées : dans le développement des réseaux urbains (Dauphiné 2003), dans les fluctuations de l'économie (Krugman 1996) ou encore dans les mouvements des foules (Moussaïd 2019).

Ces formes d'auto-organisation émergent, car les systèmes ont spontanément tendance à se structurer en réponse à des variations internes et externes. Elles possèdent de ce fait une fonction *adaptative* : elles permettent de trouver une forme en adéquation à un environnement en perpétuelle mutation. Vu que l'auto-organisation est une forme d'ordre décentralisée et non prédéterminée, elle est plus résistante aux perturbations : même en cas de perte d'une partie d'entre elles, le reste des composantes peut continuer à se réorganiser.

Ceci est d'ailleurs la raison pour laquelle la Nasa pense utiliser, dans le cadre de l'exploration future des nouvelles planètes, un ensemble de robots simples capables de s'auto-organiser entre eux plutôt qu'un seul robot sophistiqué (Johnson 2007) : la perte ou le dysfonctionnement d'une composante d'un robot sophistiqué (comme c'est déjà arrivé par le passé) a pour conséquence la fin de la (coûteuse) mission spatiale, alors qu'un réseau de robots auto-organisés peut pallier la perte d'une de ses unités. Par ailleurs, un robot sophistiqué présente une capacité d'adaptation moindre, étant donné que son fonctionnement est prédéterminé et non pas émergent de l'interaction avec l'environnement.

Certains changements externes peuvent temporairement « casser » la forme émergente du système, qui pourra cependant être retrouvée par après : par exemple, la configuration d'une volée d'oiseaux est perturbée par l'approche d'un possible prédateur, pour se reconstituer par la suite, une fois la menace passée.

Toutefois, lorsque les perturbations dépassent le seuil critique (Bak 1996 ; Buchanan 2002), le système perd son ordre et traverse alors une phase d'instabilité, jusqu'à l'émergence d'une nouvelle forme ou configuration. Par exemple, une manifestation en rue peut être dispersée et perdre sa structure suite à l'intervention des forces de l'ordre, pour après se reformer ailleurs, différemment. Varela (1979) dirait que ce système a changé d'état (configuration) tout en gardant son identité (organisation).

Il existe bien évidemment aussi plusieurs exemples de perturbations qui mettent fin à l'existence même du système, comme dans le cas d'une maladie mortelle pour un organisme, ou d'une révolution pour une dictature.

De façon générale, l'ordre émergé (qui, dans la théorie générale des systèmes, est nommée *homéostasie* et, dans la théorie des systèmes complexes, *auto-organisation autour d'un attracteur*) n'est qu'une des structures possibles qu'un système peut adopter. Chaque système possède en principe un répertoire de différentes formes d'ordre possible (« un système non-linéaire possède généralement une multitude d'attracteurs, et chacun d'entre eux correspond à une configuration auto-organisée particulière » Heylighen, 2001, p. 9).

Prenons l'exemple de deux personnes qui, après un déménagement, commencent à avoir des interactions répétées (c'est-à-dire : à se croiser souvent). Leur relation pourrait assumer une forme particulière à l'intérieur d'une multitude d'attracteurs possibles : parmi d'autres, être amis, amants, voisins, ou simple co-habitants de la planète Terre. La structure choisie – qui émerge spontanément suite à quelques premières interactions – aura tendance à maintenir une certaine stabilité[5]. Toutefois, des perturbations qui dépassent le seuil critique feraient osciller la relation vers un autre attracteur. Un conflit de voisinage ou une nuit de sexe pourraient en effet faire glisser la forme « amitié » vers quelque chose d'assez différent.

Nous avons souligné la fonction éminemment adaptative des processus d'auto-organisation. Toutefois, une structure peut se révéler adaptative à l'environnement de façon locale ou temporaire, mais être inadéquate dans d'autres contextes ou à d'autres moments. C'est pour cette raison qu'en biologie intervient le processus de sélection naturelle : les formes d'auto-organisation les plus adaptatives sont maintenues au détriment des autres.

Dans ce chapitre, je propose de considérer les addictions comme une forme d'auto-organisation (partiellement et temporairement adaptative) autour d'un attracteur (le produit) qui structure les relations de la personne dépendante.

Cependant, revenons d'abord un instant aux systèmes humains : comme tous les systèmes complexes, ils possèdent une multiplicité de niveaux. Heylighen (1989) dirait : une multitude inextricable et entrelacée de sous-systèmes et sous-organisations.

En effet, nous sommes tous plongés dans un réseau de relations, dans une multitude d'appartenances, qui contribuent à définir qui nous sommes et notre expérience du monde.

---

[5]Lorsqu'un système complexe exprime une préférence – comme s'il « choisissait » une configuration à l'intérieur d'un répertoire de différentes formes possibles – on parle de *symmetry breaking* (rupture de symétrie, Heylighen 2001).

Habituellement, ce réseau de liens qui nous entoure nous est invisible, et nous n'en gardons pas nécessairement conscience : nous glissons inlassablement entre moult niveaux d'appartenance.

Certes, nous traversons des moments éphémères où nous faisons l'expérience d'un léger tiraillement entre les mailles de ce tissu relationnel, et c'est seulement à cet instant-là que cette complexité nous apparaît. Je me réfère par exemple à ces moments où vous vous retrouvez tiraillés entre le désir de prendre du temps individuel pour vous-mêmes et l'envie de cultiver votre relation de couple. Ou entre les impératifs du travail et les demandes d'une vie de famille. Ou encore entre l'adhésion au modèle de votre famille d'origine et celui de la famille que vous êtes en train de construire. Le reste du temps, nous ne sommes généralement pas amenés à réfléchir à notre position à l'intérieur de cet ensemble de relations qui nous définissent.

L'équilibre entre les différents niveaux d'appartenance (les états homéostatiques du système) est fluide, en constant processus d'adaptation, et en train d'évoluer au fil du temps, à travers des petites modifications (les changements de type 1). Cependant, nous sommes parfois appelés à faire face à des changements plus profonds (de type 2), qui nécessitent une réorganisation de notre façon de nous positionner par rapport aux autres dans le tissu relationnel (Keeney 1983). Ces transformations peuvent être liées à des changements normaux du cycle de vie (par exemple, le processus d'autonomisation à l'égard des familles d'origine) ou être provoquées par des événements singuliers (un deuil, une séparation, etc.).

Dans une addiction, le réseau de liens est profondément transformé par le produit, dont la consommation devient la propriété émergente du système, le centre de gravité, le principe organisateur (son attracteur).

Une grande partie (rarement l'entièreté) des relations significatives sont « activées », transformées en réponse à l'addiction, et elles assument des formes interactives spécifiques (qui seront décrites plus loin dans le texte). La gamme ou le répertoire des positions relationnelles se restreint, et les interactions sont constamment « triangulées » par la substance : le symptôme construit un nouvel équilibre dont il est le centre. L'addiction donne de ce fait une forme et « dessine » un nouveau système. Si ce discours est valable également dans le cas d'autres symptômes (Anderson *et al.* 1986), il s'agit d'une dynamique particulièrement marquée dans les addictions.

Comment le produit arrive-t-il à envahir de façon tellement prégnante l'homéostasie du système, jusqu'à en devenir l'attracteur autour duquel une nouvelle forme d'auto-organisation émerge ? Comment la perte de liberté par rapport à la substance arrive-t-elle à modifier plusieurs relations significatives ?

Pour le comprendre, il faut d'abord considérer l'addiction comme une tentative, certes dysfonctionnelle, de solution.

Les changements légers et constants (type 1) ou majeurs et discontinus (type 2) auxquels nous sommes continuellement confrontés peuvent amener à une perte momentanée de repères, à un équilibre que nous n'arrivons plus à retrouver. Dans toutes ces situations de crise – à lire au sens étymologique du terme, en tant que *transition* – l'émergence d'un symptôme peut rendre une certaine stabilité, et ainsi offrir une solution partielle : comme une béquille à laquelle nous nous sommes tellement habitués que nous pensons ne plus pouvoir nous en passer.

Si Boscolo et Bertrando (2003) avaient parlé de psychopathologie comme expression d'un dilemme relationnel, l'addiction est ici la tentative de réponse. Selon cette perspective, l'objet d'une addiction renvoie à la polysémie du mot grec *pharmakon* (Derrida 1972), qui, selon les différents contextes, assume la signification de *poison,* mais aussi de *remède.*

En effet, les personnes présentant une addiction n'arrivent généralement pas en thérapie directement avec l'idée d'arrêter la consommation du produit, mais plutôt, car la solution qu'ils avaient trouvée (qu'il s'agisse de l'alcool, des médicaments, du jeu, de la cocaïne...) pour pallier leur souffrance commence à se révéler moins efficace qu'auparavant, sans pour autant qu'elles ne soient prêtes à s'en éloigner définitivement.

L'ambivalence de la demande du patient est un reflet de la duplicité de l'addiction, en même temps poison et médicament. Il faut donc considérer que, du moins à ce moment-là, l'addiction est la meilleure des pires solutions que le système a trouvées.

Comment un symptôme devient-il une tentative de solution, quoique dysfonctionnelle ?

Il l'est dans la mesure où il assume – de façon rigide et continue – une, voire plusieurs fonctions, en permettant ainsi quelque chose que le système n'arrive pas à obtenir autrement. En effet, dans la théorie cybernétique de la complexité, la forme ou organisation est définie comme : structure plus fonction (Heylighen et Gershenson 2003).

Or, l'idée que nous pouvons, dans notre rapport à la réalité, nous « appuyer » sur un produit ou élément tiers ne se limite aucunement au contexte des addictions. Selon Cole (1998), par exemple, notre expérience du monde est constamment modifiée et médiée par des tiers, qu'il appelle *artefacts.*

Les artefacts permettent de nous adapter au milieu, en le modifiant : ils constituent simultanément une contrainte et une possibilité, en augmentant tout autant qu'en limitant notre expérience du réel. Un exemple de ces artefacts est sans nul doute le smartphone, qui modifie notre rapport à l'accessibilité dans la relation à l'autre ainsi que notre relation à l'immédiateté et à l'attente. Un autre exemple d'artefact est l'avion, qui modifie notre rapport à la distance et au temps.

Selon Cole, les artefacts ne se limitent pas au versant matériel, mais nous devons également les entendre dans leur versant immatériel : nos outils culturels (croyances, théories, connaissances...), par exemple, sont aussi des artefacts qui influencent notre rapport à l'environnement : avec nos connaissances, nous ne survivrions probablement pas un seul jour dans les forêts amazoniennes du Mato Grosso au Brésil, contrairement aux populations locales qui, elles, avec leurs artefacts culturels, rencontreront des difficultés à s'orienter dans notre environnement tel que nous l'avons façonné (ou plutôt : réduit).

Nous utilisons donc constamment des éléments tiers (matériels et immatériels) dans la construction de notre rapport au monde : au niveau évolutif, ceci est probablement le trait qui nous différencie le plus des autres espèces.

Dans les addictions, l'artefact devient symptôme. L'élément tiers ne se limite plus à être un outil, mais il devient indispensable : il devient acte totalisant dans la relation à l'autre et à l'environnement. La fonction que chaque artefact exerce perd ici toute notion de partialité et de fugacité pour finalement assumer un caractère de nécessité et de prévalence.

Qu'un produit ou substance en vienne à occuper une place centrale dans l'équilibre général de la vie d'une personne est une idée qu'un patient présentant une addiction reconnaît facilement. Si vous demandez à un alcoolique ce qu'il recherche dans l'alcool, il ne trouverait probablement pas cette question étrange ou difficile. Certes, sa réponse serait sans doute linéaire, et liée uniquement au *niveau individuel* de la fonction du symptôme. « L'alcool me permet de ne plus ressentir la tristesse », « la cocaïne m'aide à me sentir plus sûr de moi », « les médicaments me permettent de ne plus penser », « quand je joue, c'est le seul moment où je sens que ma vie peut changer », etc.

Naturellement, dans une perspective systémique, nous ne pouvons pas nous contenter d'envisager la seule dimension individuelle du symptôme : nous devons élargir le champ d'analyse pour intégrer une vision de ce que le produit permet (et empêche) à des niveaux plus vastes.

Par exemple, il est nécessaire de considérer aussi le *niveau relationnel* de la fonction du symptôme, c'est-à-dire le rôle de la substance dans le déroulement d'une relation. Pour certains patients, boire est le seul moyen rencontré pour « dire non » à l'autre : par l'ivresse, ils se mettent dans la condition de ne plus répondre à ces mêmes injonctions qu'ils n'arrivent pas à refuser par la parole. De même, la consommation de cocaïne peut devenir une façon de « rappeler » une personne qui commence à s'éloigner : la préoccupation à l'égard de l'addiction étant ici l'élément à la base d'un rapprochement.

En élargissant davantage le périmètre d'analyse jusqu'à inclure plusieurs relations et les contextes où elles ont lieu, nous commençons à entrevoir le *niveau systémique* de la fonction du symptôme.

Reprenons l'exemple du patient qui « dit non » par la boisson. L'ivresse, en plus de le soustraire aux attentes de sa compagne, modifie la relation à ses deux enfants : le patient, en n'étant pas dans la condition de s'en occuper ni de passer du temps avec eux, finit par s'en éloigner.

Par ailleurs, sa compagne se retrouve à gérer toute décision qui concerne la vie familiale. Dans cet exemple, l'addiction reproduit dans le système la forme déjà présente dans les familles d'origine : l'alcoolique se rend absent comme ce père qui l'avait abandonné à sa naissance (bien que différemment, vu qu'il est du moins physiquement présent) ; sa compagne prend tout sur ses épaules exactement comme le faisait sa mère (son père, étant officier à la Marine Militaire, n'était à la maison que quelques semaines par an).

Il est important de souligner que les différents niveaux de fonction (individuel, relationnel, systémique) agissent tous contemporainement : dans notre exemple, l'alcool est en même temps une tentative de gérer les émotions, une façon de mettre des limites à la demande de l'autre dans une relation, et un mécanisme de répétition (réparation ?) des dynamiques présentes dans les familles d'origine.

Par ailleurs, les différents niveaux de fonction ne revêtent pas nécessairement une importance égale.

Un patient psychotique qui utilise depuis 20 ans le crack comme tentative d'auto-traitement pour ses hallucinations (niveau individuel de fonction) aura tendance à consommer le produit dans les différentes relations particulières qu'il nouera, ainsi que dans les contextes d'appartenance plus amples où il se retrouvera (le niveau individuel de fonction étant ici prioritaire, même si des niveaux relationnels ou systémiques de fonction pourraient également apparaître à chaque fois).

Pensons maintenant plutôt à un patient qui boit de façon excessive à chaque fois que sa femme sort de la maison, le soir, au point que celle-ci commence à restreindre ses activités externes afin d'empêcher la consommation du mari. Imaginons qu'il ne s'enivre pas dans d'autres situations, et que l'abus de l'alcool ne sollicite pas d'autres relations (personne d'autre que sa femme ne réagit de façon évidente). Dans ce cas, le niveau relationnel est probablement plus important (le symptôme étant particulièrement « adressé » à sa femme) : le produit est ici un mécanisme pour maintenir le couple indifférencié.

Du point de vue de l'auto-organisation, chaque symptôme fait sens à l'intérieur d'un contexte spécifique. Il s'agit d'une tentative de solution et d'un message qui demandent à être traduits : non pas pour se voir effacés, mais pour être rendu inutiles. Si le système arrive à se réorganiser pour répondre autrement que par la substance à la fonction sous-jacente l'addiction, cette dernière perdra sa force et glissera à l'arrière-plan.

Nous avons suggéré précédemment que les addictions sont une manière de se poser – de façon violente et brutale – des questions existentielles communes et transversales à tout être humain, le produit étant une tentative d'y répondre. Pour ouvrir à d'autres réponses possibles, le premier pas est celui de *traduire* ces questions en d'autres termes, sans passer par ces comportements tellement destructeurs pour soi et pour autrui. Ce travail de traduction commence par la recherche d'hypothèses (Bertrando et Arcelloni 2008 ; Ugazio 1984) sur la fonction auto-organisationnelle du symptôme.

Certes, les hypothèses ne sont que des outils, des cartographies passagères et jamais exhaustives pour s'orienter dans notre pratique clinique. Elles n'existent que dans notre regard de thérapeute, et jamais dans la réalité que nous observons (Dell 1985 ; Boscolo et Cecchin 1988).

Mais quels sont ces « ingrédients » nécessaires à la construction d'hypothèses sur l'auto-organisation d'un système présentant une addiction, et sur les fonctions que la substance pourrait contribuer à exercer ?

Le premier ingrédient est le *contexte*. Dans une perspective systémique, il est accessoire de se limiter à savoir combien de litres de vin ou de grammes de cocaïne ont été consommés, tout comme de connaître de façon abstraite la fréquence de consommation mensuelle. On doit plutôt s'interroger sur les contextes de présence du produit, et sur les situations dans lesquelles se déploient ses conséquences.

Le contexte n'est pas un cadre qui s'ajoute à un comportement en le modifiant partiellement : le comportement est indissoluble du contexte où il a lieu.

L'unité d'analyse est toujours « phénomène + contexte » : le sens naît de la dialectique entre ces deux éléments. La tendance à considérer les phénomènes comme séparés de leur contexte est à l'origine de notre erreur épistémologique qui nous pousse à nous considérer comme distincts de notre environnement. Comme Bateson (1972) l'avait déjà souligné il y a plus d'un demi-siècle, cette forme de pensée alimente notre hybris auto-destructrice dans le rapport à l'écosystème : « Si celle-ci est l'idée que vous avez de votre rapport à la nature, et si vous possédez une technologie suffisamment développée, vos probabilités de survie sont comparables à celle d'une boule de neige à l'enfer. »

L'indissociabilité entre phénomène et contexte (entre espèce et environnement) – bien qu'elle soit une notion à laquelle les hommes politiques restent sourds– est une perspective acquise depuis longtemps dans le champ de la biologie évolutive. En effet, les biologistes ne parlent plus d'adaptation d'une espèce à l'environnement, mais de *co-évolution* comme propriété émergente (auto-organisation) du processus réciproque d'adaptation entre un réseau complexe d'agents (les différentes espèces) et un contexte sans cesse en mutation (on parle donc de *fitness landscapes*, paysages d'adaptativité, Gribbin 2004 ; Kauffman 1995).

Par extension, la vie elle-même peut être considérée comme la propriété émergente d'un système complexe où les parties biologiques et les parties physiques interagissent entre-elles : « Il y a des preuves convaincantes que les composantes biologiques et physiques de notre planète fassent partie d'un seul réseau qui opère de façon auto-organisée afin de maintenir des conditions largement favorables à l'existence de la vie » (Gribbin 2004, p. 222-223 ; Lovelock 2000).

Revenons maintenant au rapport entre phénomène et contexte dans les addictions. La consommation d'un produit doit être toujours « lue » à l'intérieur du contexte qui lui confère du sens : ceci permet de commencer à saisir des connexions plus vastes. Par exemple, prenons le cas d'un patient qui ne buvait que durant le trajet entre son lieu de travail et son domicile (« pour me décharger du stress du boulot », était son hypothèse de fonction individuelle). En réalité, sa consommation d'alcool n'avait aucune conséquence à l'égard de son travail, qui était d'ailleurs quelque chose qu'il avouait beaucoup aimer. La boisson alimentait plutôt des crises une fois qu'il rentrait chez lui : c'était surtout son rôle au sein de la famille qui s'en trouvait modifié.

Prenons un autre exemple, celui d'une patiente qui, lorsqu'elle se retrouvait dans des situations sociales – spécifiquement si celles-ci impliquaient pour elle une position codifiée/définie (comme le travail ou son équipe de hockey) –, parvenait à ne pas consommer. En revanche, chaque fois qu'elle était seule et face à une situation d'inactivité, elle ne se sentait plus exister et cherchait à anesthésier ce vide en fumant du crack.

Dans les deux cas, situer la consommation et ses conséquences dans les différents contextes permet d'entrevoir les liens entre le produit et ses différents niveaux de fonction.

Ouvrons une parenthèse : ce n'est pas un hasard si les deux derniers exemples concernent l'émergence du produit dans des phases de transition : personnellement, j'émets l'hypothèse que, souvent, les addictions manifestent une difficulté à glisser entres des domaines différents d'appartenance.

Un deuxième ingrédient pour construire une hypothèse auto-organisationnelle sont les *feedbacks*, qui construisent les *circuits d'interaction*. Au risque de me répéter, savoir qu'un patient boit quinze bières par jour ne sert pratiquement à rien si nous ignorons les rétroactions que ces quinze bières ont provoquées dans son réseau de relations.

À cet égard, le thérapeute systémique doit être un tailleur ou couturier qui « coud » les comportements entre eux ou, mieux, les séquences interactionnelles : l'unité d'analyse n'est jamais le simple abus d'une substance, mais le circuit « consommation + feedback relationnel ».

Qui réagit à la consommation du produit, de quelle façon, et en assumant quel rôle ? Comment ces rétroactions s'entrelacent-elles à leur tour avec les comportements de consommation ? Quels nouveaux feedbacks émergent, quelles relations s'activent et s'en trouvent modifiées ? C'est cette danse relationnelle qui nous raconte quelque chose à propos du sens d'une addiction en tant que tentative de solution.

Un troisième ingrédient pour construire une hypothèse consiste à prêter attention à la *dimension narrative* (que nous allons développer plus tard, en tant que dimension à elle-même – la deuxième des trois collines – et qui permet également d'alimenter un regard sur l'auto-organisation).

Comment le discours que le patient porte sur lui-même et sur son positionnement dans le monde est-il influencé par l'addiction ? Quel personnage joue le produit dans l'histoire du patient ?

Dans les recoins de la narration, on entrevoit des images. Les métaphores sont une fenêtre sur un jardin de significations plus vastes, que les paroles ne peuvent saisir que de façon incomplète. « La bouteille est ma maîtresse », « la cocaïne est ma prison », « le jeu est ma seule porte de sortie »... Chacune de ces images véhicule et renferme en elle un condensé de significations, de renvois, de connexions. Elles nous parlent toutes du rôle que l'addiction joue dans la vie des personnes touchées. Par ailleurs, comme on le verra plus tard, les métaphores sont de puissants « leviers thérapeutiques ».

Mais encore : comment la substance façonne-t-elle les processus de communication ? L'addiction offre un modèle communicatif où l'on peut énoncer une chose sans la dire, et l'écouter sans l'entendre. « Lorsque je bois, je dis des choses que je ne pense pas complètement », « le lendemain d'une soirée, je ne me souviens jamais de ce que j'ai dit sous l'effet du crack », « c'est la bouteille qui lui fait dire ce genre de choses ».

Ces mots sont exprimés « grâce » au produit, mais sont ensuite reniés ; entendus, juste le temps de se voir rejetés. C'est comme écrire une phrase sur le sable mouillé au bord de l'eau, avant qu'une nouvelle vague ne l'emporte avec elle. Mais, dans nos yeux, l'image de ces signes tracés sur le sable reste gravée.

Dans les systèmes qui souffrent d'une addiction, on retrouve souvent des thématiques qui ne sont affrontées que lorsqu'on est sous l'effet de la substance : elles sont confinées à une périphérie de l'échange où les mots n'ont pas de légitimité, et dont l'existence est niée et rendue clandestine.

Un quatrième ingrédient est la *dimension paradoxale*. Nous avons déjà pris le temps de discuter de l'âme duplice des addictions : poison et remède. Et pourtant, il ne faut pas considérer le produit uniquement comme une « mauvaise solution », c'est-à-dire en tant que solution qui alimente le problème : la substance offre *vraiment* une solution partielle, tout en déréglant ce qu'elle côtoie.

Le produit traduit et met en scène une question cruciale pour le système, mais il le fait d'une façon indirecte, faite de renvois, de nuances et de sous-entendus, comme dans une représentation théâtrale.

Je pense par exemple à un patient qui m'a raconté comment, quelques semaines après la sortie de l'hôpital, il avait recommencé à boire : « Car je n'arrivais pas à retrouver ma place dans ma famille, je m'en sentais inexorablement exclu. L'alcool m'a aidé à supporter cette absurde solitude qui m'envahit alors que je ne suis qu'à deux mètres des personnes que j'aime le plus. » Sa compagne disait que : « Étant donné son état d'ivresse, je dois m'occuper de tout, et tout décider, toute seule. La maison, les enfants. Il est là sans y être, tel un fantôme qui hante sa propre maison. » L'alcool est décrit à la fois comme cause et comme effet de la distance et du désengagement du patient à l'égard de son noyau familial, comme dans une danse paradoxale où les deux partenaires dénoncent et alimentent en même temps la prison dans laquelle ils se sont enfermés.

Par ailleurs, les séances suivantes avaient montré que cette distance dans le couple précédait l'arrivée de l'alcool : depuis la naissance de leurs deux enfants, ils n'étaient plus arrivés à maintenir leur équilibre relationnel, et s'étaient progressivement éloignés.

L'addiction, pour ce couple, avait mis en lumière, tout en la déformant dans une représentation paradoxale, une question qui préexistait : comment devenir couple parental sans sacrifier le couple conjugal ? Comment articuler les espaces individuels, de couple et familiaux sans se retrouver dans le détriment de l'un au bénéfice de l'autre ?

Le cinquième ingrédient utile à la formulation d'hypothèses est la *dimension temporelle* (dans ce cas aussi, nous consacrerons un chapitre entier au temps comme troisième des « trois collines » ; néanmoins nous soulignons ici son rôle dans le regard auto-organisationnel également : d'une colline, on peut en voir une autre).

Comment l'addiction structure-t-elle le rapport au temps du patient ? Comment les habitudes et les rituels de consommation prennent-ils progressivement la place de la temporalité des relations sociales ? Et encore : comment la ligne du temps du patient s'entrelace-t-elle avec la ligne du temps du produit ? Depuis combien de temps la substance a-t-elle assumé un caractère de nécessité ? Et, plus tard, depuis quand l'équilibre offert par le produit a-t-il été bouleversé, en donnant origine à la souffrance et à une demande ? En laissant glisser le curseur du temps, la forme du système et le rôle du produit changent : des nouvelles connexions enrichissent notre vision.

Prenons maintenant un exemple sur la manière de rechercher les différents ingrédients nécessaires à la formation d'une hypothèse sur les fonctions d'une addiction. Pour ce faire, je prendrai une lettre écrite par un de mes (anciens) patients (dont j'ai évidemment reçu l'autorisation quant à son utilisation, après avoir modifié certains détails pour le rendre non identifiable, de la même façon que pour tous les cas cliniques présentés dans ce livre).

Il s'agit d'une lettre que le patient avait écrite pour « remplacer une séance ». En effet, juste après notre première rencontre, j'étais parti en congé pendant deux semaines. De ce fait, je lui avais proposé d'écrire ce qu'il aurait eu envie de me dire, dans la séance que nous n'aurions pas l'occasion de faire. Le patient, qu'on appellera ici Louis, m'avait avoué avoir écrit la lettre d'un seul élan, un soir où il n'arrivait pas à trouver du sommeil.

Louis

Je ne sais pas quand tout cela a bien pu commencer. Quand j'ai traversé cette frontière, cette fine ligne rouge qui m'a rendu esclave. Soumis à la bouteille. Quand j'ai fait ce pas de trop, celui qui m'a poussé dans l'abîme. Tout ce que je sais, c'est que maintenant j'y suis plongé, et je ne sais pas par où en sortir. « Si », je veux vraiment en sortir. J'ignore ce qui resterait de moi sans cela.

Pourtant, parfois il m'arrive même de penser que je pourrais m'en passer. Lorsque je suis avec ma fille, par exemple. Elle a cinq ans, elle s'appelle Sarah. Elle est chez moi une semaine sur deux. Les autres, elle les passe chez sa mère. Chez ma femme. Chez mon ex-femme, plutôt, même si aucun divorce n'a encore été prononcé par un juge. Quand je suis avec Sarah je sens que je suis important pour elle, et j'ai envie qu'elle voie la meilleure partie de moi. Donc je ne bois pas, je renferme mes démons dans un tiroir, et je reste à côté d'elle. Ensemble, nous faisons des dessins, nous jouons à cache-cache, et nous allons au parc pour chercher les feuilles les plus belles. Puis, dès qu'elle est au lit, dès que ses yeux qui brillent comme la braise se ferment, moi je retourne dans l'autre pièce. La bouteille est là, elle me guette, elle m'attend. Et moi, je n'ai pas de choix. Il ne reste que moi et la bouteille, et rien d'autre n'existe.

La semaine où Sarah n'est pas là, c'est comme un désert. Un désert froid qui commence dès le moment où je lui dis « au revoir » à l'entrée de l'école. Elle me sourit, avec un sourire voilé d'une ombre de tristesse. Comme si elle se préoccupait pour moi. Comme si elle savait. À quel âge commence-t-on à lire la souffrance dans les yeux d'un parent ? Sarah est-elle déjà capable d'entrevoir mes démons ? Je ne peux pas l'accepter.

Dans cette semaine vidée de tout, je n'arrive presque plus à me rendre au travail. Je le fais, tout de même, mais comme un robot. Je compte mes pas, pour ne pas entendre mes pensées. Je ne me soucie pas de savoir si les autres le voient. J'ai déjà reçu une lettre d'avertissement.

Je devrais probablement vous parler d'Emma, la maman de Sarah. Elle n'a aucune confiance en moi. Quand Sarah est chez moi, elle ne cesse pas de me téléphoner. Elle me pose des questions banales sur ce que nous sommes en train de faire. Des questions froides, pressées, mais traversées par une subtile préoccupation. Je m'en aperçois clairement. Je pense qu'en réalité tout ce qu'elle cherche, c'est d'entendre ma voix pour savoir si j'ai bu.

Emma me dit qu'elle est capable de le déceler d'une seule phrase. Cela doit être beau d'avoir des certitudes comme elle. D'une seule phrase. Pourtant elle ne comprend pas, elle ne comprend rien. Elle ne comprend pas que lorsque je suis avec Sarah, ce sont les seuls instants où il y a encore des reflets de l'homme que j'ai été. Les seuls moments où quelque chose vaille encore la peine.

C'est certes étrange, mais ces appels pour me contrôler ont deux effets distincts sur moi. Un peu comme ces plats qui ont un goût, pour après en laisser un autre en bouche, différent du premier. Une trace. Et tu ne sais pas décider si ce goût te plait ou pas, alors tu en prends encore une bouchée. Mais cette bouchée-là non plus, elle n'est pas suffisante pour te le faire comprendre.

Ces appels d'Emma me rendent fou de rage. Car elle ne comprend pas que si quelque chose reste de moi, c'est mon désir d'être un bon père. Meilleur que celui que j'ai eu... voire plutôt pas eu, moi. Elle ne semble pas vouloir le comprendre. Alors je consomme encore plus.

Ces appels, toutefois, me font aussi plaisir. Juste un peu, de manière sous-jacente. Comme s'ils étaient le seul fil qui était resté entre nous. La dernière lueur de ce que nous avons été. La semaine où Sarah n'est pas là, en effet, Emma ne m'appelle jamais.

N'avez-vous jamais eu la sensation de ne pas exister aux yeux des autres ? Mes démons, eux, ils ne m'abandonnent jamais. La bouteille, elle, sera toujours là pour moi.

Cherchons brièvement à repérer si et dans quelle mesure les cinq ingrédients énoncés précédemment sont présents dans cette lettre, et comment les utiliser pour construire une hypothèse sur les différents niveaux de fonction de l'addiction de Louis.

Contexte : la consommation d'alcool se lie aux contextes de solitude, spécifiquement lorsque Sarah est chez sa mère et que Louis n'est pas sollicité dans son rôle de père. En réalité, la substance commence à s'étendre à d'autres domaines : Louis a reçu une lettre d'avertissement sur son lieu de travail, et même Sarah semble commencer à se préoccuper, signe que la séparation entre le contexte de consommation et les autres devient moins nette.

Feedbacks et circuits d'interaction : dans le texte sont présents trois circuits relationnels où la substance suscite des feedbacks.

Emma : l'alcool préoccupe Emma (lorsque sa fille est avec son père), de sorte à la pousser à appeler pour vérifier si Louis a bu. Cette rétroaction à la consommation provoque en partie de la colère et en partie du plaisir, en finissant par l'alimenter (on parle alors de feedback positif, dans le sens d'une rétroaction qui augmente le comportement initial)

Un deuxième circuit est celui de Sarah : les signes de préoccupation que Sarah commence à manifester semblent passibles d'ériger du moins partiellement un frein à la consommation d'alcool (feedback négatif : rétroaction qui diminue le comportement initial).

Troisièmement, le travail : Louis a reçu un avertissement en rétroaction à son abus d'alcool, mais ceci n'a pas l'air de constituer un élément suffisant pour soutenir sa motivation d'arrêter de boire. Au contraire, en cas de perte de travail, les moments de solitude pourraient augmenter, et finir par alimenter la consommation.

Dimension narrative : Louis nous offre un discours imprégné de beaucoup d'images. Il nous parle par exemple de « frontière », de « fine ligne rouge », d'« abîme » : c'est une narration qui renvoie à une limite qui a été franchie, avec des traits d'irréversibilité.

Et encore : « être esclave » et « robot » sont des métaphores qui racontent une perte de liberté, un destin tracé, une sensation d'inéluctabilité. Les

« démons », le « désert froid » : ces images parlent d'absence, de solitude ; la bouteille étant la seule présence constante.

Le discours de Louis est à la fois riche en images (comme le plat aux multiples saveurs), et à la fois pauvre en possibilités.

Paradoxe : le côté paradoxal de l'addiction est représenté par les « deux goûts » (les deux effets) des appels d'Emma : la colère générée par le manque de confiance et le plaisir représenté par ce dernier moment d'échange qui leur reste. Mais encore : la bouteille qui ne l'abandonne jamais, comme remède à la solitude, mais dont la présence renvoie en même temps à des démons dans un désert froid, et risque de lui faire perdre son travail et d'ainsi augmenter sa désinsertion sociale.

Temps : le rapport au temps de Louis est rythmé par la dualité : alcool/abstinence, présence/absence de Sarah, lien/solitude. Par ailleurs, nous pouvons également remarquer une certaine difficulté de la part de Louis à se situer le long de la ligne du temps : il nous parle d'une fine ligne rouge qu'il a outrepassée sans s'en rendre compte, et sans savoir à quel moment. Louis est prisonnier d'un temps présent qui affiche deux visages distincts, à la cadence de la garde alternée de sa fille.

En combinant les différents ingrédients, il nous est possible de tenter un premier regard sur les niveaux de fonction de l'addiction.

Niveau individuel : l'alcool est une tentative de répondre à la sensation de vide et au vécu de non-existence que Louis ressent dans les moments de solitude. La bouteille offre la certitude d'une présence alors que, dans les autres relations, sans la présence physique, la conscience du lien semble s'évaporer. Le sentiment de manque « précède » très probablement l'émergence même de l'addiction (« vouloir être un meilleur père que celui que je n'ai pas eu »).

Niveau relationnel : à travers l'alcool, Louis maintient avec son ex-femme un contact qui serait inexistant autrement : la préoccupation en réaction à sa consommation lui permet de ressentir encore une forme de lien avec Emma, même si c'est au prix d'un enfermement dans une image dévalorisante, où « une phrase suffit » pour se voir encadré.

Niveau systémique : l'alcool, comme une béquille, voire une prothèse, remplit le vide d'une séparation qui n'a pas encore pu être intégrée par le système. Le produit permet une communication quoique minime entre parents, et pour Louis la relation à la substance remplace la relation conjugale. Les fissures dans cette tentative de solution par l'alcool résident dans le fait que la bouteille outrepasse le simple remplissage des espaces laissés vides par la séparation : les conséquences de l'addiction s'étendent à d'autre domaines ; il suffit de penser à la lettre d'avertissement et à la préoccupation que Sarah commence à manifester à l'égard de son père.

En essayant de traduire la question posée de façon brutale par le symptôme, on pourrait aider Louis à se confronter à ces questions : que reste-t-il d'un lien après une séparation ? Que reste-t-il en nous de ce que nous avons perdu ? Comment ressentir le lien même dans la distance ou dans l'absence ? Comment Louis pourrait-il se sentir exister au-delà de son rôle de père ?

Je souhaite conclure avec une précision. J'ai choisi comme cas clinique un texte – et pas une séance – pour montrer que le matériel pour un regard auto-organisationnel est déjà présent dans le discours du patient. Naturellement, une séance se prête encore plus à la recherche de ces ingrédients nécessaires à la construction d'une hypothèse, grâce à l'utilisation de techniques verbales comme les questions circulaires, les questions réflexives ou les questions hypothétiques (Boscolo et Cecchin 1988 ; Boscolo et Bertrando 2003 ; Barbetta et Telfner 2010).

Enfin, comme Cecchin (1987 ; 1997) le rappelait, il est impératif d'avoir toujours plus d'une hypothèse, afin de ne pas courir le risque d'y croire trop. Une hypothèse reste une façon d'organiser récursivement les informations, et d'orienter l'intervention thérapeutique : elle parle plus de nous et de notre regard, que du patient lui-même (Von Foerster 1987 ; Barbetta et Toffanetti 2006).

1.2 Les formes redondantes des addictions

Chaque système est unique, et chaque rencontre avec un patient – ce qui donne naissance au système thérapeutique – est une singularité. L'unicité du système se reflète dans les différentes et complexes dimensions que les fonctions de l'addiction peuvent assumer, et dans les formes d'auto-organisation qui émergent dans le système autour de l'attracteur qui est le produit.

Par conséquent, je considère comme un principe éthique fondamental de la thérapie le respect de la singularité du système : nous nous devons de le rencontrer comme s'il s'agissait à chaque fois d'un nouveau territoire à explorer.

Cependant, je présenterai ci-dessous certaines redondances formelles et interactionnelles qui sont souvent (mais pas toujours) retrouvées dans les addictions, de même que des points d'intervention clinique. Je rappelle toutefois de ne pas se limiter à la similarité, vu que, comme Bateson le disait (1972), le sens dérive de la différence. Se concentrer excessivement sur les redondances peut donc empêcher une vraie rencontre avec le patient.

Anastassiou (1996 ; 2002 ; 2003 ; 2004 et 2008) a décrit de façon brillante moult redondances des systèmes qui présentent une addiction :

-le manque comme principe organisateur

-les interactions de co-dépendance

-l'économie d'une génération
à quoi je me permettrai d'ajouter ma notion de :
-polarisation le long du continuum implication/détachement de la part des enfants

Selon Anastassiou, le système dépendant tourne autour de la notion de manque (le manque comme principe organisateur). Ceci concerne bien évidemment en premier lieu le produit : pour la personne dépendante, par définition, la substance n'est jamais suffisante. Il en anticipe par conséquent le manque en créant des réserves, et en réfléchissant à la manière de se la procurer, de la cacher aux yeux de ses proches... L'absence du produit, insupportable lorsqu'elle arrive réellement, est une expérience tellement crainte qu'elle est vécue par anticipation d'innombrables fois.

Les habitudes, de même que les relations, sont modifiées pour répondre aux contraintes que l'évitement continu de cette possibilité comporte.

En même temps, il est intéressant de remarquer que la question du manque et de l'absence ne se limite jamais, dans ces systèmes, au seul produit. Comme dans le cas de Louis, la notion d'absence est tellement centrale qu'elle arrive à porter atteinte au sentiment même d'existence. On pourrait donc dire que l'absence du produit est insupportable à l'image de l'absence physique de l'autre, qui est tellement difficile à vivre qu'elle fait douter des liens mêmes. Mais encore : elle fait vaciller la sensation même d'exister pour les autres, et donc d'exister tout court.

Selon Anastassiou, ce rapport problématique au manque *précède* l'addiction : avant l'émergence du produit, l'absence est un vécu qui a déjà traversé les relations significatives de beaucoup de patients. En parlant de leurs familles d'origine, nombreux patients nous racontent : l'impression d'avoir été insuffisants aux yeux de leurs parents (de ne pas avoir respecté leurs attentes) ; la négligence et le sentiment de ne pas avoir été investis par eux ; la sensation de n'être considérés que dans la mesure où ils adhèrent à ce qu'on s'attendait d'eux (et de ce fait devoir porter un masque et ne pas exister en tant qu'individu) ; le manque de transmission et un certain relâchement dans les rituels familiaux.

Naturellement, en accord avec le principe d'*équifinalité* (différentes causes peuvent amener au même effet, la même cause à différents effets), il est important de ne pas considérer ces vécus comme la cause linéaire de l'addiction. Le poids de ces expériences peut être « porté » autrement (voire même transformé par la *résilience*, Ausloos 1982 ; Anaut 2008 et 2010 ; Cyrulnik et Elkaim 2009), sans passer par une addiction. De la même façon, celle-ci peut répondre à d'autres fonctions, qui ne se limitent pas à la notion de manque.

Penchons-nous maintenant sur une forme que les relations, particulièrement celles horizontales (entre personnes de la même génération), peuvent manifester dans une addiction : la *co-dépendance*.

La co-dépendance est une notion à l'histoire particulière (Rousseau *et al.* 2000), assez « bottom-up » : elle est née parmi les patients mêmes, pour décrire les comportements de leur partenaire. Elle a seulement été reprise ensuite par des théoriciens, afin de parler de la personnalité du partenaire de la personne dépendante.

Il est clair qu'en se situant dans une perspective systémique, nous ne considérerons pas la co-dépendance comme l'expression d'un type de personnalité, mais plutôt comme la forme du circuit interactionnel entre la personne ayant une addiction et un proche qui rétroagit à la consommation de la substance.

La co-dépendance décrit donc des positions spécifiques à l'intérieur d'une dynamique relationnelle centrée sur le produit. Il s'agit d'une véritable relation à 3 : le produit, la personne qui consomme et la personne qui rétroagit à la consommation. Face à l'utilisation considérée excessive d'un produit, le partenaire manifeste des comportements qui visent à faire réduire la consommation (souvent des comportements de contrôle voire des injonctions), mais qui, paradoxalement, ont plutôt l'effet de l'entretenir et de l'alimenter. En effet, ces comportements de la part du proche agissent sur les conséquences de la consommation, plutôt que sur la consommation même. En atténuant les conséquences négatives de la substance, la consommation ne peut que continuer, vu qu'on élimine ces mêmes feedbacks négatifs qui peuvent ralentir le circuit. À ce propos, Rousseau parlait de co-dépendance comme d'un coussin entre la tête de l'alcoolique et le mur de la réalité. Intéressons-nous maintenant à quelques exemples d'interactions co-dépendantes. Imaginons un mari qui téléphone au lieu de travail de son épouse pour dire qu'elle est malade et donc dans l'incapacité de s'y rendre, pour couvrir en réalité le fait qu'elle est encore ivre de la veille. Ou une personne qui subtilise les clés de la voiture de son partenaire cocaïnomane pour l'empêcher de conduire en cas d'abus de la substance.

Ces comportements, tout à fait compréhensibles dans une perspective de réduction du risque, lorsqu'ils sortent de la singularité de l'urgence pour devenir habituels, éliminent ces mêmes conséquences négatives qui sont souvent à l'origine d'un changement (les AA parlent de « toucher le fond »).

Dans nos exemples, des problèmes au travail, un accident de la route ou une intervention de la police pourraient encourager la personne à décider d'arrêter (du moins à commencer à y réfléchir). En effet, si les addictions sont une tentative de solution et si, dans un premier temps, le produit « fonctionne », annuler les conséquences négatives équivaut à éloigner le moment où l'équilibre construit autour du symptôme entrera en crise. Compenser dans la durée les effets négatifs d'un (dys) fonctionnement, c'est nourrir son homéostasie, et le prolonger.

Les comportements du partenaire assument souvent des formes de contrôle ou de surveillance, auxquels le patient répond par des actes de transgression qui alimentent à leur tour le contrôle dont ils sont la réaction. Un circuit complémentaire est créé, où tout est vécu en fonction du produit (pouvoir le consommer, ou en empêcher l'abus).

L'illusion de l'épistémologie du contrôle, que Bateson avait décrite comme trait distinctif de la relation entre l'alcoolique et la bouteille, est également présente, comme dans un miroir, dans la relation entre la personne dépendante et son partenaire (ou le proche qui rétroagit le plus à la consommation).

Si, selon Caillé, chaque couple est 1+1=3, dont le tiers est l'absolu ou la relation du couple (1998 ; 2004 ; 2008), dans la co-dépendance l'élément tiers est la substance, qui devient le centre autour duquel gravitent les deux membres du couple.

Par ailleurs, Maturana et Varela (1987 ; 1989) nous rappellent avec la notion d'*interactions instructives* qu'il est illusoire de penser pouvoir complètement contrôler le comportement d'une autre personne.

Mais quels sont les effets sur la relation de la co-dépendance, de cette danse du couple autour du produit ?

Un premier élément que j'ai souvent rencontré dans ma pratique clinique est le *rapprochement*, quoique souvent de façon conflictuelle. Le circuit contrôle-transgression occupe en effet et « lie » les interactions des partenaires, en provoquant un progressif repli du couple sur lui-même.

Ce phénomène est bien évidemment accentué lorsqu'une des fonctions du produit est celle d'empêcher un éloignement/séparation/différenciation du couple.

Un deuxième effet est la manifeste *rigidification des rôles*. Le mécanisme de la co-dépendance réduit la gamme ou le répertoire des différentes positions relationnelles qu'un couple peut assumer à la seule dynamique gendarme/prisonnier.

Naturellement, ces positions interactionnelles peuvent être présentes temporairement dans tout couple : il suffit de penser aux moments où les personnes contrôlent le smartphone de leur partenaire dans des moments d'insécurité, ou quand l'un des partenaires cache quelque chose à l'autre par peur d'une réaction de jalousie – et de la manière dont ces comportements se lient entre eux, en s'auto-alimentant. Normalement, toutefois, les interactions entre ces partenaires prennent d'autres formes le reste du temps. Dans les couples co-dépendants, l'espace pour les autres dynamiques se restreint progressivement, jusqu'à les faire glisser à l'arrière-plan de la relation.

Un troisième effet est celui du *blocage du temps* (que nous allons davantage développer dans le chapitre consacré à la « colline » temporelle). En effet, le couple étant prisonnier d'un mécanisme où la personne dépendante n'arrive pas à s'empêcher de consommer et son partenaire à s'empêcher de le contrôler, les jours se répètent toujours semblables à eux-mêmes. Comme dans un temps présent sans fin, il n'y a guère de place pour les projets futurs : tout est vécu dans l'immédiateté de l'urgence, et rien ne peut être programmé face à l'imprévisibilité d'une crise qui se fait quotidienne.

Un quatrième effet (développé également par la suite dans la partie du texte consacrée à la « colline narrative ») est le *rétrécissement du discours relationnel.* Comme au niveau des interactions le répertoire des positions possibles se réduit, de la même façon le discours du couple sur lui-même s'appauvrit et se concentre sur la substance. Dans le cas d'un couple où l'un des partenaires est dépendant au jeu, par exemple, toute difficulté est vue comme en étant la conséquence de cette dépendance et, simultanément, chaque difficulté peut être décrite comme la cause d'une rechute vers le jeu.

Au niveau narratif, il se crée ce que Bateson avait décrit comme *principe dormitif* (1972) : des tautologies qui rendent le discours plat et replié sur un même point, le produit, cause et conséquence de tout.

En conclusion à la description de la co-dépendance, je rappelle qu'elle n'est pas à confondre avec la notion de dépendance réciproque : il y a de couples fusionnels où aucune substance ne « triangule » ni ne gère les interactions. De la même façon, n'importe qui pourrait se retrouver à occuper pendant un court moment une position co-dépendante, même sans la présence d'un lien particulièrement étroit avec la personne qui consomme. Par exemple, si l'un de vos collègues arrivait avec une « gueule de bois » et si, face à une remarque de quelqu'un, vous répondez : « Non, il est seulement fatigué », vous occuperiez alors une position de co-dépendance (car en train d'atténuer les conséquences d'une consommation), même si ce n'est que pour une poignée de minutes.

Quels sont les points d'intervention clinique sur la co-dépendance ?

D'abord, il est clair qu'une intervention sur les différents niveaux de fonction du symptôme conduit automatiquement à une diminution des interactions de co-dépendance, qui n'est qu'un épiphénomène formel et redondant de l'auto-organisation autour du symptôme. Arriver à « traduire » le symptôme dans ses différentes couches individuelles, relationnelles et systémiques peut faire évaporer la co-dépendance.

Toutefois, la co-dépendance souvent a pris tellement de place sur la scène relationnelle qu'intervenir directement sur ce circuit est un passage obligé du parcours thérapeutique.

Parmi les points d'intervention :

-Aider le couple à reconnaître le *circuit interactif* (c'est-à-dire la manière dont les comportements de l'un alimentent ceux de l'autre) ainsi que la *progressive perte de liberté qui en découle.* D'un point de vue narratif, passer donc de « l'autre me fait/m'oblige à… » à « nous sommes tous deux pris dans une dynamique/mécanisme où… ».

-Chercher des *angles de résistance.* Si la co-dépendance a tendance à occuper une grosse partie du temps et de l'espace relationnel, il est important de mettre en valeur les exceptions : les échanges qui ne sont pas axés sur le produit. Il s'agit de souligner, et ainsi de permettre au couple de voir, ses capacités de résilience.

-Travailler sur l'*appartenance du couple* : dans le couple co-dépendant, l'élément tiers devient le produit : la relation, qui est à la base le « tiers » du couple, passe en deuxième plan. L'important est donc de remettre le lien au centre de l'interaction. Nombreux sont alors les types d'interventions cliniques possibles, selon les différentes affinités thérapeutiques : travailler sur le mythe du couple (Neuburger 1995 ; 1997 ; 2000 et 2005), les idées (Cecchin 1997 ; Cecchin et Apolloni 2002), les objets flottants (Caillé 1998) et tant d'autres.

De façon générale, vu que les systèmes dépendants sont habitués à trianguler et à communiquer à travers les artefacts (Cole 1998), utiliser des *media* expressifs facilite et enrichit un discours sinon dépouillé.

Avec la notion d'*économie d'une génération*, par contre, Anastassiou soulignait un phénomène lié à l'affaiblissement des frontières à l'égard des familles d'origine. En utilisant la métaphore de « frontière », je suis conscient d'évoquer l'image d'un ligne fixe et bien définie. Cependant, il s'agit plutôt d'une zone de transition, qui évolue et change constamment au fil du cycle de vie du système. Certains événements heureux (la naissance d'un enfant, l'arrivée d'un petit-enfant...) ou traumatiques (un deuil, une séparation, une maladie...) peuvent temporairement modifier la distance et le degré de différenciation.

Par ailleurs, cette frontière peut être l'objet d'une négociation plus ou moins explicite : les membres du couple discutent (ou se disputent) afin de trouver un équilibre entre leur appartenance réciproque et celle qu'ils conservent à l'égard de leurs familles d'origine (à quelle fréquence les rencontrer, que reproduire, que partager…). Il s'agit donc d'un équilibre dynamique et temporaire.

Dans les systèmes dépendants, la crise continuelle créée par la structuration autour de la substance modifie ces frontières de façon bien plus brutale, au point de remuer ces mêmes rôles qui définissent le système.

Prenons l'exemple d'une famille où la mère est dépendante à l'alcool. Dans un premier temps, l'émergence d'une addiction produit de l'opacité dans le système : les personnes tendent à cacher la consommation, de la même façon que les proches préfèrent ne pas en parler à l'extérieur du cercle familial. Dans un deuxième temps, toutefois, le circuit de co-dépendance occupera de plus en plus la femme alcoolique et son compagnon, laissant peu de place aux autres aspects de leur vie de couple, mais affaiblissant aussi leur fonction parentale. En effet, la bataille autour de la substance laissera bien peu de ressources en termes de temps et d'énergie pour s'occuper des enfants.

Si, du moins en partie, des mécanismes d'autonomisation précoce et accélérée peuvent compenser la distance parentale, tôt ou tard les conséquences négatives de l'alcool s'accumulent jusqu'à que le système appelle (ou interpelle indirectement) l'intervention des familles d'origine.

Dans ces cas, selon Anastassiou, la génération des grands-parents interviendrait de façon massive pour compenser le désengagement des parents, jusqu'à les remplacer dans la relation avec les enfants (petit-enfants, à la base, pour eux). Le système, de ce fait, « épargnerait » une génération, en la sautant : les grands-parents deviendraient les parents de leurs petits-enfants (d'où l'expression : faire l'*économie d'une génération*).

Toutefois, le repli du couple co-dépendant et le conséquent affaiblissement de la fonction parentale ne sont pas toujours forts au point de « casser » les frontières du système. J'ai pu observer dans ma pratique clinique que, souvent, les rôles à l'intérieur de la famille sont redéfinis sans pour autant faire appel aux familles d'origine. Le système reste ici dans une phase d'opacité à l'égard du monde extérieur.

Face à un couple parental de plus en plus occupé par la bataille avec – et autour – le produit, les enfants assument deux positions relationnelles spécifiques, que je décrirai grâce à la notion de *polarisation le long du continuum implication/détachement.*

La première position est celle du *glissement vers le pôle du détachement.* En réaction au repli sur eux-mêmes des parents occupés à rechercher ou à empêcher la consommation, un enfant peut investir de façon massive les groupes d'appartenance extérieurs (ses pairs, l'école, les activités, les adultes externes à la famille en qui il a confiance...).

En échappant au conflit qu'ils vivent en famille, ces enfants cherchent en dehors du système les ressources qu'ils ne retrouvent plus à l'intérieur. De façon générale, ceci leur permet de développer une grande autonomie et une insertion sociale majeure par rapport à beaucoup d'autres enfants (plutôt, adolescents) de leur âge.

Toutefois, rares sont les moments où ils évoquent dans leurs cercles extérieurs la situation familiale : l'addiction du parent n'est presque jamais abordée. Si, en s'éloignant, ils cherchent à se protéger eux-mêmes, ils préservent grâce au silence l'image de la famille. Ils participent donc à cette opacité qui caractérise si bien la première longue période d'une addiction.

Néanmoins, lorsque les conséquences négatives de l'addiction commencent à s'accumuler, ce sont ces mêmes enfants qui peuvent montrer les premiers signes de souffrance : le dysfonctionnement d'un système se laisse souvent entrevoir dans ses périphéries, dans ses intersections avec l'extérieur.

Ceci amène à une sortie de la phase d'opacité et de repli, pour laisser la place à une demande, bien que fragile, de changement. Toujours est-il qu'il ne faut pas se limiter à voir la souffrance de ces enfants comme une simple « porte d'entrée » vers le système. Si, d'un côté en effet, le glissement vers le pôle du détachement peut favoriser l'autonomie et la sociabilité, il cache de l'autre une grande souffrance : des vécus d'abandon, de solitude, de négligence, mais aussi le sentiment de trahir (car ces enfants s'éloignent de la crise qui submerge le reste de famille).

Ces vécus peuvent faire surface plus tard, même des années après, à la suite d'un événement négatif qui fissure la façade : j'ai suivi plusieurs patients adultes en dépression qui, enfants ou adolescents, avaient dû « grandir trop vite » à cause de l'addiction d'un parent. En effet, il ne peut pas y avoir de véritable différenciation sans appartenance : se séparer est possible dans la mesure où l'on peut garder un lien, dans un processus de transmission qui permette de s'éloigner « tout en emportant des choses avec soi ». Il s'agit d'enfants et d'adolescents qui nécessitent un accompagnement même s'ils sont ceux qui expriment le plus difficilement cette demande.

En ce qui concerne les séances de famille, la « distance de sécurité » que ces enfants ont mis par rapport au centre – en crise – du système peut être vue comme désengagement ou refus de participer. En réalité, il est possible de la respecter et de la valoriser (car distance n'est pas nécessairement synonyme de désengagement). Par ailleurs, leur position « un peu à l'intérieur et un peu à l'extérieur » de la famille peut être utile pour offrir une vision, du moins en partie, de niveau « méta » sur les dynamiques familiales.

Et, surtout, leur position peut aider à aborder différentes thématiques importantes pour tout système : quels sont les rôles de chacun et comment évoluent-ils au fil du temps ? Comment se différencier tout en continuant à appartenir ? Qu'est-ce qui est transmis ? Et que choisissons-nous de garder de ce bagage ? Comment s'articulent les frontières entre l'intérieur et l'extérieur d'un système ?

Toutes ces thématiques, dans les addictions, sont parasitées par le produit : sa recherche, ou son évitement, en influence les réponses. Le travail thérapeutique avec ces enfants et adolescents peut être l'occasion de récupérer ces questions dans le champ de la parole et du choix.

Une deuxième position est celle du *glissement vers le pôle de l'implication.* Les enfants, dans ce cas, rétroagissent directement à la consommation du produit avec des comportements qui modifient leur place dans le système. Par exemple, ils peuvent se retrouver pris dans le circuit de la co-dépendance, et de ce fait entrer en alliance (ou plutôt : en coalition) avec le parent co-dépendant. Ils commencent alors à contrôler et à s'occuper du parent qui consomme, en devenant « le parent de leur parent ». Ils présentent souvent ces comportements : vérifier si le parent dépendant est bien rentré le soir à la maison, le fouiller pour trouver les bouteilles ou la drogue, l'empêcher de sortir pour se procurer le produit, intervenir systématiquement dans les disputes de ses parents, etc.

Parallèlement, ces enfants peuvent compenser le désinvestissement parental en prenant soin de leurs frères ou sœurs cadets (en devenant « parent de la fratrie ») : ils veillent sur leur scolarité, ils préparent à manger, ils lavent leurs vêtements...

Comme en miroir avec le glissement vers l'autre polarité, ici aussi l'affaiblissement de la fonction parentale peut se révéler l'occasion de développer (plutôt : d'accélérer le développement) de certaines compétences : le sens de responsabilité, par exemple, ainsi qu'une forte autonomie. Même si, contrairement à la polarité du détachement, dans ce cas-ci il s'agit d'une autonomie « tournée vers l'intérieur » : ces adolescents savent s'occuper des différentes tâches de la vie domestique, alors qu'ils ne sont pas particulièrement insérés socialement, notamment dans les groupes de pairs.

Néanmoins, la polarisation vers l'implication reste une position qui comporte une souffrance marquée à plusieurs niveaux temporels. Au présent : la difficulté à s'éloigner de la maison, voire à la quitter pour commencer une vie de jeune adulte (à cause de la préoccupation de ce qui se passerait à la maison une fois qu'ils l'auraient quittée) ; le sentiment de culpabilité qui freine l'investissement de la vie extérieure à la famille (comme si cela impliquait un abandon à l'égard des autres). Les années suivantes : des croyances implicites de « transmission du symptôme » (la difficulté à se mettre en couple ou à fonder une famille par peur de reproduire le dysfonctionnement familial) ; ou, à l'opposé, le choix d'un partenaire qui a une addiction (pour réussir cette fois-ci à le « sauver », contrairement à leur parent dépendant).

En termes de points d'intervention clinique, il va de soi que ces enfants atténueront leur implication dans la mesure où le système thérapeutique prendra soin de la famille « à leur place ». La sortie de la phase d'opacité, et la possibilité de s'appuyer sur des tiers comme des thérapeutes et des dispositifs de soin, permettent à ces enfants de desserrer le sentiment de nécessité qu'ils attribuent à leur place dans le système. Ils peuvent donc commencer à sortir de la temporalité insoutenable d'une crise quotidienne.

Par ailleurs, une connotation positive de leur rôle et des résiliences déployées permettra d'élargir davantage les possibilités de changement : pour quitter une position relationnelle, il faut avoir pu lui attribuer du sens.

Finalement, il est important d'essayer de libérer l'espace relationnel du symptôme : après des mois voire des années où toute interaction avec les parents était cadencée par les temps de la substance, retrouver (voire rencontrer pour la première fois) son père ou sa mère derrière le masque de l'addiction est une opportunité pour les dimensions de transmission et d'appartenance, qui ont tellement été détournées par le symptôme.

1.3 Les formes redondantes des addictions : trois cas cliniques

Marc et Anne

Marc et Anne entrent pour la première fois dans mon cabinet, et ils regardent autour d'eux. Il y plusieurs chaises dans la pièce, toutes identiques, que je laisse pour que les patients puissent choisir leur « bonne distance » avec moi et entre eux-mêmes, voire aussi pour laisser une place aux absents.

Marc et Anne hésitent : ils n'arrivent pas à choisir deux chaises, toutes étant trop distantes l'une de l'autre. Finalement, ils en prendront deux, qu'ils rapprocheront jusqu'à les faire presque se toucher, comme prélude au contact que leurs mains chercheront sans cesse tout au long de la séance.

Marc et Anne s'effleurent, mais ils ne se regardent pas. Ils sont trop proches pour se voir : il faudrait un peu de distance et d'altérité pour qu'un regard puisse se poser.

Marc et Anne me regardent, mais ils ne se regardent pas entre eux. Ils me parlent, mais ils ne se parlent pas. Il ne se parlent qu'à travers moi. C'est seulement au travers d'un tiers que Marc et Anne s'adressent l'un à l'autre. Pendant le temps de la séance, ce tiers c'est moi. En dehors de cela, c'est la bouteille.

Marc cherche à contrôler la quantité d'alcool qu'il consomme, sans jamais y arriver. À l'intérieur de lui, il est en perpétuelle négociation : « Pas avant midi », « juste un verre », « aujourd'hui je me laisse aller, mais demain pas une seule goutte. »

Marc négocie tout le temps dans sa tête, mais l'alcool n'aime pas les compromis.

Anne cherche à contrôler la consommation d'alcool de Marc, voire à contrôler Marc par sa consommation d'alcool. Marc me dira : « Quand je bois, Anne me prend mon portefeuille et les clés de la voiture. Je ne peux pas sortir. Parfois elle m'enferme à la maison pendant deux ou trois jours. »

Anne, par contre, dira : « Je ne peux plus sortir. Dès que je quitte la maison, Marc recommence à boire. Si je pars travailler dans mon bureau d'architectes, le soir en rentrant je le retrouve complètement ivre. Du coup, je reste travailler à la maison. »

C'est à la bouteille de choisir la distance entre leurs corps. Mais aussi : c'est à l'alcool de définir le discours sur le corps, et du corps.

Anne me dira : « Si Marc boit, je le lis directement dans son regard. C'est sa façon de marcher, ce sont ses pas qui me le confirment. » Si le corps de Marc parle, donc, c'est Anne qui est la traductrice, la dépositaire de sa parole.

Marc me dira : « Je bois pour m'anesthésier, pour ne rien ressentir, pour annuler toute sensation. » Marc non plus ne laisse pas parler son corps.

La bouteille les plonge dans cette proximité où tout s'efface. Toujours si proches, par nécessité, par urgence. Marc et Anne sont convaincus de ne pas pouvoir faire autre chose que ce qu'ils se sentent contraints de faire.

Toutefois, paradoxalement, l'alcool est aussi la seule solution, pour ce couple, à cette proximité où tout se perd.

En effet, Anne me dira : « Lorsque Marc boit, il s'enferme souvent dans une pièce et il consomme pendant trois jours. Sans jamais ouvrir la porte. Sans jamais m'adresser la parole. Je n'arrive pas à le rejoindre. »

Marc, de son côté, me racontera : « Lorsque je bois, Anne me met hors du lit, car mon corps sent l'alcool. Elle ne veut plus me toucher. »

La bouteille sépare ces corps si proches, mais cette séparation n'est possible qu'en tant que rupture, rejet de l'autre.

Le glissement continu entre proximité et différenciation – qui a si bien été décrit par Etienne Dessoy (1991) – est dans ce couple une danse dont les temps et les trajectoires sont dictés par l'alcool.

Leur discours est lisse, les mots muets, vidés comme les bouteilles que Marc cache entre les feuilles au fond du jardin.

Tout retourne inlassablement à la thématique de l'alcool, à son insupportable présence, à son impossible absence.

Lors de la deuxième séance, je propose au couple (c'est Marc qui commencera) de représenter par une sculpture leur relation, et ce qui arrive entre eux, actuellement. Il s'agit donc de positionner leurs propres corps, la posture, le regard, le contact…

Je n'essaierai même pas de décrire les détails de la sculpture de Marc : parler d'une sculpture, traduire le corps en paroles, c'est se frotter au paradoxe. Dans ce cas, comme dans d'autres, traduire c'est toujours un peu trahir. De toute façon, la sculpture de Marc n'est pas si éloignée de la « sculpture » qu'ils m'ont spontanément proposée lors de la première séance, avec les deux chaises.

Je les laisse quelques interminables minutes dans la représentation que Marc a créée. Interminables, pour moi, évidemment, vu que j'ai l'impression que l'air me manque, ne fût-ce qu'en les observant. Puis je leur dis que, seulement s'ils le désirent, ils peuvent s'autoriser des mouvements pour être plus confortables dans la sculpture.

Marc recule d'un pas, et dresse très lentement son dos. Il ne doit plus s'appuyer sur Anne pour rester débout. Anne le laisse faire, puis elle tourne le visage vers lui et, pour la première fois en deux séances, elle le regarde dans les yeux.

Au fil des séances suivantes, le discours du couple s'offrira quelques degrés de liberté par rapport à l'alcool. Marc et Anne me parleront d'eux sans que le personnage principal de leur histoire soit la bouteille.

Ils me raconteront leur rencontre, fruit d'un pur hasard, sur le banc d'une gare, grâce à un train qui n'était jamais arrivé et à un autre qui était parti sans eux, distraits par leur premier échange.

Ils me parleront des premiers mois de passion, condensés dans un seul souffle. De la grossesse inattendue de Anne, et de la joie qui débordait des coins des yeux de Marc, lorsqu'elle cherchait les demi-mots pour lui annoncer. De la manière dont leur vie s'organisait pour accueillir le fruit de cette rencontre improbable. De la couleur des murs de la petite chambre, des jeux et des petits vêtements qu'ils avaient achetés trop tôt, mais avec un tel plaisir.

Ils me raconteront aussi comment le plus beau jour avait tourné au plus noir – des problèmes à l'accouchement. De cet enfant qui était parti avant même d'avoir eu le temps d'avoir un prénom.

Ils me raconteront la souffrance immobile de Marc, et celle agitée d'Anne qui chassait les pensées noires en se perdant derrière mille activités. Marc regardait Anne s'éloigner chaque jour un peu plus. Il diluait ses pensées dans l'alcool. Jusqu'au moment où, sans même savoir quand, la seule chose qui comptait était la bouteille. « Chercher à la contrôler, alors que tout le reste de ma vie glissait entre mes doigts » me dira Marc.

Les séances suivantes, nous essayons de donner une place à cette douleur si silencieusement assourdissante, sans pour autant se laisser complètement définir par cette souffrance. Nous passons du temps à chercher qui étaient Marc et Anne au-delà de ce jour de novembre, à l'hôpital. À chercher ce qui aurait encore pu les unir, au-delà de cette souffrance que la danse de la co-dépendance rendait visible, tout en la transfigurant, jour après jour.

J'ai suivi Marc et Anne pendant huit mois. Marc a rechuté deux fois, mais il a pu en parler, au lieu de s'ingénier à le cacher. Parfois en trébuchant, Marc et Anne cherchaient un équilibre entre être ensemble et pouvoir respirer dans la distance. Lorsqu'il se sentirent plus sûrs, nous prîmes la décision de suspendre les séances.

Je ne peux pas savoir si, à ce jour, Marc est abstinent ou pas. Toutefois, trois ans après la fin de la thérapie, je les ai croisés, dans un parc près de chez moi. Anne tenait par la main une petite fille qui avait la même façon de marcher qu'elle, et le regard distrait de Marc.

Stéphanie

Je rencontre Stéphanie pour la première fois à l'hôpital. Elle a le visage pâle et des vêtements très élégants, mais légèrement froissés, comme si le matin l'avait prise de court.

Stéphanie ne parvient pas à arrêter la consommation de cocaïne depuis plus de deux ans. Elle parle rapidement, mais par à-coups : les mots, soudainement, semblent se refuser à elle.

Stéphanie travaille à Paris, dans un restaurant étoilé. Elle est seconde en cuisine, une place prestigieuse pour quelqu'un qui dépasse à peine la trentaine. Stéphanie a toujours l'air pressée. Se poser, c'est s'avouer vaincue.

« La cocaïne est mon moteur. Je ne pourrais jamais m'offrir ce rythme, autrement » me dira-t-elle, et je me demande si elle parle du rythme en cuisine, ou de celui de ses pensées.

Stéphanie a une fille de 6 ans. Lorsqu'elle m'en parle, ses mots, presque imperceptiblement, ralentissent. La petite s'appelle Claire, et : « Son père vit loin, en Provence » me dira Stéphanie. Cela sera la seule chose qu'elle me dira de lui, rapide et distante, comme si elle chassait un insecte avec un geste froid de la main.

Le restaurant, les responsabilités, les horaires de plus en plus insupportables. La cocaïne comme solution banale, presque évidente. Inévitable.

La difficulté de concilier ses nuits avec les jours de Claire ; avec la temporalité lente et paresseuse de l'école et de ses devoirs, des petits-déjeuners, des cours de piano.

Jusqu'au jour où, en rentrant du restaurant, Stéphanie trouve sa fille en train de pleurer, seule au milieu du grand lit de sa mère. Un cauchemar l'avait arrachée au sommeil, elle avait crié le nom de sa maman, elle l'avait cherchée, sans pouvoir la trouver. Le temps de pester contre la baby-sitter qui n'était pas là, juste pour réaliser qu'elle ne l'avait en fait jamais appelée.

Un coup de téléphone, des mots intercalés par quelques larmes, et la mère de Stéphanie qui arrive. Pour passer du temps avec Claire, pour s'occuper de sa petite-fille. Le soulagement, pour Stéphanie, de pouvoir reprendre comme avant. Au rythme d'avant, et au prix d'avant : celui de ne plus pouvoir se passer de la poudre blanche.

Doucement, la mère de Stéphanie prend l'habitude de venir de plus en plus souvent, jusqu'à la décision de vivre avec elles. Lorsque j'ai demandé, au fond, qui l'avait prise, cette décision, Stéphanie n'a pas su répondre.

Au fil des semaines, Claire s'est habituée à chercher le regard de sa grand-mère lorsqu'elle a une question, et à le fuir lorsqu'elle a commis une bêtise. Stéphanie glisse jour après jour vers le fond, à la cadence de ses absences et des câlins intenses pour les compenser.

Un jour, ou plutôt, quelque part à moitié entre un jour et une nuit, Stéphanie a un accident de voiture. Les feux rouges, dans une rue vide, n'ont pas de sens pour elle. Elle se réveille dans un lit d'hôpital. Un plâtre, qui la couvre de la hanche jusqu'au bout du pied, l'oblige à s'arrêter.

Nous discutons de la manière dont la grand-mère de Claire a pu devenir si centrale, et Stéphanie m'en parle comme de quelque chose d'inéluctable, avec une description précise et distante, naturaliste. « Vous savez, moi aussi j'ai été élevée par ma grand-mère. Ma mère, à l'époque, c'est comme si elle n'existait pas. » Je cherche à imaginer comment une grand-mère si omniprésente a pu être une mère inexistante, lorsque Stéphanie décide de me dire : « Elle était dépressive. Elle ne quittait jamais les draps de son lit où elle se cachait jusqu'au coucher du soleil. À ce moment-là, elle se levait, elle mettait de la musique trop forte et elle dansait toute seule. »

Dans son récit, le père fait une fugace apparition uniquement après une question précise de ma part, pour être liquidé par après avec la même efficacité précédemment réservée au père de Claire : « Il était parti. Je n'ai jamais su où. Je pense qu'il buvait. » Une poignée de mots, pas un de plus, pour parler de lui.

L'« économie d'une génération », qui rapproche tant Claire de sa grand-mère devant une Stéphanie spectatrice, est spéculaire à celle du système d'origine, dans lequel Stéphanie elle-même avait été éduquée par sa grand-mère. Dans un cas, la cocaïne. Dans l'autre, la dépression.

Un symptôme, chacune, pour faire un pas de côté.

Suite à l'accident, le père de Claire a refait surface. D'abord à l'aide de quelques messages, puis en venant passer un weekend avec sa fille lorsque Stéphanie est encore hospitalisée.

Doucement, sur la pointe des pieds, le papa de Claire entre dans cette histoire jusqu'ici peuplée uniquement de femmes. La maman de Stéphanie, au début, en est perturbée. Après, elle commence à se rendre à l'hôpital avec des fleurs pour Stéphanie. « Ces fleurs rendaient l'air un peu sucré », me raconte Stéphanie, en souriant. Elle m'avoue son dérangement né de la soudaine réapparition du père de Claire. Mais aussi sa surprise face à la manière dont il arrive si bien à s'en occuper.

Je lui réponds que, tout compte fait, cela n'est pas si mal que la maman de Stéphanie puisse s'occuper de sa fille, et pas seulement de sa petite-fille. Que l'accident a redistribué les cartes de leurs rôles respectifs, en les faisant tomber par terre. Et que, parfois, c'est de cette façon-là qu'on retrouve les choses perdues.

Tout au long de l'hospitalisation de Stéphanie, les visites de sa mère deviennent l'occasion pour parler, pour la première fois, de la dépression. De la difficulté, pour la mère de Stéphanie, à rester seule, une fois son mari parti. De la manière dont elle avait essayé en vain de rester attachée à une quotidienneté qui se vidait de sens, jour après jour. De la culpabilité qu'elle gardait toujours en elle de n'avoir pas réussi à prendre soin de Stéphanie. Culpabilité dont elle avait pensé pouvoir se débarrasser lorsqu'elle constata que la grand-mère de Stéphanie s'en occupait tellement bien.

Stéphanie me dit : « C'est étrange, mais les paroles de ma mère, j'aurais pu les dire moi-même. Si seulement j'avais osé les admettre. »

Les semaines successives ont permis de recomposer les fractures, dans les os et dans les liens.

Six mois et deux rechutes après, Stéphanie a changé de lieu de travail. Elle a ouvert un restaurant à son nom, à Bruxelles. Elle s'offre du temps à la maison avec Claire, et elle s'occupe aussi d'elle-même quand, avec une régularité croissante, Claire va chez son père dans le sud de la France voler quelques jours de soleil. Stéphanie garde des contacts avec sa mère, sans que Claire ou la cocaïne ne jouent les intermédiaires.

Les morceaux de sa vie ont trouvé leur juste place, après des années passées à en forcer les formes.

« Parfois, la pensée de la cocaïne me traverse l'esprit. Vite, comme un train. Je le regarde, j'hésite. Je le laisse passer. Il repart à la même vitesse, le temps d'un souffle. Je le laisse aller, et je fais un petit pas de plus. »

Giulio

Giulio rentre dans mon bureau avec des pas désabusés. Il s'assied sur une chaise avec un mouvement presque définitif, comme s'il portait un poids insaisissable, mais immense. Il reste quelques longs instants en silence, ses yeux vitreux enchaînés au sol.

Puis, d'un mouvement sec, il se redresse. Ses yeux me sourient, et il commence à me parler. Il choisit ses mots avec soin, comme s'il les connaissait depuis bien au-delà de ses 19 ans. Giulio a le contact facile, j'oserais dire, si je n'avais pas encore en mémoire la lourdeur avec laquelle il s'était voûté dans la chaise quelques minutes auparavant.

J'ai l'impression d'avoir fait la rencontre de deux Giulio ; et c'est une sensation qui m'accompagnera tout au long du parcours qu'on fera ensemble.

Il y a un Giulio solaire, drôle, dont le regard brille et les mots surprennent. Mais il y a aussi un Giulio dont l'amertume du sourire semble cacher un abîme froid, et qui parle avec le détachement de celui qui connaît déjà la fin de l'histoire.

Giulio me parle de son adolescence passée le plus possible en dehors de la maison. La piscine, les compétitions de natation entre écoles. Les rituels de se lever chaque matin plus tôt que les autres, l'immersion dans l'eau chlorée qui arrivait à dissoudre ses pensées.

« L'eau ne connait pas tes problèmes » me dira Giulio.

Il me racontera comment il faisait semblant de râler, en franchissant le portail d'école, alors qu'en réalité il sentait dans sa poitrine l'envie de vivre, de : « Mordre cette journée, comme on fait avec un fruit d'été. »

Les vrais amis, et ceux de circonstance. Les filles d'un soir, et la seule qui l'a fait vaciller. L'école. Les heures de biologie et de science, qu'il voyait déjà comme une préparation à la faculté de médecine choisie « déjà à l'âge de 6 ans ».

L'autre Giulio, en revanche, me parle de ce qu'il avait essayé de laisser derrière lui. Un père qui buvait et qui jouait son salaire dans des parties de poker sur internet. L'écran de l'ordinateur, seule lumière à éclairer la chambre de son père, la nuit. Tous ces « clics » nerveux sur le clavier et les bouchons qui tombaient par terre une fois libérés de leur bouteille. Clic, clic, toc, toc. Des sons répétitifs et rendus encore plus nets par le silence de la nuit.

Sa mère qui cherchait à raisonner son père par des menaces qu'elle n'aurait jamais, jamais tenues, à l'image des promesses vides qui lui étaient adressées. La sensation, sous-jacente, mais constante, de ne pas savoir s'il y avait assez d'argent pour payer l'école, le supermarché ou les cours de natation. Ou si l'argent avait été englouti par la nuit à peine terminée.

Les émotions de ce Giulio sont tellement emmêlées qu'il n'arrive pas à les habiller avec des mots. Nous essayons de le faire ensemble.

Haine, à l'égard du père. Commisération, pour la mère. Et, plus profondément, de la préoccupation pour eux deux. Cette dernière était une émotion qui disparaissait vite, devant la nécessité de respirer en dehors de la maison. Le soulagement, pour tous ces liens qu'il avait su créer en dehors de ces murs qui lui ôtaient l'air.

Après avoir compté les jours et les mois comme s'il devait purger une peine, à 17 ans « et demi » Giulio avait quitté la maison pour aller étudier la médecine à Bruxelles. Les deux années suivantes avaient été les plus belles de sa vie. « Comme un rêve. Mais un de ces rêves lucides, ces rêves où l'on sait qu'il s'agit juste d'un rêve ; mais on choisit d'y croire, de s'y accrocher, et de le vivre jusqu'au dernier instant. »

Il fut réveillé par un appel, un matin de juin. « Je ne me souviens plus de qui l'a annoncé. Ni des mots exacts. Je me souviens uniquement, mais distinctement, du sifflement aux oreilles, lorsque j'avais réalisé que mon père était mort. Il s'était suicidé. Une balle dans la tête, et un sillage de dettes derrière lui. »

Les semaines suivantes, « j'avais peur de devoir m'occuper de ma mère. Mais cela ne fut pas le cas. Elle n'était pas vraiment triste. Juste fatiguée, dans chacun de ses gestes. Épuisée, et soulagée. Je pense qu'elle s'était préparée à ce moment depuis tellement de temps qu'elle l'avait vécu par anticipation mille et une fois. Ma mère est retournée habiter en Italie, comme si elle quittait le front après la fin de la guerre. Comme ça, d'un jour à l'autre. Car pour les soldats c'est ainsi, la guerre commence et se termine banalement, un jour comme les autres. »

Je lui fais remarquer qu'il arrive à bien décrire les ressentis de sa mère, sans pour autant rien me dire des siens.

Giulio sourit et se laisse aller contre le dossier de la chaise. C'est étrange, mais c'est le premier moment où je ne saurais pas dire lequel des deux Giulio est devant moi. Les deux, peut-être, j'aime penser à ce moment-là.

Giulio me dira : « J'aurais voulu ne rien éprouver. Mais une fois le sifflement passé, j'ai clairement ressenti une énorme tristesse me recouvrir. Un peu comme lorsque j'entre dans la piscine, que l'eau m'enveloppe avec sa température un peu différente de la mienne et que mon corps ne peut faire autre chose que se rendre. Mais, dans cette tristesse, je ne sais pas nager. Je ne l'avais pas imaginée. L'indifférence, oui. La rage, bien sûr. Mais la tristesse ? On est triste pour ce qu'on a perdu, mais je n'ai rien perdu. Je n'ai rien eu à la base. »

Les semaines suivantes, la tristesse avait laissé sa place à l'incompréhension. Puis, à la curiosité. Giulio voulait comprendre, saisir au moins un reflet de ce qui avait amené son père à s'effriter, jour après jour. Geste après geste. Jusqu'au dernier.

Giulio cherchera son père là où il l'avait laissé : il commence à boire, le soir, tout seul. Il se force, presque, sans ressentir aucun plaisir. Il boit jusqu'à diluer ses questions sans réponse, et à s'endormir la tête voûtée sur la table, illuminée par l'écran de l'ordinateur.

Il boit jusqu'à que son corps commence à réclamer de l'alcool dès le matin, et il perd sur internet l'argent destiné à payer la semaine de ski avec les amis le mois suivant.

Mais, en dehors de cette pièce sombre, Giulio avait noué des liens. Peu de temps s'étant passé, beaucoup de gens avaient commencé à se mobiliser pour ne pas le laisser plonger davantage. C'est comme ça qu'il avait débarqué dans mon cabinet, après que sa petite amie lui a glissé un baiser et le numéro de téléphone d'un thérapeute dans la poche.

Je dis à Giulio qu'il est probablement en train de chercher au mauvais endroit. Dans le poker et l'alcool, il ne trouvera qu'une partie de son père, celle que d'ailleurs il connaît déjà si bien. La partie qu'il a fuie. Ce serait dommage de se limiter à celle-là. Je dis à Giulio qu'avant de laisser partir son père, il aurait dû le rencontrer. Celui qu'il avait été au-delà de ses symptômes.

Giulio ouvre une vieille boîte qu'il gardait à la cave. À l'intérieur, parmi des objets oubliés, une photo de son père lorsqu'il avait son âge. La ressemblance le perturbe, le laissant immobile pendant quelques secondes. Sur la photo, son père sourit à côté d'un ami, sur le sommet d'une montagne dans les Dolomites. Giulio se force à chercher dans tous les souvenirs qui lui restent, mais il ne l'avait jamais vu sourire ainsi. Il demande à sa mère qui est cet ami. Il s'appelle Ernesto, et il vit encore au village au pied des montagnes en Italie, où son père était né.

Après m'en avoir parlé tout au long d'une séance, Giulio prend du courage et un sac à dos, et il part en avion pour aller frapper à la porte d'Ernesto. Il passe une semaine entière à parler avec lui, en se promenant sur les mêmes chemins de randonnée que son père et Ernesto avaient empruntés 20 ans auparavant.

Grâce à Ernesto, Giulio a pu rencontrer une autre image de son père. « Il était passionné par la montagne. Il partait tôt le matin, lorsque le fond de l'air est encore frais et coupant. Un peu comme moi pour les entraînements à la piscine. Et, comme moi, il aimait écrire. Peut-être devrais-je dire plutôt : moi, comme lui. Je ne sais pas dans quel ordre le dire. »

« J'ai lu ce qu'il écrivait. Il était drôle, et plein de rêves. Je ne sais pas exactement comment il a pu devenir l'épave que j'ai connue après. »

« Ernesto m'a dit qu'en haute montagne, un instant d'égarement suffit pour glisser d'une crête. Peut-être que ça s'est passé comme ça, pour mon père. Je l'ai connu lorsqu'il était déjà tombé au fond du gouffre, et c'est seulement maintenant que j'ai entrevu comment il était lorsqu'il marchait sous des cieux clairs. »

« Peut-être que c'était cette version de lui dont ma mère était tombée amoureuse. Qu'elle n'arrivait pas à se résigner à perdre. Je commence à lui pardonner, à elle aussi, du moins parfois j'en garde l'impression. »

Giulio a rencontré deux versions de son père, et les a rassemblées. Il a arrêté de le chercher entre un écran et un verre. Lors des dernières séances, les deux Giulio aussi se mélangent, et je n'arrive plus à les distinguer.

Il y a six mois j'ai reçu un mail de Giulio, avec une photo de lui. Il avait une médaille autour du cou, sur le bord d'une piscine. En bas, il m'a écrit : « Toujours à flots. »

Pour conclure le discours sur les formes redondantes des addictions, je souhaite parler d'abstinence. Voire, des *deux* abstinences.

Arrêter un produit peut constituer le début d'un parcours de changement qui investit le système dans son entièreté. C'est le cas quand le système arrive à se réorganiser – sans passer par la substance – et à répondre autrement aux différentes fonctions exercées jusque-là par l'addiction. Une nouvelle forme d'ordre peut émerger, loin de l'attracteur substance.

Il s'agit d'une véritable petite révolution relationnelle, vu la manière dont le produit avait imprégné les différents domaines du système. Dans ce cas, l'abstinence ne se réduit pas à la simple absence du produit, mais elle constitue un outil pour le changement : l'abstinence n'est pas une fin en soi, mais un moyen pour élargir le champ du possible.

Le mot crise dérive du verbe grec *krino*, qui a la signification de *séparer*, mais aussi de *choisir*. Les changements les plus profonds (de type 2) passent par des phases critiques de transition et de choix. L'abstinence dure dans le temps seulement si elle devient levier pour des changements plus vastes, et pas une simple privation de la substance

Certes, arrêter un produit n'est pas toujours vécu comme une opportunité. Souvent, le patient entre dans une phase d'abstinence sans réussir à répondre autrement à la fonction du symptôme. Devant l'accumulation des conséquences négatives, le produit est mis temporairement de côté sans pour autant avoir pu « traduire » la question à laquelle l'addiction était une tentative de réponse. Comme la volée d'oiseaux qui retrouve sa forme après avoir échappé à une menace, l'auto-organisation autour du symptôme se reforme une fois évitées les conséquences les plus néfastes. Mais regardons ensemble comment ce processus se déclenche.

Dans un premier temps (la *lune de miel*) la simple absence des effets négatifs de la consommation est suffisante pour retrouver un certain bien-être. En termes de santé physique, le corps « respire » et commence à récupérer ses capacités (dans sa représentation aussi : les patients recommencent à se regarder dans le miroir, l'image corporelle se reconstruit et se reconnecte – progressivement – au corps). Au niveau relationnel, une partie des tensions s'atténuent.

Toutefois, dans un deuxième temps, si l'abstinence n'est pas accompagnée d'une transformation qui dépasse le simple arrêt du produit, la lune de miel peut brusquement s'interrompre. Une *rechute*, souvent dans des conditions de consommation identiques à celles précédant la cure, est le signal que le système s'est retourné vers la « mauvaise solution », probablement la seule qu'il connaît pour l'instant.

Prenons l'exemple d'un patient qui utilise la cocaïne pour auto-traiter une phase dépressive (niveau individuel) et, en même temps, comme outil pour s'éloigner d'une relation trop fusionnelle (niveau relationnel : lorsqu'il consomme, sa compagne ne veut plus le voir). Si ce patient se limitait à arrêter le produit sans trouver une façon alternative de soigner sa dépression et de se différencier dans la relation, il risquerait probablement après un certain temps une rechute qui lui permettrait de retrouver l'auto-organisation de l'addiction.

L'abstinence ne peut pas être une petite réforme : si elle n'est pas une révolution, elle ne dure que quelques jours ou quelques semaines.

La forme que ce changement assumera ne peut pas être univoque : elle sera liée à plusieurs facteurs, comme le rôle exercé par la substance, les ressources internes au système, les capacités de soutien et de perturbation offertes par le système thérapeutique.

Toutefois, de même que pour la phase de consommation, dans l'abstinence aussi certaines redondances formelles peuvent se manifester :

-*le fantôme du produit*
-*le contrecoup de la co-dépendance*
-*le désenchantement*
-*le recalibrage relationnel*

Le produit, s'il n'est plus présent physiquement, même en son absence (comme un *fantôme),* reste le centre de gravité du système, l'attracteur silencieux d'une auto-organisation qui n'a pas réellement changé. Ceci arrive dans la mesure où tout est organisé afin d'empêcher une rechute, et pas pour accompagner un changement plus ample. Au niveau narratif aussi, la substance reste prépondérante dans les discours. Elle est utilisée comme grille de lecture principale des échanges relationnels (par exemple : confondre la fatigue ou la contrariété avec une consommation et donc comme signe d'une rechute). Même en l'absence de la substance, les circuits d'interaction restent les mêmes que dans l'addiction. Par exemple : on retrouve des comportements de contrôle actif et de surveillance ; cette fois-ci non pour empêcher la consommation, mais plutôt son éventuel retour. Le *fantôme du produit* continue à hanter le système : si, dans un premier temps, ceci peut être propre à une phase passagère avant une réorganisation plus profonde, sa persistance est le signe précurseur d'une possible rechute.

Par *contrecoup de la co-dépendance*, en revanche, je me réfère à un effet assez commun – quoique paradoxal – de l'abstinence sur la position co-dépendante du proche de la personne addicte. Nous avons déjà décrit la « danse » interactionnelle à trois entre le produit, la personne dépendante et la personne qui essaye d'empêcher la consommation. Comme dans tout circuit interactionnel, si on modifie un élément, la position des autres éléments s'en trouve perturbée (c'est par exemple la raison pour laquelle le parcours de thérapie individuelle d'un partenaire s'accompagne souvent d'ajustements au sein du couple).

Dans le cas des mécanismes de co-dépendance, l'abstinence du partenaire provoque un *contrecoup* lié à deux éléments : *la sortie de la temporalité de l'urgence* (le partenaire, qui a « tenu le coup » durant tout le temps de la crise, risque de s'écrouler une fois que la personne dépendante va mieux : soudainement, il ressent tout le poids émotionnel accumulé) ; et la *perte de son rôle* (bien que difficile, la position de gendarme ou de sauveur que la personne co-dépendante occupait était aussi source d'une reconnaissance et d'un sens qui risquent de s'évaporer une fois passée la phase d'urgence). Comme pour le fantôme du produit, ce point-ci aussi n'est pas nécessairement problématique en soi, sinon dans sa permanence ; si le contrecoup ne se limite pas à quelques semaines, il est le signal d'une difficulté à sortir de la co-dépendance.

Le *désenchantement* est lié à l'idéalisation de la phase d'abstinence et à la croyance que la « lune de miel » peut se prolonger indéfiniment. Si le produit, au niveau narratif, est considéré comme la cause et la conséquence de chaque difficulté, de façon spéculaire l'abstinence peut être anticipée comme un état d'idylle capable d'apporter une solution à tout problème. Ceci arrive lorsque l'abstinence est pensée comme objectif, et pas comme une étape le long d'un parcours de changement plus long.

Un autre élément de redondance interactionnelle dans l'abstinence est le *recalibrage relationnel.* Tout choix que nous posons est en partie une ouverture et en partie un renoncement. D'un côté, l'abstinence permet en effet de sortir de l'aplatissement du répertoire des positions relationnelles (réduites au symptôme), et ainsi d'ouvrir à des nouvelles manières d'être ensemble (sans que le produit en soit le liant). De l'autre côté, en revanche, l'abstinence comporte également une perturbation et une perte de repères, par rapport à des rôles qui ont été occupés tellement longtemps – et de surcroît dans un vécu de nécessité et d'urgence.

Par exemple, pour la personne co-dépendante, l'abstinence implique une perte de pouvoir pour celui/celle qui auparavant « avait toujours raison » (les conséquences de la consommation étant souvent utilisées comme justifications aux différents choix imposés à la personne dépendante). De la même façon, pour la personne dépendante, renoncer au produit implique également la perte d'une échappatoire et de la possibilité de se soustraire à l'interaction avec l'autre.

Par ailleurs, par l'abstinence, la personne dépendante accentue sa « présence » : en apprenant à dire « non » à la substance, il (re) découvre la possibilité de mettre des limites dans ses relations aussi. Dans une certaine mesure, les conflits deviennent plus symétriques et moins complémentaires. Ceci requiert un processus d'ajustement, car l'addiction est une forme d'auto-organisation où les interactions complémentaires sont plus nombreuses que les interactions symétriques[6].

Tous ces phénomènes, présents dans les premières semaines d'abstinence, sont la manifestation d'une transition difficile entre homéostasie autour du produit et un nouvel équilibre encore à trouver. Néanmoins, ils sont aussi le dernier écran qui sépare le système du changement.

En parlant d'abstinence, on se doit d'aborder la question de la possible rechute. Les rechutes *peuvent* faire partie du processus de changement, sans pour autant en être un passage obligé. Le plus important, face à une rechute, est de pouvoir y attribuer du sens. La traduire. Comprendre ce qu'elle nous raconte à propos du processus thérapeutique.

Comme pour les « deux » abstinences, j'utiliserai l'image de « deux » rechutes.

Il y a des rechutes qui présentent exactement les mêmes modalités de consommation qu'avant la phase d'abstinence. Elles ont lieu dans les mêmes contextes et provoquent les mêmes feedbacks relationnels.

Si l'esthétique de la rechute renvoie au fonctionnement précédent, il est fort possible que, outre la même forme, ces « retours vers le produit » cachent les mêmes fonctions. Ils sont des signaux indiquant que le travail sur la dimension auto-organisationnelle n'a pas abouti, et que le système a besoin de davantage de temps et de soutien (lire : plus de perturbation), pour passer à une autre auto-organisation, autour d'un autre attracteur que la substance.

Toutefois, il y a également des rechutes qui se produisent selon des modalités nouvelles, singulières, parfois surprenantes. Ces sont des rechutes qui mettent en évidence certaines dimensions de la fonction du produit qui n'étaient pas visibles initialement. Des aspects plus profonds, souvent plus liés à l'histoire et à la trajectoire passées du patient. C'est comme si le travail thérapeutique s'opérait par couches et par temporalités différentes : les plus cachées ne se révèlent qu'une fois les plus visibles abordées.

Parfois, ces rechutes par singularité se produisent beaucoup plus tard, et sont donc liées à une nouvelle phase de changement du système. Face à une phase de transition ultérieure difficile à traverser, le patient se tourne vers « la solution d'urgence » qu'il avait déjà utilisée auparavant.

Dans ce cas, au fond, on parle de rechute uniquement par convention nosographique et linguistique. En effet, si quelqu'un traverse une période de dépression à l'âge de vingt ans, et une autre à trente ans, on parlera

---

[6]Une interaction symétrique est un échange où l'on réagit à un comportement de l'autre par un comportement similaire/identique. Par exemple, dans un conflit de couple, la violence verbale en réponse à la violence verbale ; dans un conflit entre États, s'armer en réponse à l'armement de l'adversaire. Une interaction complémentaire est un échange où l'on réagit au comportement de l'autre par un comportement différent. Par exemple, dans un conflit de couple, boire, se renfermer dans le silence ou partir en réponse à la violence verbale. Entre pays, répondre à des tests balistiques par des sanctions économiques. Les deux types de circuits peuvent donner naissance à des escalades.

habituellement de *deux* épisodes dépressifs distincts, et pas de rechute. Par contre, pour une personne qui traverse une addiction à vingt ans, pour ensuite rester dix ans abstinente et finalement consommer à nouveau le produit, on parlera alors de rechute. Et ceci, même si les deux périodes de crise n'ont pas beaucoup en commun entre elles, sinon l'esthétique du symptôme.

Nous reviendrons sur le rapport entre abstinence, rechute et système thérapeutique dans la deuxième partie du livre : le modèle basé sur la théorie du chaos et des systèmes complexes offre des grilles de lecture complémentaires.

Mais poursuivons d'abord notre exploration du paysage des addictions : les collines narrative et temporelle nous attendent.

CHAPITRE 2

La deuxième colline : la dimension narrative

Nous connaissons (ou mieux : nous construisons) la réalité à travers le langage (Glasersfeld 1995 ; Renzl 2007), en l'habillant de mots. Nous utilisons constamment des narrations pour partager, pour transmettre, pour se connecter les uns aux autres. C'est à travers le langage que nous donnons de l'ordre à notre expérience de la réalité, du sens aux événements, et un sentiment de continuité à notre existence (Anderson et Goolishian 1988 ; Bruner 1997 ; Von Foerster 1973 ; Hoffman 1990).

Selon l'approche de la thérapie narrative (White et Epston 1989 et 1990 ; Epston et White 1992 ; White 1995, 1997, 2000, 2004, 2007 et 2011 ; White et Morgan 2006 ; Denborough 2008), notre identité, davantage que le reflet d'une structure interne, serait le discours que nous avons sur nous-mêmes et sur notre positionnement dans le monde.

Comme dans un texte, nous sélectionnons les événements de notre parcours que nous considérons significatifs, et nous créons par la suite des narrations qui les relient et qui fournissent un cadre à l'intérieur duquel ces événements acquièrent du sens.

Le langage et les histoires sont les « traits » que nous traçons entre « les petits points » (événements) du flux de notre expérience, lui permettant ainsi de trouver une structure.

Ces narrations sur nous-mêmes et sur le monde sont essentiellement *multiples et fluides* : elles s'adaptent sans cesse – souvent de façon imperceptible, parfois brutalement – au moment présent et au passage du temps.

Si l'identité est un discours, donc, il n'est pas de l'ordre du texte écrit, mais plutôt d'une transmission orale : ces récits qui sont à la fois toujours les mêmes et à la fois jamais identiques. En étant racontés, ils se modifient. En intégrant le présent, ils s'enrichissent.

De ce fait, il existe simultanément plusieurs lignes, plusieurs traces narratives. En fonction des événements, du contexte et des relations, les narrations se modifient, s'entrelacent ; elles s'offrent le devant de la scène ou elles glissent vers l'arrière-plan.

Prenons l'exemple d'une relation de couple. La narration qu'une personne développe de l'histoire de sa relation et le sens qui en découle, s'enrichit chaque jour, et s'adapte aux nouveaux événements, en les intégrant. En même temps, ces nouveaux événements donnent *rétrospectivement* la couleur et réécrivent l'histoire passée de la relation. Si, par exemple, une personne découvre avoir été trompée, cet événement entamera probablement une « réécriture » de la narration de la relation.

Certains moments (de beaux souvenirs, de belles promesses) qui, jusqu'à peu de temps auparavant, étaient considérés comme centraux voire fondateurs, perdent de l'importance, se vident de sens, deviennent accessoires, et glissent vers l'arrière-plan.

De façon similaire, d'autres événements (des moments passés de doute et de déception), qui n'étaient pas « en première ligne », émergeront ici avec force, et deviendront le matériel avec lequel l'histoire de la relation sera « réécrite », afin de devenir cohérente avec la trahison qui vient d'être découverte.

La manière dont une relation se termine, souvent, arrive également à modifier *a posteriori* les narrations sur tout ce que nous avons vécu précédemment avec cette personne.

Prenons un autre exemple : si, par hasard, la semaine prochaine quelqu'un vous aidait à accomplir quelque chose de véritablement important pour vous, l'image que vous garderez de lui/elle et le langage utilisé pour décrire la relation changeraient. Parallèlement, l'histoire des événements passés se modifierait elle aussi : d'autres épisodes positifs gagneraient en importance, et ceux qui ne sont pas cohérents avec l'image positive actuelle seraient relégués au second plan.

Les narrations sur nous-mêmes et sur les relations qui nous définissent sont donc multiples, fluides, et inscrites dans un processus continu de réécriture. Souvent, dans les détails. Parfois, plus radicalement.

Que se passe-t-il lorsque cette fluidité est perdue ? Quand le langage s'appauvrit ? Quand la multiplicité des traces narratives disparaît pour laisser la place *à une seule histoire*, à une seule façon de se raconter ? Généralement, nous nous retrouvons face à ce que nous pouvons appeler un symptôme.

Selon White (2007 ; 2001), les personnes arrivent en séance avec une *narration dominante*, avec une histoire sur eux-mêmes univoque et incluant l'idée de la pathologie. Une seule lecture possible de leur vie. Tous les événements qui ne concordent pas avec la trace dominante sont écartés, négligés, vidés de sens, relégués aux zones d'ombre de la mémoire et de l'identité.

Être prisonnier d'un seul discours amène à l'impossibilité de réécrire les narrations – et donc de *penser le changement* – ce qui précède et se traduit par l'impossibilité de changer les comportements mêmes.

En effet, le langage est l'outil à travers lequel nous pensons : si on possède un langage appauvri, nos capacités à se rapporter à la réalité et à y construire un sens se réduisent drastiquement.

La perte de liberté se reflète, peut être commence, dans l'appauvrissement du discours.

Klemperer (1947), par exemple, a brillamment analysé la manière dont la propagande nazie avait progressivement appauvri et modelé la langue allemande afin de créer une façon de penser qui puisse asservir les masses. En limitant le discours, on restreint les possibilités de se rapporter au monde, et on annule les différences[7].

Naturellement, lorsque nous parlons de narration, il est important de ne pas la considérer uniquement au niveau explicite, mais également au niveau implicite. Nous sommes habités par le langage sans que nous puissions nous en rendre compte complètement, tout comme nous ne sommes pas nécessairement conscients des histoires que nous utilisons pour donner du sens à notre expérience. Il suffit de penser à la notion de mythe de Neuburger (1997 ; 2005) ou aux idées parfaites de Cecchin (Cecchin et Apolloni 2012).

Une famille qui a développé une narration du type « c'est seulement en restant ensemble que nous serons plus forts que tout obstacle », sera prête à faire face aux adversités (car leur arrivée est cohérente avec leur narration), et aura à la fois des difficultés avec la différenciation (car en violation à la narration du « rester ensemble »).

Les histoires que nous avons sur nous-mêmes et sur les relations qui nous entourent – et dont on n'est que partiellement conscients – constituent à la fois *une contrainte* et *une opportunité*.

Elles nous orientent et donnent du sens à notre expérience, mais elles tracent aussi un territoire en dehors duquel les événements sortent de notre champ de vision.

Lorsque ces narrations deviennent « dominantes » (lire : la seule façon de se positionner ou de voir le monde), elles amènent à une perte de liberté. Ces histoires univoques et rigides sont le miroir linguistique de la pathologie.

2.2 La narration des addictions

Tout comme, du point de vue auto-organisationnel, une addiction – en devenant attracteur du système – structure les formes de nos interactions (en cybernétique on appelle ce phénomène *downward causation*,

[7] Toutes proportions historiques gardées, j'invite à la lecture du livre de la traductrice Bérengère Viennot *La langue de Trump* (2019), et de son analyse sur la manière dont le langage de Trump et sa brutalisation de la langue anglaise soit un miroir linguistique de son positionnement au monde.

Heylighen 2008), du point de vue narratif également, elle envahit complètement les discours.

Les histoires d'une personne dépendante sont des narrations de nécessité, de manque, de perte de liberté. Le discours s'aplatit sur le produit, les paroles deviennent lisses. Les narrations se réduisent, les histoires de dépeuplent. Si l'identité est une narration, le protagoniste principal, voire absolu, c'est la substance. La personne addicte glisse vers l'arrière-plan et n'est qu'un personnage secondaire.

Quelles sont les caractéristiques principales du discours de (et sur) la personne qui a une addiction ?

D'abord, le *glissement du sujet, de la personne vers le produit.* La perte de liberté se reflète également au niveau grammatical : on y retrouve un glissement, presque imperceptible, mais inéluctable, de « je bois pour essayer d'entrer en contact avec les autres » vers « je dois boire pour pouvoir rentrer en contact avec les autres » jusqu'à « c'est l'alcool qui me permet d'entrer en contact avec les autres ». Tout est délégué au produit, qui passe d'outil à sujet même du discours de la personne dépendante.

Je pense par exemple à un patient musicien qui me parlait de la cocaïne comme de ce qui lui permettait d'écrire de la musique, de monter sur scène, de se connecter à son public lors des concerts. La musique, qui avait été depuis l'enfance un rêve –transmis par un père parti trop tôt – était devenue propriété de la substance. Une émanation de la cocaïne, à quoi elle était liée par un discours de nécessité et d'indispensabilité. Et pourtant…

La lumière clandestine dans sa chambre, la nuit, lorsqu'enfant, il jouait de la guitare en volant du temps au sommeil. La sereine excitation des premiers concerts, à vingt ans. Son premier passage à la radio. La première fois qu'il avait entendu le public chanter les mots de ses chansons, et le sentiment de communion qu'il avait ressenti, condensé dans la perfection de ce seul instant. Tout cela avait précédé, temporellement, la cocaïne. Tous ces moments préexistaient au produit. Et, néanmoins, ils étaient devenus invisibles : « Sans cocaïne je ne peux pas écrire des chansons », « c'est la cocaïne qui me fait jouer comme ça, sur scène. »

Le discours se rétrécit, s'appauvrit, et avec lui la possibilité de se voir avec un autre regard que celui d'une narration de contrôle, de nécessité, de privation, d'impossibilité.

Une deuxième modalité avec laquelle le langage s'aplatit dans l'addiction est la présence continue de tautologies, à la manière décrite par Bateson (1972) avec la métaphore de *principe dormitif.* La substance devient l'alpha et l'oméga de la narration. Son début et sa fin. Le produit est vu en même temps comme la cause et comme la conséquence de tout ce qui arrive. Ceci se manifeste bien évidemment dans le langage de la personne dépendante, mais aussi dans le processus de co-construction du discours de la part de ses proches.

« Je bois, car on se dispute » et « nous nous disputons, car il boit. » « Je m'éloigne d'elle, car elle prend trop de médicaments » et « je prends les médicaments, car je me sens abandonnée. » « Je joue pour trouver une solution rapide à nos dettes » et « nous avons des dettes à cause du jeu. »

La réalité est réduite à un ensemble de routes à sens unique de cause-à-effet, et toutes mènent au même endroit : le produit. Les nuances, les gradations, les exceptions, les choix, la liberté d'un temps conditionnel : tout est sacrifié sur l'autel de la nécessité et de l'inéluctabilité du registre de la substance.

Un troisième élément est *l'entrelacement entre substance et identité*. Le répertoire de rôles avec lesquels notre identité se dévoile, les nuances des différentes relations et la richesse des différents visages que nous laissons entrevoir... tout se réduit, s'aplatit, et s'évapore pour laisser place à la substance comme seule et unique matière pour parler de soi-même et du monde.

Lorsque nous rencontrons un patient, nous faisons simultanément connaissance avec un homme, avec le fils de quelqu'un, parfois avec un frère et un père, un compagnon, un amant, et à la fois peut-être un avocat, un joueur de tennis et un passionné d'écriture…

Nombreux sont les rôles qui nous définissent, nombreuses les relations qui disent quelque chose à propos de nous, nombreuses les passions et les peurs qui nous caractérisent. Plusieurs sont les narrations possibles, et toutes partielles. Le matériel avec lequel nous construisons notre identité – nos souvenirs – a tellement de facettes qu'une seule narration ne peut pas les accueillir toutes.

Pour la personne qui traverse une addiction, cette multiplicité du discours sur soi est perdue, elle est réduite, jusqu'à se centrer uniquement sur la substance.

« *Je suis* un alcoolique », « *je suis* un toxicomane » (en sous-entendant : « *rien d'autre que…* »). Il est souvent difficile de percer l'écran de l'addiction et d'aller à la rencontre de la diversité qui définit une personne. Au niveau narratif, l'addiction est comme une loupe qui prend une partie et l'érige à la totalité.

Si tout symptôme envahit le discours de la personne qui le porte, ceci est d'autant plus vrai dans les addictions, jusqu'à contaminer le discours nosographique même. Une personne ayant traversé une dépendance à l'alcool, dix ans après avoir arrêté de consommer, se dira « alcoolique abstinent ». Même dans son absence, la substance reste la matière première pour construire le discours identitaire. Comme si, malgré le passage du temps, il demeurait compliqué de se narrer *par-delà* la substance.

Parallèlement, dans le domaine thérapeutique aussi on parle de « rechute » dix ans après ; comme si l'addiction, en filigranes, restait la fenêtre principale pour observer le patient.

La stigmatisation de la rechute, la valorisation de l'abstinence. Toujours, un discours identitaire qui ne se définit qu'en relation au produit, unité de mesure (ou plutôt, de démesure) d'un langage qui ne sait plus s'en détacher.

Un quatrième élément est le *repli du discours sur lui-même*, c'est-à-dire le progressif détachement du langage d'une réalité qui n'est plus coconstruite, mais qui devient de plus en plus *autoréférentielle*. Si nous façonnons notre expérience en l'habillant avec des mots, nos histoires se construisent normalement en co-écriture, elles sont polyphoniques, habitées et influencées par nos relations les plus significatives.

Dans l'addiction, le langage perd en partie sa capacité d'être un pont vers l'autre, de construire donc un cadre partagé à l'intérieur duquel la rencontre avec l'autre personne est possible.

Le discours se renferme sur lui-même, une seule narration de la réalité demeure, et c'est une histoire inaccessible aux autres. Quand un alcoolique déclare qu'il n'a pas bu alors que son corps affirme le contraire, il est en train de s'enfermer dans une vision autoréférentielle de la réalité qui l'éloigne de l'autre, car celui-ci en est exclu. Lorsqu'un cocaïnomane (se) raconte que ce soir il ne prendra qu'une latte, et que deux grammes plus tard il se dira capable de rentrer à moto, il est en train de construire un paysage narratif où il sera le seul passant.

Certes, ces narrations – si autoréférentielles et si étanches aux autres – sont une protection, une couverture toujours trop courte pour chercher à masquer les blessures. Se voir au-delà de ce voile est souvent insupportable, car derrière se cache une culpabilité profonde comme un abîme. Ce voile de déni n'est pas uniquement tissé par les personnes addictes ; leurs proches peuvent aussi rester emprisonnés dans cette toile qu'ils ont contribué à créer : « Cette fois-ci il va arrêter », « Ce n'est pas si grave, un verre. » La tentation de ne pas vouloir voir, de se cacher les yeux avec une autre histoire, peut faire vaciller n'importe qui.

Comme pour les redondances auto-organisationnelles, dans le cas des narrations de l'addiction aussi, s'intéresser aux répétitions et aux traits communs entre cas cliniques est à la fois utile et dangereux. Utile, car ceci peut offrir une carte pour s'orienter dans le langage du patient addict. Dangereux, car si on regarde trop la carte, on finit par devenir aveugle à l'*unicité du patient*, ce qui est un principe éthique indérogeable : la rencontre avec le système ne peut avoir lieu que dans la singularité. Se pencher sur les redondances rassure, mais le sens dérive de la différence (Bateson 1979).

2.3 Outils narratifs pour une clinique des addictions

D'un point de vue auto-organisationnel, j'avais repris la citation de Von Foerster (1987) de thérapie comme élargissement du champ du possible. En traduisant cette position dans le registre de la dimension narrative, on pourrait dire que le travail clinique consiste à élargir les mailles du discours et le champ des narrations possibles. C'est-à-dire, aider les personnes à sortir de la prison d'un récit unique, et ainsi permettre l'émergence d'autres discours sur soi et sur le monde (Caruso 2002 et 2008).

Les personnes arrivent en thérapie avec l'idée que leurs problèmes reflètent des vérités sur leur nature, leur caractère, leur identité (White 2004 et 2007). Autrement dit, avec l'expérience d'*être* le problème, et d'en être définis exhaustivement.

Ceci est lié à notre tendance, pour donner du sens à la réalité, d'un côté à la réduire à des liens de causalité (*fundamental attribution error*, Ross 1977 ; Jones et Harris 1967 ; Gilbert 1998) et, de l'autre, à l'*intériorisation* (White 2011). Nous avons en effet la propension à considérer les comportements comme l'expression d'un trait interne et stable (de personnalité par exemple), et à sous-estimer systématiquement la manière dont le comportement peut dériver du contexte relationnel ou être l'expression d'un *drive* ou désir singulier et temporaire (il est important de souligner que ce biais est principalement présent au sein de la culture occidentale, Morris et Peng 1994 ; Choi, Nisbett et Norenzayan 1999).

Avec la notion d'externalisation, White (2007 et 2001) exprime l'importance de créer des outils qui contribuent à séparer, dans le discours, l'identité de la personne et la définition du problème. En d'autres mots, de passer de l'expérience d'*être le problème*, à celle de *traverser/avoir un problème*.

Le symptôme parle de nous (et à notre place). Il s'agit d'une façon, certes déformée, de traduire une demande existentielle ou un dilemme relationnel qui nous appartient. Et pourtant, cela ne peut pas être le seul discours possible de – et sur – une personne. Si le symptôme est le seul matériel pour construire une narration identitaire, le seul langage pour se raconter (et donc pour se penser), les marges de changement qui demeurent sont minimes, comme des interstices.

Pour faciliter l'externalisation, White (White et Epston, 1990 ; White 2007) utilise principalement un outil appelé *externalising conversations*. Il s'agit d'un dialogue où les questions et les reformulations aident à faire l'expérience d'une identité (lire : d'une narration identitaire) qui soit séparée du problème. La conversation externalisante se déroule en quatre étapes.

La première est *la co-construction d'une définition du symptôme proche de l'expérience*. En pratique, il s'agit de passer d'une description du problème comme étiquette pathologique immuable, générale et interne (comme par exemple : *être bipolaire*) à une définition plus situationnelle, proche et spécifique à la vie des personnes, plus singulière (à travers de reformulations comme : « Que signifie pour vous le fait de traverser des phases hautes et basses ? » ou « Dans quelles situations pensez-vous de… »).

En d'autres mots, il s'agit de toute question qui permet de passer de la nosographie à la subjectivité, de la réification à la singularité, de la structure à la situation.

La deuxième étape consiste à *créer une carte des effets du problème dans les différents domaines de la vie* (« comment X influence votre vie ? », « que se passe-t-il quand X… »). Ceci permet d'ouvrir des fentes narratives et d'ainsi passer d'une narration où les frontières du problème coïncident avec l'individu à une description qui aide à en voir les ramifications externes et les enjeux relationnels. Progressivement, les mailles de la narration dominante se relâchent, et le discours se peuple de liens.

La troisième étape est d'*aider la personne à se positionner* à propos des effets décrits dans le point précédent (« comment vous vous sentez/que pensez-vous de la place que X occupe dans votre vie ? »). Au niveau narratif, ce passage ouvre au retour de la possibilité d'être sujet de sa propre narration, et pas d'être uniquement assujetti au produit. Si le symptôme « parle » à la place de la personne, ici le sujet peut recommencer à s'exprimer et à se positionner à son tour (progressivement et partiellement, bien entendu). Quelque part, cette étape facilite le passage d'une contemplation du problème à une prise de position.

Le quatrième passage a pour objectif de reprendre tout ce qui a été dit précédemment et de faciliter ce que White appelle *agency*, autrement dit la reconnaissance des propres désirs/projets et des ressources pour les poursuivre. À partir du positionnement dans le point précédent, on interroge ce qui est important pour le patient, le sens général qui en découle, sa vision de la vie. Prenons un court (et condensé) exemple de conversation externalisante, pour mieux comprendre l'*agency*.

Imaginons un adolescent qui arrive en séance en utilisant comme « carte de visite » le diagnostic (« bonjour, je m'appelle Pierre, et je suis agoraphobe »). Au fil de la conversation Pierre arrivera à traduire le symptôme (point 1), en passant d'*être agoraphobe* à : « Parfois je ressens comme une barrière invisible qui m'empêche de sortir de chez moi et d'aller à l'école. »

Ensuite (point 2), la carte des effets lui permettra de comprendre que, outre l'expérience interne d'angoisse, le symptôme d'un côté l'éloigne terriblement de ses pairs (avec qui il aimerait arriver à se connecter) et, de l'autre, amène ses parents à se disputer sur la meilleure manière d'aider Pierre (le « forcer », selon le père ; essayer de le comprendre et de s'adapter, selon la mère).

Après (point 3), Pierre me racontera que s'il souffre de cette distance qui le sépare des autres adolescents, il est rassuré de voir que ses parents s'occupent de lui, même si c'est en se disputant. En effet, depuis que la « barrière invisible » est là, les parents aussi sont plus présents à la maison et moins absorbés par leur travail (comme si, avais-je ajouté, la barrière invisible avait une incidence sur eux également).

Finalement (point 4), Pierre me dira, qu'au fond, il ne sait pas bien comment rassembler toutes les choses suivantes : son désir de bien s'entendre avec ses pairs à l'école et la peur de s'éloigner de la maison ; le sentiment de tristesse en assistant aux disputes de ses parents et l'importance de les sentir impliqués. Grâce à l'externalisation, Pierre est passé d'*être* agoraphobe, c'est-à-dire d'incarner une étiquette diagnostique, à *hésiter sur le pas de la porte de la maison*, entre son besoin d'appartenance et de différenciation.

Certes, afin d'aider les personnes à développer une narration où l'identité n'est pas complètement définie par le symptôme, beaucoup d'autres outils que la *externalising conversation* peuvent être utilisés. Toute question qui introduit de la temporalité (« depuis combien de temps... » ; Boscolo et Bertrando 2003), de la différence (comme les questions circulaires ; Selvini *et al.* 1980 ; Tomm 1985, 1987, 1988), du possible (questions hypothétiques ; Boscolo *et al.* 1987 ; Boscolo et Bertrando 2003) et de la subjectivité, sera une question qui permettra imperceptiblement, mais significativement de desserrer les mailles de la narration dominante. En effet, ces questions font émerger des nuances : par conséquent, la narration centrée sur le symptôme assumera plus difficilement un statut de vérité.

Il est aussi possible d'utiliser des *media* à des fins d'externalisation. Par exemple, si je demande à un patient dépendant d'écrire une lettre à la cocaïne, automatiquement s'ouvre un léger écart narratif entre le patient et le produit auquel il s'adresse ; et ceci laisse place à un positionnement subjectif, à un « dialogue » (entre la personne et le symptôme) qui n'est pas possible lorsque ces deux éléments coïncident parfaitement.

Il m'est arrivé, dans une séance de couple, d'utiliser une chaise vide pour « personnifier » (et donc en même temps externaliser) l'alcool, qui était sinon devenu indissociable des personnes.

Par ailleurs, une narration dans laquelle le patient n'est pas un synonyme du problème qu'il traverse ou porte nous permet de le rencontrer dans ces aspects de lui/elle qui demeurent plus masqués. Je pense à Mario, qui me parlait toujours de poker : « Je *suis* un joueur de poker » me disait-il sans cesse. Jusqu'à ce que, un peu par provocation, je lui demande : « Que faites-vous alors dans votre temps libre ? » En souriant, il m'avait parlé pour la première fois d'autres aspects de sa vie, qu'il délaissait auparavant au fond de son discours identitaire.

Un deuxième outil narratif que White nous a laissé est la *re-authoring conversation* (1995 et 2007), une conversation qui vise justement à récupérer d'autres traces narratives, d'autres histoires oubliées que la personne peut avoir sur elle et son parcours de vie.

Afin de l'illustrer, prenons un graphique.

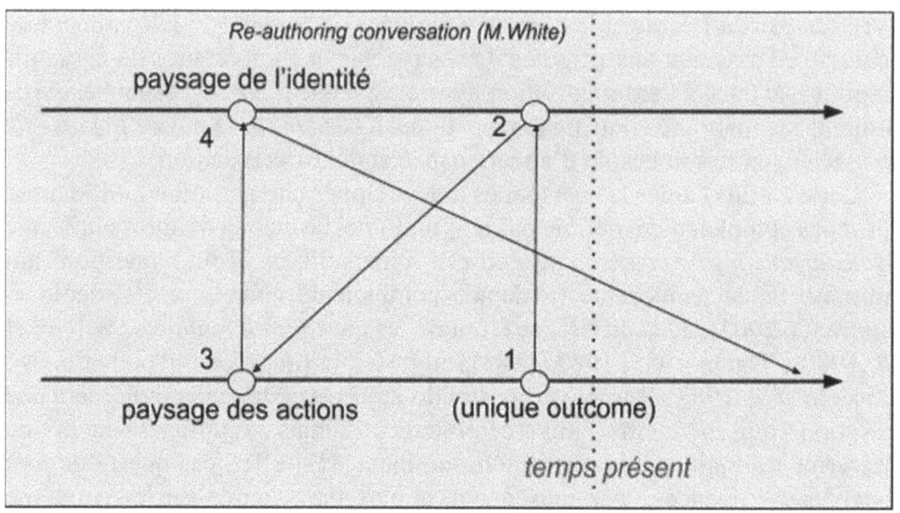

La prémisse, pour White, est l'idée que, pour donner du sens à la réalité, nous construisons des histoires. Ces narrations émergent à partir de certains événements considérés comme saillants, pour après se répandre comme une tache d'huile : le reste de l'expérience est interprété à l'intérieur de ce cadre narratif. D'une certaine façon, c'est comme dans un texte : même le roman le plus riche en détails laisse des espaces entre les événements décrits. Il revient au lecteur de les remplir, en accord avec la ligne narrative principale.

Lorsqu'un patient arrive en thérapie, il est prisonnier d'une narration dominante, d'une seule histoire possible sur lui. Tout ce qui se produit est vu à l'intérieur de ce cadre ; tout ce qui en diffère est écarté et oublié. La *re-authoring conversation* est un outil pour faire revenir à la surface les narrations secondaires, minoritaires, délaissées.

Le point de départ (1) est l'*unique outcome* (situation unique). Avec ce terme, White illustre l'idée d'une exception à la narration dominante, comme porte d'entrée vers d'autre narrations minoritaires. Prenons l'exemple de Louise, une patiente qui m'avait avoué avoir peur de quitter l'hôpital, car : « La cocaïne est plus forte que moi, je ne peux pas y opposer résistance. Si quelqu'un me la propose, je ne peux pas faire autre chose que de m'y rendre. »

Même en présence d'une narration si généralisée et totalisante, il est possible d'aider Louise à se souvenir d'au moins une fois, même loin dans le passé, où elle était parvenue à « dire non » au produit. À partir de là, il est important que cette exception soit rendue vive par une description riche en détails sur les différents vécus situationnels, singuliers, sensoriels. Ceci, sans céder à la tentation (plutôt, au piège) de vouloir la généraliser, c'est-à-dire de vouloir en extrapoler les conditions qui puissent la rendre reproductible. Il est important de l'accepter en tant qu'exception, et de la laisser vivre comme telle.

Louise me racontera un épisode où elle n'avait pas eu recours à la cocaïne : un soir où sa meilleure amie avait été quittée par son compagnon. Louise avait à ce moment-là renoncé à se rendre à un vernissage où elle était sûre de pouvoir trouver de la cocaïne, pour aller plutôt réconforter son amie chez elle.

Dans un deuxième temps (2), on passe du niveau de la description des événements à un niveau où la trame narrative est centrée sur l'identité (passage du « paysage des actions » au « paysage de l'identité »). Par exemple, j'avais demandé à Louise ce que cet épisode (la situation unique) racontait d'elle et de la relation avec cette amie. La réponse initiale de Louise montrait encore le registre de la nécessité et de la fermeture (« Je ne pouvais pas ne pas aller l'aider », notez la double négation). Toutefois, progressivement, Louise avait commencé à me parler de l'importance de cette relation d'amitié dans tous les moments charnières de sa vie, et du soutien réciproque qu'elles deux s'étaient toujours offert.

Par la suite (3), il y a un retour vers la trame narrative du paysage des actions. Il est question de chercher, avec le patient, d'autres moments cohérents avec ce qui est apparu dans le point 2 (« Louise, vous venez de me parler de l'importance à vos yeux de l'amitié, au point de vous permettre de renoncer à la cocaïne. Avez-vous d'autres exemples ou souvenirs qui mettent en lumière cette partie de vous ? »). Louise avait réfléchi longuement, pour finir par me parler d'un épisode, à ses vingt ans, où elle avait eu un accident de la route avec sa petite sœur, la nuit, sur une route de campagne. Après l'impact, Louise ne trouvait plus son GSM, et de ce fait ne savait plus comment demander de l'aide pour sa sœur, grièvement blessée. Elle avait donc couru jusqu'au premier village, sans s'arrêter un instant ni regarder derrière elle. Louise avait réussi à alerter les secours à temps pour sauver la vie de sa petite sœur. « On m'avait expliqué que j'avais couru plus de 10 kilomètres. Moi, qui à l'époque de l'école secondaire laissais tomber tout sport. » Dans le retour vers le « paysage de l'identité » (4), Louise me dira que, probablement, lors de cet événement, elle avait utilisé une force cachée en elle, qu'elle ne pensait pas avoir. Et qu'au fond elle aimait tellement sa petite sœur qu'elle n'avait pas pu la laisser mourir vidée de son sang, dans un champ (« pas *voulu* la laisser mourir », avait été ma reformulation).

La même danse, faite d'allers et de retours entre le paysage des actions et celui de l'identité, peut se répéter plusieurs fois, qu'il s'agisse du passé, mais aussi du futur (« si vous parveniez à retrouver cette force cachée en vous, qu'en ferez-vous ? »). Il est important de ne pas essayer de *remplacer* la narration dominante, car les « défenses narratives » d'une personne sont bien enracinées, et ont un sens. Cependant, le simple fait de *faire l'expérience d'une narration alternative* rend la narration dominante moins absolue, et laisse place à la génération de nouvelles histoires. Dans le cas de Louise, j'avais terminé la séance en recadrant : « Aujourd'hui, j'ai entendu une histoire, bien qu'en réalité elles étaient deux. Une était l'histoire d'une Louise qui ne parvient pas à renoncer à la cocaïne, une Louise qui voit le produit comme quelque chose de plus fort qu'elle, presque inévitable. Et, pourtant, j'ai entendu aussi l'histoire d'une autre Louise, une Louise qui possède une force cachée, et qui tient tellement à certaines personnes au point de dépasser ses barrières, pour les aider… »

J'avoue ne pas utiliser les outils narratifs de White (il en propose d'autres, 2007) de façon systématique, comme une recette, mais plutôt comme un canevas : une attention aux narrations des personnes et à la manière de les rendre moins rigides et totalisantes.

Il existe d'autres façons de travailler à partir de la « colline narrative ». Personnellement, dans ma pratique clinique sur les addictions, je travaille souvent sur les *métaphores*. En effet, si le langage est notre outil pour donner forme à l'expérience, les mots n'arrivent pas à la traduire complètement. Il reste toujours un écart, qui s'exprime dans le registre du corps, des images (Pakman 2018), de ce qui résiste à la parole. Je considère de ce fait les métaphores comme des fenêtres sur ce jardin de significations que la dimension verbale ne peut que saisir de façon partielle et incomplète.

Les métaphores sont des *condensateurs de signification* : elles racontent quelque chose d'essentiel, mais en demi-teinte. Les métaphores sont un renvoi, un reflet, un résidu, qui possède l'immédiateté de l'intuition, sans la prétention de l'exhaustivité. Dans le « comme si » d'une métaphore s'ouvre une place à la subjectivité, premier interstice pour le changement.

Les métaphores (Lakoff et Johnson 2003 ; Legowski et Brownlee 2001) sont souvent cachées dans les recoins du discours : elles nous sont offertes dans les narrations du patient, même si ce n'est que l'espace d'un instant (Boscolo *et al.* 1991).

Néanmoins, nous faisons souvent la rencontre de patients qui ont un langage appauvri, aux mots lisses, usés. Dans ce cas, l'accès à un niveau métaphorique du langage peut être facilité par l'utilisation en thérapie des *media*, par exemple en leur demandant d'essayer de nous raconter quelque chose sur leur relation au produit grâce à l'écriture ou à des photographies.

Dans quel sens les métaphores peuvent-elles être des fenêtres pour entrevoir ce que le discours verbal ne peut qu'effleurer ?

Prenons l'exemple d'un patient qui me décrit la bouteille comme sa *maîtresse*. À travers cette métaphore, plusieurs significations s'ouvrent. Entre les lignes, le patient nous parle de trahison, d'appartenance, de limites, de transgression, de ce qui est consenti et de ce qui ne l'est pas dans un couple ; d'une relation où les partenaires n'arrivent pas à être juste deux, de passion, etc. Toutes ces dimensions ne sont qu'esquissées par la métaphore, mais elles peuvent être ramenées à un niveau plus explicite : « Si l'alcool est votre maîtresse, qui ou que trahissez-vous en buvant ? », « Si l'alcool est votre amante, que recherchez-vous en elle, que vous pensez ne pas pouvoir trouver dans votre couple ? », etc.

Prenons également l'exemple d'un patient qui, en parlant de sa relation au jeu, utilise la métaphore d'une *prison*. Cette métaphore peut renvoyer à un paysage de significations plus large : à l'idée de liberté, de contrainte, éventuellement de faute à expier ou à racheter, d'autorité, de réduction des possibilités, de fermeture… En même temps, cette métaphore offre également des possibilités : « Si le jeu est une prison, qui ou qu'est-ce qui peut vous aider à vous évader ? » ; « Si le jeu est une prison, quelle peine êtes-vous en train de purger ? Combien de temps va-t-elle durer ? »

Les métaphores sont donc à la fois des *fenêtres* sur des significations cachées dans les recoins du discours, mais aussi des *outils* pour travailler sur les narrations des patients, en les rendant plus ouvertes, et en ouvrant des chemins de changement possibles qui seraient sinon négligés ou peu visibles.

Comment utiliser les métaphores comme des « leviers cliniques » ?

En premier lieu, *en les accueillant :* « Si le jeu est une prison, de quel type de prison s'agit-il ? », « Comment vous sentez-vous dans cette prison ? », etc. L'idée étant, à partir de l'image offerte par le patient, de l'élargir afin d'avoir accès à toutes les dimensions de signification qui sont seulement esquissées dans la métaphore.

Deuxièmement, *en les peuplant.* Les métaphores du discours des addictions sont souvent des images où le lien à la substance a remplacé le lien à l'autre. Les relations sont moins visibles ; les connexions et les appartenances sont reléguées à une zone d'ombre. « Dans la prison que vous avez évoquée, êtes-vous seul ou non ? », « Les personnes importantes pour vous, où se situent-elles par rapport à la prison ? À l'intérieur avec vous, juste en dehors, bien plus loin ? » À travers la métaphore, les liens peuvent émerger et réintégrer l'histoire de la personne.

En troisième lieu, *en cherchant des lueurs de changement.* Chaque métaphore, même la plus difficile, contient en soi une représentation du changement, du moins un reflet. En parlant d'une prison, on évoque bien évidemment la perte de liberté, mais aussi, implicitement, la possibilité d'une évasion, d'une complicité entre prisonniers, etc.

Quatrièmement, il est important de réintroduire la notion de *temporalité.* Les métaphores, tout comme une photographie ou un tableau, sont des images qui peuvent être vues comme suspendues hors du temps. Si on se situe au-delà du flux du temps, dans le côté atemporel de la métaphore, on s'éloigne du champ des changements. Par conséquent, la mise en valeur des aspects de la métaphore qui renvoient au passage du temps permet de desserrer les mailles de la narration. Pour rester dans l'exemple précédent, l'image de la prison peut évoquer la notion d'immobilité, et pourtant, dans les recoins de cette image, la temporalité est encore présente : en parlant d'une prison, il y a un temps où on y est entré ; il existe une vie qui précède l'incarcération et, surtout, on peut imaginer un temps « après ».

Finalement, après avoir exploré et élargi la métaphore initiale, il est important de la reprendre à l'intérieur d'un cadre qui mette en valeur tous ces changements narratifs (*recadrage*, Duriez 2009). À cette fin, prenons un bref cas clinique.

2.4 La colline narrative : un cas clinique

Claire

Claire entre dans mon cabinet pour me parler des médicaments, dont elle abuse depuis environ un an et demi. Son regard est fatigué, même si le bleu intense de ses yeux est de temps en temps ravivé par un éclat.

Claire a demandé à me rencontrer, et pourtant entre elle et moi est encore présent le filtre des médicaments de la veille. Son corps en est ralenti, et ses gestes semblent toujours hésitants.

Claire utilise toujours très peu de mots, et ceux qu'elle prononce semblent lui avoir échappé du bout des lèvres. Tout compte fait, elle a un discours clair, mais détaché. À la fin de la séance précédente, je lui avais demandé de chercher une photographie ou de faire un collage qui puisse me raconter quelque chose sur sa relation aux médicaments.

Claire fait donc glisser, hors des pages froissées d'un roman de plage, une photo. Elle la tient du bout des doigts, comme si elle hésitait à me la donner. Puis elle la pose au centre de la table basse qui nous sépare.

Claire : « Un désert » elle me dit, comme si elle se devait de m'expliquer l'image : « Les médicaments sont mon désert. »

Thérapeute : « Parlez-moi de ce désert, de comment vous vous y sentez. »

C : « C'est un désert froid. Immense, vide. Ces déserts qui sont battus sans cesse par le vent. »

T : « Où vous trouvez-vous, dans ce désert froid ? »

C : « Au milieu. Quelque part. Je suis perdue. Je marche, mais je n'en sors jamais. Alors je m'arrête, je me couche par terre, en boule, et je serre les yeux. »

T : « Vous restez comme ça combien de temps ? »

C : « Un temps indéfini et interminable. »

T : « Pourtant, aujourd'hui, vous êtes ici avec moi, vous vous êtes rendue à cette séance. »

C : « Oui. Souvent je me relève, et je cherche à marcher encore un peu. Mais, au fond, je n'en sors jamais. »

T : « Qu'est-ce qui donne la force de vous relever ? »

C : « Une partie de moi voudrait rester couchée par terre. À jamais. M'éteindre. Me faire oublier. »

T : « Vous faire oublier par qui ? »

C : « Les autres. Ma sœur, mon compagnon. »

T « Une partie de vous voudrait se faire oublier...Faire oublier quoi, de vous ? »

C : « Que j'existe. Je voudrais juste m'éteindre. »

T : « Une partie de vous voudrait le faire. Et l'autre partie, celle qui vous fait vous relever ? »

C : « L'autre partie de moi se laisse tenter par l'idée de pouvoir en sortir, de ce désert. »

T : « Qu'y a-t-il en dehors de ce désert ? »

C : « La vie. Mais moi je ne sais pas en sortir, du désert de mes médicaments. Je ne sais pas vivre. »

T : « Vous m'avez parlé d'un désert froid. Vous y êtes seule, ou y-a-t-il quelqu'un d'autre ? »

C ; « Je suis seule. »

T : « Et les autres, où sont-ils ? Vous m'aviez parlé de votre sœur, de votre compagnon… »

C : « Ils sont juste en dehors du désert. Au fond, il n'est pas si immense que ça. Les lisières de ce désert, ce sont les quatre murs de ma chambre, là où je me renferme. »

T : « Ils en sont juste en dehors, vous avez dit… Arrivez-vous à rester en contact avec eux ? »

C : « Oui, ils m'appellent. Ils voudraient me faire sortir. Lorsque je m'enferme à clé dans ma chambre, en compagnie d'une bouteille de bourbon et de trois boîtes des médicaments, parfois j'y reste pendant plus de trois jours. »

T : « Comment réagissent-ils ? »

C : « Ils s'inquiètent. Ma sœur m'appelle, mon compagnon frappe – plutôt défonce – la porte. »

T : « Vous m'avez dit qu'une partie de vous voudrait qu'ils vous oublient. Eux, ils ne semblent pas vouloir vous oublier. Ils vous cherchent. »

C : « ... oui » (Claire hésite un court moment, comme si les mots, quittant le bout de ses lèvres, lui faisaient mal) « eux arrivent à continuer à aimer quoi qu'il arrive. Moi, je n'y arrive pas. C'est pour ça que je me rends dans mon désert. »

T : « Vous vous y perdez… ou vous y rendez ? »

C : « Les deux. J'ai décidé d'y aller, sans savoir comment retrouver mes pas pour en sortir. »

T : « Depuis combien de temps y êtes-vous entrée ? »

C : « Depuis un an et demi. »

T : « Un an et demi... vous avez dit une phrase qui m'a frappé. Que vous n'arriviez pas à continuer à aimer... Quelque chose s'est passé il y a un an et demi ? »

C : « J'ai découvert que mon compagnon m'avait trompée. Vous savez, tous ces petits signes parsemés dans le quotidien, qu'inconsciemment vous choisissez d'ignorer, ces petites pièces d'un puzzle qui, d'un coup, vous explose à la gueule sous forme d'une notification sur un écran, que votre compagnon laisse traîner par un geste de distraction. »

T : « Êtes-vous encore ensemble ? Même si vous êtes au milieu du désert, et lui juste en dehors ? »

C : « Oui. Nous sommes encore ensemble et à la fois nous ne le sommes plus vraiment. Vous savez, je voudrais tellement lui pardonner. C'est stupide, j'ai toujours pensé que pardonner était une décision. J'avais décidé de le pardonner, et pourtant chaque fibre de mon corps se rétracte, horrifiée. » Claire soupire avec un léger sifflement : « Toutefois, ce n'est pas la première fois que je pardonne quelque chose. »

T : « Qu'avez -vous réussi à pardonner auparavant ? »

C : « J'ai pardonné à mon père d'être parti en nous laissant seules, ma mère, ma sœur et moi. Et tant d'autres fois, j'ai pardonné et j'ai avancé. Et, sur ces ruines, j'ai construit les choses les plus belles, mais aussi mes regrets les plus noirs. Car, chaque fois que j'ai pardonné, j'ai perdu une partie de moi. »

T : « Perdu.... Ou choisi ? »

C : « ... » (Claire me regarde en silence, comme si elle cherchait une réponse au fond de mes yeux. Puis elle me reparle du désert et des médicaments).

T : « Claire, vous savez, dans un désert il y a parfois des oasis. En avez-vous déjà rencontrées quelques-unes ? »

C : « Les oasis sont les moments où je pense que la trahison est derrière nous. Les moments où j'arrive à nouveau à sentir la chaleur sur mes joues, à être heureuse avec mon compagnon. Comme lors de notre voyage en Californie, lorsque nous marchions des heures dans un Parc National. »

T : « Et puis, que se passe-t-il ? »

C : « Après, je retourne dans mon désert. Car j'ai peur de me blesser à nouveau, si j'accepte d'être heureuse avec lui après tout ce qui s'est passé. »

T : « Vous savez, les gens qui habitent le désert savent où trouver les oasis… Vous sauriez y retourner, si vous le vouliez ? »

C : « Oui, les oasis sont juste en dehors de ma chambre. Mais j'ai peur, et je préfère le désert des médicaments, et ma bouteille de bourbon. »

Lors des premières séances, Claire me parlait avec le langage de l'addiction. Ses mots exprimaient l'inéluctabilité, la nécessité, la privation, l'impossibilité. Sa métaphore initiale, celle d'un désert froid, immense et perpétuellement battu par le vent, représentait bien cette narration d'inévitabilité.

Pourtant, en explorant ensemble ce désert, Claire a pu dire que l'immensité était condensée dans les murs de sa chambre à coucher. Et que, juste en-dehors, des liens existaient encore, des personnes qui continuaient à la chercher. Claire a progressivement modifié sa narration, en élargissant ses mailles. Se retrouver dans le désert est devenu un choix, pour se protéger des possibles déceptions liées à la relation avec son compagnon après une trahison. Se perdre dans le désert froid des médicaments était une façon de s'anesthésier, juste le temps d'hésiter à pardonner ou pas. Entre choisir le lien à l'autre (au risque de se blesser, mais aussi de retrouver la chaleur sur les joues) et le lien au produit, toujours constant et identique, à l'image d'un paysage désertique. Et froid, au point de la faire s'éteindre.

Le désert des médicaments était au fond la photographie de son dilemme relationnel. La métaphore, une fenêtre pour récupérer ces images que les paroles ne parvenaient pas encore à exprimer, mais juste à laisser entrevoir. Doucement, sa première narration sans marges de possibilité se desserra, en laissant passer la liberté – et bien sûr le risque – de choisir.

Une dizaine de séances plus tard, Claire et moi nous avions décidé de suspendre la thérapie. Claire ne sentait plus le besoin de se promener dans le désert des médicaments. Elle avait arrêté depuis quelques semaines. Même si, au fond, le désert restait à portée de main, à la distance entre chez elle et la première pharmacie du coin.

Six mois plus tard Claire, m'envoya une autre photographie. Elle était avec son compagnon. Ils faisaient du trekking sur les montagnes de l'Atlas, au Maroc. À l'horizon, rendu flou par la lumière oblique et la poussière, le rouge du désert.

Pour conclure la présentation de la « colline » narrative, je souhaite souligner sa complémentarité avec le regard auto-organisationnel. En effet, nos narrations influencent notre position dans le système, et notre position dans le système façonne notre discours sur nous-mêmes et sur le monde (Caruso, 2008).

Boscolo et Bertrando (2003) considèrent que parler de système renvoie à la notion de *spatialité*, et que la narration implique une notion de *temporalité* (car les histoires se situent et se déroulent toujours dans un temps). Je pourrais donc dire que la dialectique entre la colline auto-organisationnelle et la colline narrative est comme le tissu spatio-temporel, où chaque élément renvoie à l'autre.

Il existe également des visions plus orthodoxes (ou, permettez-moi : intégristes) de l'approche narrative en thérapie, qui ne s'intègrent pas à une épistémologie systémique (pour une analyse des points d'intégration et d'incompatibilité, voir l'œuvre de Bertrando *The Dialogical Therapist*, 2007).

Personnellement, je continue de penser, comme dans le jardin du temple Ryōan-ji à Kyoto, qu'un seul point de vue ne suffit pas à embrasser un paysage.

CHAPITRE 3

La troisième colline : la dimension temporelle

Les êtres humains, comme tant d'autres espèces, des mouches aux éléphants, disposent d'outils internes pour percevoir le passage du temps. Certes, cette perception se manifeste de façon différente : les insectes (Healy *et al.* 2013), qui possèdent un métabolisme très accéléré par rapport au nôtre, appréhendent le temps en *frames* à une telle vitesse qu'ils en font une expérience comparable pour nous à la *slow motion* : d'où la difficulté que nous éprouvons à attraper une mouche.

En effet, plus rapidement l'information est traitée, plus lent paraît le flux du temps : ceci est l'une des raisons (Bejan 2019) pour lesquelles le temps passe plus lentement pour les enfants que pour les personnes âgés, vu que, jeunes, nous traitons les images à une fréquence plus importante (*light flickering fusion frequency)* que dans nos vieux jours.

Par rapport à d'autres espèces, toutefois, nous allons bien au-delà (Cooperrider et Nunez 2016 ; Moore 2014) : grâce au *langage*, nous avons développé des outils conceptuels pour outrepasser les limites de notre perception (nous concevons l'idée d'une milliseconde alors que notre limite perceptive est de 13 millisecondes) tout comme celles de notre espérance de vie (nous pouvons penser en termes de millions voire de milliards d'années, comme dans l'astrophysique). Et bien plus que cela : le temps est depuis toujours au carrefour de notre recherche de connaissance ; il est au cœur des différents champs du savoir tels que la philosophie, l'anthropologie, la biologie, la physique, la psychologie, la sociologie, l'éthologie, etc.

Toutefois, même si la notion de temps contient intrinsèquement quelque chose d'intuitif, elle reste extrêmement difficile à définir : n'importe qui « sait » ce que c'est le temps (dans le sens d'en faire l'expérience), mais très peu de gens pourraient l'expliquer. Fraser (1988) a utilisé l'expression de *familiar stranger* (étranger familier) pour décrire notre rapport complexe à cette dimension aussi centrale qu'insaisissable de notre vie.

Hall (1959 ; 1966) considère le temps comme une partie du *langage silencieux* que nous utilisons pour nous relationner à la réalité et aux autres (l'autre *dimension cachée* étant l'espace).

Ce caractère multiple et évasif du temps est illustré par les énormes différences culturelles avec lesquelles (à travers le langage) nous en saisissons les facettes. Par exemple, Boscolo et Bertrando (2003) soulignent comment, en grec ancien, le terme « temps » peut être traduit à la fois par *aion* (dans le sens de durée illimitée, au-delà de la notion de passé et de futur), par *chronos* (le temps mesurable, objectif et linéaire), et par *kairos* (temps doté de signification, temps de l'expérience subjective).

L'idée selon laquelle notre langage donne forme à nos processus de pensée – et donc aussi à notre perception du temps – est une hypothèse qui avait déjà été formulée des années auparavant par l'anthropologue Benjamin Lee Whorf (Whorf 1956 ; Sapir 1985), et récemment prouvée par plusieurs études expérimentales conduites par la psychologue Lera Boroditsky (Casasanto et Boroditsky 2008 ; Majid, Gaby et Boroditsky 2013 ; Thibodeau, Hendricks et Boroditsky 2015). Par ailleurs, une expérience de 2017 (Bylund et Athanasopoulos) a montré que les personnes bilingues effectuent des tâches de perception temporelle différemment selon le contexte linguistique dans lequel elles sont immergées.

Nous sommes des animaux sémantiques (Bruner 1986) et, à travers le langage, nous façonnons notre expérience en nous donnant des outils différents pour en saisir l'incroyable complexité. Chaque langue met l'accent sur des facettes différentes, et ce processus influence notre manière de faire l'expérience du temps.

Toutefois, outre le langage verbal, notre culture influence le rapport au temps d'une façon plus implicite. Selon Cooperrider et Nunez (2016), les êtres humains utilisent des *métaphores spatiales* pour penser le temps (ce phénomène est observable tant dans le langage verbal que dans le langage non-verbal). Néanmoins, la métaphore spécifique diffère d'une culture à l'autre. Ainsi, dans les cultures occidentales, particulièrement dans celles de matrice anglophone, on utilise une métaphore spatiale linéaire et centrée sur le corps, selon laquelle le temps est vu comme un chemin ou une trajectoire ; une séquence linéaire de passé-présent-futur, où le passé est derrière nous et le futur devant.

De façon générale, influencés par le sens de l'écriture, les Occidentaux représentent la ligne du temps comme un flux de gauche à droite. Les Chinois, avec leur sens d'écriture traditionnelle du haut vers le bas, utilisent une métaphore spatiale également linéaire, mais verticale (en mandarin, le mois prochain c'est le mois « d'en bas » et le mois passé celui « d'en haut », Lai et Boroditsky 2013).

Les populations Aymara de l'Amérique du Sud (Nunez et Sweetser 2006) possèdent elles aussi une métaphore spatiale interne (dans le sens de « basée sur le corps de l'orateur »), mais inversée : le passé est ce qui se dresse devant ses yeux (car on le connaît), alors que le futur est derrière soi (puisqu'inconnu et donc invisible).

Les Yupnos en Papouasie Nouvelle-Guinée (Nunez *et al.* 2012), dont le territoire est extrêmement vallonné, utilisent une métaphore spatiale externe (donc non basée sur le corps) : le passé est représenté comme étant au fond de la vallée (car il est connu et donc visible), alors que le futur est ce qui se situe au-delà de la colline (car il est insaisissable par le regard). Ce phénomène n'influence pas uniquement le langage verbal, mais également le langage non-verbal : pour parler d'événements passés ou futurs, les Yupnos font des gestes en direction respectivement du fond de la vallée ou du sommet de la colline ; et ceci peu importe l'orientation du corps des interlocuteurs.

Une autre langue avec une métaphore externe et donc indépendante du corps de l'orateur est la Kuuk Thaayorre des Pormpuraaw (Boroditsky et Gaby 2010 ; Gaby 2012). Les Pormpuraaw utilisent les points cardinaux pour exprimer le passage du temps, dont le flux est ordonné d'est en ouest. Dans une étude expérimentale, les Aborigènes devaient ordonner des cartes en une séquence temporelle (représentant des images d'une action). Chaque fois, et ce indépendamment de la position corporelle du sujet, afin de représenter le flux du passé-présent-futur, les images étaient ordonnées de l'est vers l'ouest. Dans la même étude, les sujets anglophones ordonnaient toujours les séquences temporelles de gauche à droite, leur corps étant la référence[8].

La métaphore spatiale implicite à la base de notre sens du temps influence non seulement le langage ou la représentation du flux du temps, mais aussi sa perception. Si on demande à des sujets anglais ou américains – pour lesquels le temps est représenté par une métaphore spatiale liée à *la longueur,* comme une trajectoire (voir les expressions : *a long weekend* ; *past problems are behind us, etc.*) – d'évaluer la permanence d'une ligne sur un écran, ils auront tendance à être influencés par la longueur de la ligne : plus longue est la ligne, plus longue sera l'estimation du temps où la ligne apparaît sur l'écran.

Des sujets espagnols, cependant – pour lesquels la métaphore implicite renvoie à la notion de *volume* et pas de longueur (voir l'expression *mucho tiempo*) – sont influencés par des images liées à la plénitude ou à la quantité, et non par des images relatives à la longueur. Par exemple, un bol de riz plein est perçu comme présent plus longtemps qu'un autre stimulus en n'interférant pas avec la métaphore implicite de volume (Cooperrider et Nunez 2016).

L'espace et le temps, dans les processus de pensée qui donnent forme à notre expérience, sont indissociables (Nunez et Cooperrider 2013) ; c'est intéressant, car cela reflète le point de vue de la Théorie Générale de la Relativité d'Einstein (1922), où l'on ne parle pas de deux dimensions

[8] L'influence linguistique sur le processus d'ordonnancement des séquences temporelles a également été confirmée par une étude qui comparait des sujets anglophones, chinois et taïwanais (Bergen et Chan 2012).

distinctes, mais d'un seul tissu spatio-temporel, dans lequel chaque aspect est relatif à l'autre.

Revenons maintenant à la dimension temporelle. Le sens que nous donnons au temps est multiple et il diffère d'une culture à l'autre (à travers le langage et la métaphore spatiale sous-jacente, Cooperrider et Nunez 2016 ; Rosenberg et Grafton 2010).

Toutefois, même en présence des certaines exceptions, il s'agit la plupart du temps d'une *conception linéaire du temps*, qui tend à considérer le flux du temps comme séquentiel et traversé par une trame de nécessité.

Prenons l'exemple des cultures occidentales, où le passage du temps est structuré de sorte que le passé précède le présent qui à son tour sera suivi par le futur. Cette conception nous amène, dans la vision déterministe de la science occidentale classique, à voir le passé comme *étant la cause* de l'état actuel de la réalité qui, à son tour, sera la *cause* de l'état futur des choses.

Toutefois, une vision linéaire du temps comporte la sous-estimation de certains arcs de circuit de notre expérience du temps. Une vision circulaire du temps, en revanche, en permet l'émergence, comme illustré dans le graphique suivant :

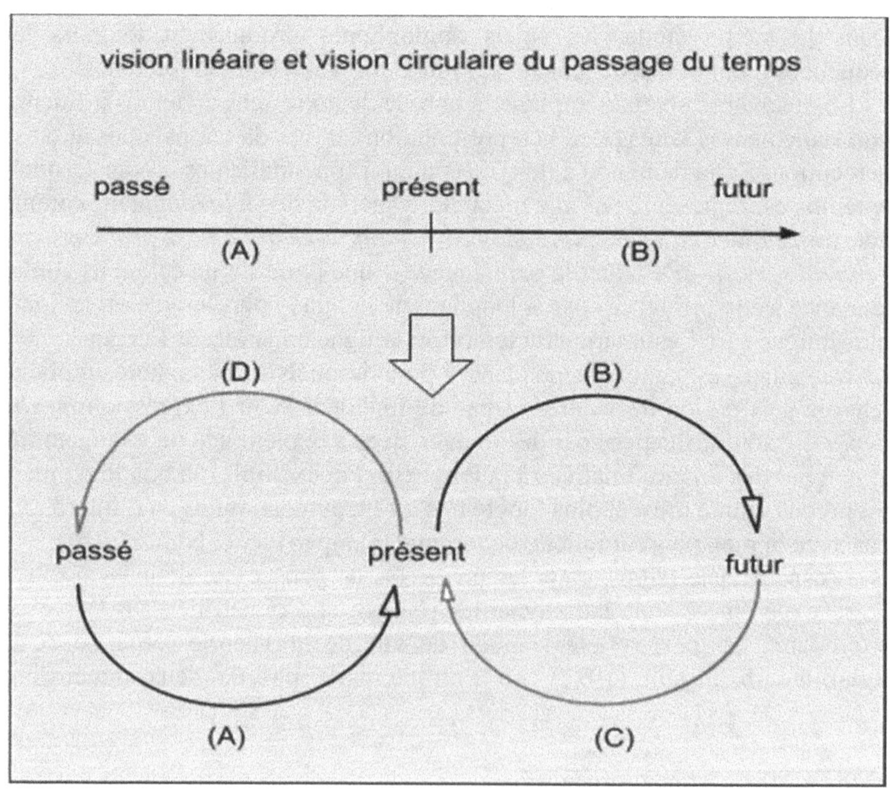

Prenons le rapport entre passé et présent, par exemple. Le présent est souvent vécu comme le résultat des événements passés, qui en seraient la cause (*arc de circuit A*).

Cependant, notre expérience du passé est reconstruite à partir du moment présent : en nous souvenant, nous interprétons. Comme décrit dans la colline narrative, nous réécrivons constamment notre histoire identitaire en l'adaptant aux événements présents (*arc de circuit D*). Un épisode particulièrement marquant (qu'il soit positif ou négatif) au moment présent peut nous faire changer notre vision d'une relation ou notre image de nous-mêmes. D'un point de vue narratif, le travail thérapeutique sur le passé consiste quelque part à fournir un cadre qui puisse permettre au patient – à partir du présent – de générer une perspective différente sur sa propre histoire. Une narration moins univoque, moins rigide, moins encombrante, donc plus ouverte aux possibilités de changement.

Si le sens commun nous dit qu'on ne peut pas modifier le passé, la thérapie nous offre la possibilité de changer *la manière dont nous regardons le passé*, de modifier le sens de ce qu'il raconte sur nous et, finalement, de ce fait, d'altérer aussi son influence sur le présent.

Il est intéressant de noter que certains chercheurs ont émis l'hypothèse, dans le champ de la mécanique quantique, de la possibilité de la *rétro-causalité*, c'est-à-dire que le choix des paramètres d'observation actuelles de certaines particules modifierait les propriétés passées des mêmes particules (Price 2012 ; Leifer et Pusey 2017).

Une vision circulaire du temps permet de regarder le rapport entre passé et futur comme une dialectique de deux dimensions qui s'influencent réciproquement.

De la même façon, le rapport entre présent et futur est également récursif. Le futur, en effet, est normalement vu comme la résultante des conditions actuelles (*arc de circuit B*), comme s'il en était la prolongation le long d'une trajectoire de cause à effet, ou du moins de probabilité. Selon le sens commun, on parle de *prévoir* le futur, comme s'il y en avait un qui préexistait le long de la ligne tracée entre expériences passées, conditions présentes, et leurs évolutions successives.

En même temps, la manière dont nous parvenons à imaginer le futur a un impact énorme sur la manière dont nous vivons le présent (*arc de circuit C*). Il suffit de penser au phénomène des *self-fulfilling prophecies* (Merton 1948) : si nous considérons un événement futur comme vrai, nous adapterons nos comportements pour les rendre conformes à cette attente, jusqu'à alimenter les feedbacks qui la confirmeront. Si vous avez l'intime conviction « d'y arriver », vous allez utiliser pleinement vos ressources, en stimulant les feedbacks qui y adhèrent, jusqu'à probablement confirmer vos attentes.

L'étude très connue de Rosenthal et Jacobson (1968 ; Rosenthal et Babad 1985) a montré que si un étudiant (choisi au hasard) était présenté comme destiné à avoir succès dans la vie, les comportements anticipatoires des enseignants s'adaptaient à ces attentes (et bien évidemment ceux de l'étudiant aussi, en réponse), en créant un cercle vertueux qui confirmait cette prévision. Naturellement, ceci s'applique aussi dans les cas de croyances négatives : si nous n'arrivons même pas à imaginer un changement, nos comportements (ou absence de comportements) anticipatoires réduiront les possibilités futures de changer.

Dans ce cas aussi, la relation entre présent et futur ne peut être qu'une dialectique récursive.

Sans doute, conformément à notre culture, et influencés par les limitations de notre langage linéaire, lorsqu'on construit notre expérience du temps nous sommes plus conscients des arcs de circuit A et B, et beaucoup moins de ceux C et D. Ceci comporte le risque de se renfermer dans une vision de nécessité et inéluctabilité, en laissant dans l'angle mort nos ressources et nos possibilités de changement.

Nous verrons dans la suite du chapitre certains outils pour faciliter le flux de l'expérience du temps le long de l'ensemble de tous les arcs du circuit temporel. D'abord, continuons à observer le paysage au travers de la colline temporelle.

Le temps est en effet également une grille de lecture pour les différents symptômes, tout comme les différentes pathologies influencent à leur tour profondément notre rapport au passage du temps.

En considérant le temps comme une dimension multiple et circulaire (voir le graphique précédent), je propose de l'utiliser comme cadre de référence pour un regard clinique sur les addictions, dans leur versant *interne* (comment le symptôme modifie-t-il l'expérience subjective du temps) comme dans leur versant *externe* (comment le symptôme structure-t-il les dynamiques temporelles du système)[9].

Cette vision est en principe applicable à tout symptôme.

Prenons l'exemple des troubles anxieux : plusieurs patients décrivent leur rapport subjectif au temps (*versant interne*) comme un présent envahi par le sentiment d'*imminence*, c'est-à-dire l'anticipation constante d'un futur qui serait sur le point de se concrétiser. Les possibles (et craints) scénarios futurs écrasent l'expérience temporelle du présent, en donnant une sensation continue d'urgence, de « ne pas y arriver », de perte de contrôle. Au niveau cognitif (Laufer *et al.* 2016), ceci se traduit par la difficulté à différencier les stimuli neutres des stimuli menaçants. Ce phénomène est encore plus marqué dans les attaques de panique, à la fois à cause de la sensation d'une mort imminente, à la fois pour l'anticipation constante d'une nouvelle attaque.

En reprenant mon graphique sur la vision circulaire du temps, nous pourrions parler d'*inflammation ou surcharge de l'arc de circuit C*,

[9]Le versant interne renvoie à la colline narrative, le versant externe est en connexion avec la colline auto-organisationnelle. Ceci est un exemple de la manière dont les trois collines sont complémentaires et renvoient constamment l'une à l'autre.

notamment de l'influence que la représentation du futur a sur la manière dont nous vivons le présent. Le sentiment d'imminence peut provoquer (*versant externe*) des comportements de blocage, d'évitement, ou d'hyper-structuration du temps afin de rechercher une sensation de contrôle.

Dans le trauma, en revanche, c'est le passé qui devient la dimension principale dans l'expérience subjective du temps (*versant interne*). Un événement marquant divise le flux du temps entre un lointain « tout ce qui est arrivé avant », et un « après » qui en est complètement défini.

Le présent est vu comme une conséquence du passé, au point d'en être submergé : dans les PTSD (*post traumatic stress disorder*), les personnes revivent l'événement passé comme s'il se déroulait dans le présent. Selon une vision circulaire du temps, nous pouvons affirmer que, dans les traumatismes, il y a une sorte d'*hyper-activation de l'arc de circuit A*, c'est-à-dire de la manière dont la vision du passé construit notre expérience du présent. Naturellement, ceci advient au détriment des autres arcs ; il est par conséquent difficile de maintenir une certaine fluidité dans le circuit temporel et d'investir les arcs liés au futur (on ne peut pas avancer en regardant constamment en arrière).

L'envahissement du passé dans le champ du présent peut alimenter dans le système (*versant externe*) des dynamiques de fermeture et de repli sur soi, ainsi qu'une difficulté à investir le futur qui se manifeste par une diminution de la projectualité.

Dans la schizophrénie, cependant, plus qu'une « inflammation » d'un arc de circuit spécifique, on retrouve une *déconnexion entre les différents arcs* : comme si le flux du temps et son expérience étaient fragmentés. La perception subjective du temps (*versant interne*) est décousue et irrégulière. Une méta-analyse conduite sur 68 études internationales par des chercheurs de l'université de Mainz en Allemagne (Thoenes et Oberfeld 2017) a montré que la perception de la durée du temps, chez les sujets schizophrènes, est variable et inconstante. Par exemple, dans une des études les participants étaient censés évaluer la durée d'un stimulus : la *moyenne* des réponses chez les schizophrènes n'était pas dissemblable des sujets de contrôle, toutefois la *variation* interne des réponses était énorme par rapport à ces derniers.

Une autre méta-analyse conduite par des chercheurs à Tokyo au Japon (Natsuki *et al.* 2018) a mis en évidence une corrélation significative entre symptômes positifs de la schizophrénie et accélération de l'horloge interne. Il est important de rappeler que l'accélération du *internal clock* provoque la sensation que le temps passe beaucoup plus lentement (un peu à l'image de la perception du temps des insectes, décrite précédemment ; voire aussi durant les moments où une forte sensation de danger est présente[10]). La perception

[10] Plusieurs personnes ont témoigné du fait que, lors d'un événement traumatique, ou dans des situations où elles se sont senties en danger, le flux du temps avait énormément ralenti (*time freezing effect*). En réalité, une étude assez créative où l'on comparait la perception du temps

d'un temps ralenti est associée à l'hypervigilance qui, selon Dodgson et Gordon (2009), amène à percevoir un stimulus vague comme distinct : cette perturbation pousserait à considérer comme saillants les stimuli partiels et secondaires, et de ce fait faciliterait l'émergence des hallucinations.

Le temps des sujets schizophrènes est donc irrégulier, et les pics de ces irrégularités sont en corrélation avec les symptômes positifs les plus sévères. La perturbation de la perception du temps influence les personnes schizophrènes dans leur rapport aux autres (*versant externe*). D'après Boscolo et Bertrando (2003), les temps des individus en interaction répétée avec les autres tendent à s'accorder, en créant (selon le processus d'*accouplement structurel* décrit par Maturana et Varela 1980 et 1987) un temps sur-ordonné : le temps de la relation. Le morcellement du temps du sujet schizophrène rend difficile cette intégration aux temps collectifs (relationnels et sociaux), spécifiquement en l'absence d'une structure externe qui puisse compenser cette difficulté.

Je pense par exemple à une patiente qui travaillait dans une grande institution, avec des horaires et un cadre d'activité très structurés et détaillés (la discipline comme contrôle des corps, Foucault 1998). Lorsqu'elle travaillait, cette règlementation du temps assez poussée de la part du macro-système lui permettait de ne pas se disperser, et de rester en connexion avec les temps collectifs (sur son lieu de travail, les symptômes psychotiques étaient bien moins présents). À son retour à la maison, en revanche, l'absence de cet échafaudage externe qui structure le temps la perturbait dans le déroulement de base de ses différentes tâches quotidiennes. Par exemple, elle oubliait souvent de manger, et le weekend elle inversait le cycle sommeil-veille. Afin de pallier sa difficulté dans la perception de la durée, elle avait programmé un ensemble de « réveils » sur son smartphone, pour maintenir un certain ordre dans son rapport au temps (même s'il s'agissait d'un ordre autoréférentiel : pour le respecter elle s'obligeait à une vie plutôt isolée).

J'ai décrit brièvement la manière dont les différents symptômes peuvent altérer le rapport au flux du temps, par exemple en activant excessivement un arc de circuit. En réalité, les différentes cultures peuvent également (quoique plus subtilement) « mettre l'accent » sur certains aspects de la temporalité, et de ce fait s'orienter principalement vers certaines parties du flux temporel (Zimbardo et Boyd 1999 et 2008 ; Levine 1997, Brislin et Kim 2003 ; Hall 1983).

En guise d'exemple, une étude (Lo et Houkamau 2012) sur les différences culturelles en Nouvelle-Zélande entre les Maori (d'origine indigène) et les Pakeha (terme qui se réfère aux néo-zélandais d'origine européenne) a montré

---

des sujets de contrôle versus des sujets qui étaient en train de faire du *bungee jumping* suggère que ce n'est pas forcément la perception du temps qui a changé, mais le souvenir (trace mnésique) qui est tellement riche en détails (à cause de l'hypervigilance) qu'il est considéré comme beaucoup plus long (Stetson *et al.* 2007).

un rapport au temps très divergent entre les deux groupes. Les Pakehas, de culture anglophone, auraient une relation au flux du temps linéaire et basée sur l'enchaînement causal passé-présent-futur (en utilisant la notion circulaire du temps, donc, je dirais basée principalement sur les arcs de circuit A et B). Les Maoris, de leur côté, auraient un rapport majoritairement circulaire entre présent et passé. Pour eux, le passé est le contexte à l'intérieur duquel le présent est interprété, tout comme c'est à travers le présent que la vision du passé est constamment modifiée (Binney 1987). Dans ce cas, les deux arcs du rapport passé-présent sont activés (A et D). Dans leur rapport au futur, les Maoris présentaient également une certaine circularité : dans la négociation des traités territoriaux et commerciaux avec les Pakehas, par exemple, un critère majeur était de penser à la manière dont les générations futures jugeraient l'accord stipulé (arc de circuit C : comment l'anticipation du futur « construit » le présent). En revanche, pendant les négociations, les Pakehas étaient plus tournés vers le présent (Mac Duff 2006).

3.2 Les temps des addictions

Comme les addictions donnent forme à la façon de se relationner (colline auto-organisationnelle) et aux narrations que nous utilisons pour donner du sens à l'expérience (colline narrative), le rapport au temps (colline temporelle) s'en trouve également profondément influencé.

Dans les témoignages des patients dépendants, l'expérience subjective du temps (*versant interne*) est marquée par l'*immédiateté*. Le temps du produit est le présent immédiat : la temporalité de l'attente ne fait pas partie de la séquence craving/consommation/effets psychotropes.

La substance tient ses promesses dans immédiateté, dans un présent hors du temps. Toujours le même effet, et tout de suite.

C'est pour cela que la relation au produit (*constance du produit*) remplace la relation à l'autre : s'accorder à la temporalité d'une autre personne implique l'attente, la différence, parfois la frustration. En tout cas, les temps d'une relation humaine sont une cadence qui s'adapte mal à l'immédiateté et à la constance qui constituent le rythme de base de la personne dépendante.

L'expérience du temps basée essentiellement sur le présent comporte naturellement des conséquences sur la perception des arcs temporaux du passé (A et D) et du futur (B et C). L'immédiateté élargit l'importance du présent et affaiblit les autres arcs de circuit : le futur est difficile à envisager (sauf dans la planification à court terme de comment se procurer la substance) et le passé ne s'inscrit pas, il ne laisse pas de signes.

Je parlerai d'*effet bord de l'eau* pour décrire ce phénomène : comme ce que nous écrivons sur le sable mouillé est effacé par les vagues, de la même façon rien ne laisse de véritable trace dans le présent élargi de la personne addicte.

Chaque fois, c'est un recommencement. Ceci est par exemple visible dans l'alternance entre rechutes et périodes d'abstinence : le temps est remis à zéro à chaque consommation (« Je suis alcoolique abstinent depuis hier »), comme si tout ce qui avait été vécu dans l'intervalle de temps de l'abstinence avait été effacé. Un patient qui fait une rechute après six mois se sent fragile comme s'il recommençait depuis le début, en oubliant que – et comment – pendant six mois il est parvenu à vivre sans produit.

Cette « ponctuation » du temps centrée sur l'immédiateté est reprise, en guise d'outil, par les Alcooliques Anonymes, qui suggèrent à celui qui veut arrêter de « penser 24 heures à la fois » : s'engager, avec soi-même, à ne pas boire le jour présent, sans penser au lendemain. Cette structuration du temps sur le registre du court terme est compatible avec la temporalité de l'addiction : ceci est une des raisons pour lesquelles les personnes dépendantes y adhèrent plus facilement.

L'orientation au présent immédiat des personnes addictes est confirmé par voie expérimentale (Keough *et al.* 1999), et ce également dans le cas d'addictions sans produit : les joueurs pathologiques ont un horizon du temps significativement plus court que les personnes non dépendantes (Hodgins et Engel 2002).

L'addiction ne se limite pas à modifier l'expérience subjective du temps, elle modifie également la manière dont le système structure ses interactions au long de la dimension temporelle (*versant externe*). La rencontre entre temps individuels crée des temps partagés, collectifs, qui fournissent un cadre à l'intérieur duquel la relation a lieu. Ces temps collectifs s'ajoutent – sans les remplacer – aux temps individuels : l'articulation entre ces deux temporalités est codifiée (macro et micro-culturellement), et elle se déroule à travers les rituels.

En effets, les rituels permettent collectivement de segmenter le temps et donner du sens au changement (*rituels de passage*, comme les mariages, les cérémonies funèbres, les enterrements de vie de garçon, etc.) ; ainsi que de renouveler le sens d'appartenance *(rituels de continuité*, comme passer les fêtes en famille, les fêtes nationales, etc.).

Il existe également des rituels non singuliers (non-inscrits donc dans un moment précis), mais majoritairement diffusés dans la trame de la quotidienneté : ceux que Boscolo et Bertrando (2003) définissent comme événements minimes, régulateurs, qui « orientent la famille dans le temps, en consentant à chaque membre de la famille de se construire un horizon temporel et de le synchroniser à ceux des autres membres » (p. 82).

Par exemple, il suffit de penser à ces couples qui ont l'habitude de se raconter leur journée une fois rentrés à la maison, après le travail, ou qui vont se coucher en même temps ; ou encore au fait de partager les repas en famille : ce sont des micro-rituels propres à chaque système qui permettent de passer des temps individuels aux temps partagés.

Dans certaines cultures, les événements minimes régulateurs sont particulièrement codifiés. Par exemple, au Japon est présente une structuration du temps très précise, qui sert à faciliter l'emboitement entre temps individuels et temps collectifs. Hendry (2016) parle à ce propos de *unwrapping* ou *unfolding* (comme le geste de déballer un paquet, ou de déplier un papier) : le temps est segmenté par des micro-rituels qui marquent le passage d'une activité à l'autre en créant aussi un cadre pour commencer une interaction. Les deux minutes prises par l'échange d'une carte visite, ou les modalités codifiées d'échange des cadeaux en sont un exemple. Dans la langue japonaise, il existe en outre des expressions qui régulent ceux que Firth (1972) appellerait probablement *rites telectiques*. Les termes comme いってきます (*ittekimasu*, à quoi on répond いってらっしゃい, *itterasshai*), et ただいま (*tadaima*, à quoi on repond お帰りなさい, *okaerinasai*) marquent la séparation et les retrouvailles entre celui qui quitte la maison (et y retourne) et les autres membres qui y restent.

Mais revenons aux addictions : les rituels et les événements minimes régulateurs sont initialement perturbés par le rôle de plus et plus prépondérant de la substance.

Dans une *première phase*, se crée un décollement (une sorte de processus inverse à l'accouplement structurel décrit par Maturana et Varela ; l'on pourrait utiliser le terme de *dislocation structurelle*) entre le temps de la personne qui consomme et celui des autres qui continuent à suivre l'articulation collective entre les différentes temporalités du système.

Concrètement, ce décollement se manifeste, par exemple, par la tendance de la personne addicte à ne plus participer aux repas avec le reste de la famille, à accumuler les retards, à avoir des horaires différents, jusqu'à se détacher du rythme cycle-veille du reste du système. Comme dans un fonctionnement à deux temps parallèles, d'un côté les autres membres de la famille continuent à organiser leur temporalité en accord aux rituels habituels, de l'autre côté la personne dépendante développe des nouveaux rituels liés à la substance (qui peuvent d'ailleurs se révéler aussi codifiés que ceux de la famille).

En effet, un alcoolique aura tendance à boire toujours le même alcool, au même endroit, et aux mêmes moments de la journée (du moins, ceci perdurera jusqu'à la généralisation de l'addiction qui, avec le temps, s'étendra à tout domaine de la vie du patient).

Dans une *deuxième phase*, le fonctionnement lié au produit commencera (comme un parasite) à attaquer et remplacer les rituels du système. Par exemple, les proches réagiront à l'abus de la substance et essayeront de l'empêcher (comme dans les dynamiques de co-dépendance décrites précédemment). Ceci amènera à l'émergence d'autres habitudes et d'autres événements minimes régulateurs : par exemple, contrôler l'haleine de l'alcoolique une fois rentré à la maison ; faire des fouilles pour rechercher la substance ; contrôler les applications bancaires pour voir si l'addicte a cédé à la tentation. Ces comportements (et leurs rétroactions) se répéteront, jusqu'à s'étendre et à se codifier au point de prendre la place auparavant occupée par les rituels du système.

La perte des rituels et des événements minimes régulateurs (*versant externe*) s'accompagne – en s'alimentant mutuellement – de l'orientation sur le présent (*versant interne*). En effet, l'affaiblissement des rituels et des événements minimes atténue la capacité de structurer le temps de la part du système, et le maintient dans un temps présent continu. De la même façon, la prédominance de l'*immédiateté* dans l'expérience du temps subjectif rend moins importants les rituels et la segmentation du flux du temps.

Ce processus impacte tous les niveaux de fonctionnement exercés auparavant par les rituels et les événements minimes régulateurs.

Par exemple, la perte des rituels de passage frappe la capacité de *transmission* du système. Les familles où l'addiction est présente sur plusieurs générations en sont un exemple : la seule chose qui est transmise est le symptôme. Les rituels sont quasiment absents et les narrations envahies par la substance. Le parent addict est vu uniquement en tant que personne dépendante au produit, sans qu'il puisse y avoir de la place pour d'autres identifications possibles, et pour d'autres rétroactions que la répétition ou le rejet.

L'affaiblissement des rituels de continuité raréfie le sens d'*appartenance*. Les liens se relâchent, l'espace relationnel se réduit à celui du symptôme, le système se replie sur lui-même en provoquant une désertification sociale.

Le remplacement des événements minimes régulateurs par ceux liés à l'abus de la substance perturbe l'articulation des temps individuels et collectifs. Les membres de ce système qui se renferme sont soit absorbés par la temporalité de la substance, soit complètement déliés des autres, en finissant par s'en éloigner.

3.3 La colline temporelle : des points d'intervention

J'ai décrit précédemment la manière dont, dans l'abstinence, peut exister un premier moment (la *lune de miel*) où la disparition des effets négatifs liés à la consommation du produit permet de retrouver un certain bien-être. Toutefois, après cette phase – qui peut durer de quelques jours à quelques semaines – une deuxième période commence. C'est le moment où le système se retrouve – d'un point de vue auto-organisationnel – à une croisée de chemins : soit il arrive à se réorganiser pour répondre à la fonction du symptôme sans s'appuyer sur la substance, soit une rechute le fera glisser vers le fonctionnement précédent, centré sur le produit (qui, quoique dysfonctionnel, reste toute de même une solution).

Du point de vue de la colline temporelle, cette deuxième phase de l'abstinence correspond à une forte turbulence. En effet, le vide qui est venu se créer ne concerne pas uniquement la fonction exercée jusqu'à ce moment-là par la substance : c'est un vide qui est aussi grand que la place occupée par le symptôme pour donner une forme à l'expérience du temps.

Par rapport au temps subjectif (*versant interne*), le patient dépendant se retrouve catapulté en dehors de l'immédiateté de la substance. Sans plus pouvoir échapper à l'attente, à la différence, à l'émergence de l'émotion et de ses temps d'absorption – grâce à la consommation du produit – l'expérience du temps se rallonge et devient insupportable.

Les intervalles entre deux activités ne sont pas vécus comme *temps libre*, mais plutôt comme *temps mort* : un vide insoutenable qui renvoie au manque, à l'absence, au sentiment de ne pas exister.

Comparé au temps zéro de l'immédiateté de la substance, tout est excessivement dilaté. Une réaction commune est celle de *remplir* le temps, non selon le plaisir ou l'importance de l'activité, mais afin d'éviter à tout prix de se retrouver seul devant l'abîme.

Certes, il est impossible de structurer le temps de sorte à éliminer tout interstice, tout comme aucune activité ne peut reproduire l'annulation du temps à l'image du présent continu de la substance.

Il est fondamental d'aider le patient à se réapproprier sa temporalité, à apprendre – à nouveau, ou pour la première fois – à donner une forme au temps. À l'occuper avec une projectualité qui dépasse les 24 heures du symptôme, et qui ne se limite pas à l'évitement du vide entre un événement et l'autre, mais qui tient également compte du plaisir procuré par l'événement même (dont les bénéfices se prolongent après, et sont présents déjà avant, par anticipation).

L'abstinence peut être un temps pour découvrir ou redécouvrir des passions : à la Clinique la Ramée, les patients peuvent faire de la natation, du yoga, du théâtre, de la gravure, de la musique, de l'écriture, etc.

Passer d'une addiction à une (ou mieux : plusieurs) passion(s) permet aux patients de maintenir une temporalité quelque part similaire, mais avec plus de degrés de liberté.

Une passion, effectivement, partage avec les addictions certains mécanismes de fonctionnement (comme la capacité d'attirer et d'organiser autour de soi le temps, ou l'expérience d'immersion) et pourtant en même temps elle est moins envahissante par rapport aux autres aspects de la vie. Et surtout, une passion est en principe moins autoréférentielle : elle peut être partagée, alors que, dans une addiction on est seul avec le produit, même lorsqu'on est accompagné par des compagnons de consommation.

Si, d'un côté, il est important d'apprendre à investir à nouveau le temps avec des projets et des nouveaux rituels, il est d'autant plus primordial de se *réhabituer aux temps vides et aux intervalles*. Il s'agit d'une temporalité pratiquement inconnue aux personnes addictes, telle une langue étrangère alors que leur langue maternelle est le présent immédiat et complet.

Dans la langue japonaise, il existe un concept représenté par un idéogramme, le 間 (*ma*), qui exprime la notion d'intervalle vide entre deux éléments (Kerr 2015). Ce vide peut se référer tant au temps qu'à l'espace (dans le sens de *temps* ou *espace négatif*) qui relie deux parties : c'est cette absence qui permet la relation et la rencontre. Sans cet intervalle, lorsque l'espace et le temps sont déjà remplis, il ne reste aucune possibilité de création.

Le *ma* est donc comme le silence entre deux notes, qui participe à la musique. Dans la calligraphie traditionnelle japonaise (書道shodō, « la voie de l'écriture »), tout comme dans les arts figuratifs, le *ma* est la place laissée à l'imagination de la personne qui observe : certains traits ne sont pas complets, mais seulement esquissés. Ce sera au lecteur de les compléter avec son regard. Dans ce sens, c'est au vide de permettre la rencontre entre l'artiste et celui qui observe : l'œuvre est ainsi coconstruite par tous les deux.

La valorisation du néant et du vide comme possibilité est également présente dans l'architecture japonaise traditionnelle et contemporaine. L'architecte Tadao Ando (Migayrou 2018), par exemple, considère l'espace vide entre deux éléments, l'absence, l'ombre et la lumière comme des matériaux de construction au même titre que le ciment ou le bois (il suffit de regarder certains de ses projets tels l'Église sur l'Eau à Hokkaido ou L'Église de la Lumière à Ibaraki). En parlant du concept de *ma*, Ando le décrit comme l'écart ou l'intervalle qui crée l'équilibre entre les volumes, et qui permet la rencontre, comme par exemple un couloir ou une cour d'école.

Se réhabituer à l'intervalle, à l'absence, au vide, et les mettre en valeur comme espace pour le désir, la projectualité, la possibilité, ou plus simplement comme une partie inaliénable de l'expérience... ceci est probablement le plus grand défi pour une personne addicte.

Dans l'abstinence, la personne dépendante est confrontée à la destruction des rituels et des événements minimes régulateurs de la part de la substance. L'articulation des temps individuels et collectifs (*versant externe*), lisière où se joue la danse de l'appartenance et de la différentiation, est disloquée. Il est donc important d'aider la personne addicte à se *reconnecter* aux temps collectifs.

À l'hôpital, le vide provoqué par le manque de la substance est abordé par l'offre, dans un premier temps, d'un espace codifié par le cadre et par un temps ritualisé qui favorise la rencontre. Les patients participent tous les jours (à la même heure) à différents groupes de parole, ils ont des horaires établis pour manger et pour se réveiller, et aussi une alternance entre moments individuels et collectifs, entre activités et intervalles vides. Ce contenant est rassurant, mais il se doit d'être temporaire : après, c'est au patient lui-même de construire une structuration du temps au sein de sa vie externe à l'hôpital (le programme de cure étant conçu sur une durée de trois semaines : il doit être un tremplin vers la vie externe, et non la remplacer).

Le besoin d'un support pour structurer le temps dans l'abstinence est peut-être une des raisons d'adhésion aux Alcooliques Anonymes : les réunions des AA sont des moments hautement codifiés, et ils constituent un rituel qui exerce une fonction de segmentation du temps (la semaine s'en trouve cadencée), ainsi que d'alimentation du sentiment d'appartenance. Évidemment, tous les patients ne s'y rallient pas.

L'idée est en tout cas de *fournir un échafaudage temporel externe*, au moins le temps suffisant au développement (ou à la redécouverte) par le système des rituels nécessaires à la reconstruction d'un rapport à une temporalité non cadencée par la substance, mais par les autres aspects de la vie. Certes, la thérapie et son setting représentent (avec le rythme des séances et ses rituels) une solution – partielle – à cette question.

Retrouver des événements minimes régulateurs et des rituels est une impulsion que la personne addicte peut opérer individuellement ; toutefois ce processus est naturellement plus aisé si des portions plus amples du système sont invitées dans l'espace thérapeutique.

Une partie du temps peut être réinvestie relationnellement (dans le couple, la famille, les amitiés) dans un espace libéré du « tiers » qui est le produit. Initialement, ceci peut se révéler difficile. Il est possible de réduire l'horizon du temps et de la projectualité jusqu'à rencontrer la capacité actuelle du système à créer des moments partagés. Peu importe, au fond, le point de départ : devant une feuille blanche, le tout est de commencer à écrire.

L'abstinence comporte l'expérience temporelle d'un vide qui peut sans doute sidérer, mais qui est néanmoins une possibilité d'ouvrir à des nouveaux espaces et à des nouveaux cadres relationnels.

Parfois, un écart peut venir se creuser entre la personne qui devient abstinente et son entourage. En effet, la personne addicte – encore orientée sur le moment présent – préfère souvent ne plus parler de la substance et de tout ce qui est arrivé par le passé. Par contre, les proches, une fois sortis de la phase d'urgence, ressentent le besoin de parler de leurs souffrances passées (comme décrit dans la colline auto-organisationnelle avec le phénomène du *contrecoup*).

Une tension symétrique émerge entre présent et passé, entre le besoin de parler de l'addiction et l'envie de la laisser derrière soi. Il est important d'aider le système à sortir de cette contradiction (apparente) entre deux éléments qui sont en réalité complémentaires. En effet, comme rappelé par Boscolo et Bertrando (2003), la mémoire et l'oubli sont tous les deux des fonctions indispensables. Sans oublier, nous ne pourrions plus avancer. Sans la capacité de se souvenir, nous n'aurions plus d'identité.

Initialement, jusqu'à ce que le système retrouve spontanément la capacité d'intégrer ces deux aspects, des « tâches » ou « prescriptions thérapeutiques » peuvent aider à donner une place – mais pas toute la place – à la mémoire et à l'oubli. Par exemple, il est possible de choisir un moment dans la semaine où un temps sera pris pour parler du passé, en laissant la place libre le restant du temps (l'objectif n'est pas que la consigne soit respectée, mais d'introduire l'idée que les deux fonctions puissent co-exister, et d'en faire l'expérience).

Autrement, il m'est arrivé de suggérer des tâches d'écriture : demander aux deux partenaires d'écrire ce qui est important à garder en mémoire de la phase précédente, et pour quelles raisons. Et, puis, d'écrire aussi ce qui est important à oublier, et pourquoi.

L'idée étant d'un côté de faciliter une narration partagée des expériences qu'ils sont en train de traverser, de l'autre de dissoudre l'opposition entre parole et silence, entre passé et présent, entre besoin de parler de l'addiction et nécessité de ne pas se laisser définir entièrement par elle.

Il existe par ailleurs d'autres « tâches » qui peuvent aider les personnes à faire une expérience du temps différente de celle qu'ils ont connue si longtemps, lorsqu'ils étaient immergés dans la temporalité du symptôme. Cela dépend de la sensibilité et de la créativité du thérapeute : si l'outil a du sens pour lui et qu'il s'y sent bien, le patient l'accueillera également.

Finalement, je rappelle qu'il existe des techniques verbales qui facilitent la fluidité de la dimension temporelle au sein des narrations des patients. Par exemple, les questions hypothétiques (« Que serait-il arrivé à ce moment-là si... », « Que se passerait-il dans le futur si vous choisissiez de... ») sur le passé ou le futur permettent d'ouvrir des lignes narratives alternatives au discours dominant, comme des traces parallèles à la vision rigide et déterministe du flux du temps (ces questions créent des passés – donc des présents et des futurs – alternatifs). Les questions ouvertes sur le futur (sans donc la « condition » présente dans les questions hypothétiques) explorent la capacité d'extension de l'horizon du temps du patient.

Il est également possible d'utiliser des tâches d'écriture pour faire *glisser le curseur du temps le long des différents arcs de circuit*, par exemple en demandant à un patient de d 'écrire comment il/elle imagine la vie après un an d'abstinence (en stimulant l'arc B) et l'effet que cette projection a sur lui/elle (arc C), ou d'écrire une lettre au soi-même de quelques mois auparavant lorsqu'il n'avait pas encore décidé d'arrêter (pour stimuler une récursivité entre arcs A et D).

L'important est de fournir un cadre pour faciliter le flux circulaire du temps, en sortant de la dictature d'un présent sourd aux autres dimensions temporelles, et du déterminisme linéaire d'une narration sans marges de choix. Pour conclure notre exploration de la colline temporelle, penchons-nous brièvement sur un cas clinique.

3.4 La colline temporelle : un cas clinique

Margherita

Margherita entre dans mon bureau d'un pas rapide et ferme, comme si l'espace lui appartenait. Le temps d'un regard, et le choix est fait. Elle s'assied à côté de la fenêtre, où les rayons de soleil se frayent un chemin à travers les rideaux blancs.

Margherita commence à me parler de son travail de médecin urgentiste. Elle vient de terminer une garde de 24 heures ce matin même, toutefois elle n'a pas l'air fatiguée. Seule sa façon d'incliner légèrement la tête en arrière trahit un certain épuisement.

Margherita regarde la montre, et me demande combien de temps durera notre rencontre. « Vous savez, dans mon travail chaque minute compte. Je les sens glisser entre mes doigts, les mêmes que j'utilise pour opérer. La vie et la mort condensées dans un geste. Et pourtant, rassurez-vous, je ne me sens pas toute-puissante : avant d'entrer en salle d'op, je suis toujours traversée par un mélange de peur et de respect. Et après, du soulagement. Je savoure l'instant, puis je recommence. Un autre souffle, et la journée s'est écoulée. »

Lorsque Margherita ne travaille pas, elle continue à condenser la vie dans ce qui reste de la journée. Elle prend sa moto, glisse rapidement entre les voitures qui patientent. Une boîte de nuit, puis une autre. Des cocktails, de la cocaïne, de la MDMA. Puis, à nouveau, sa moto. Le noir a recouvert Bruxelles. Margherita creuse la nuit avec les phares de sa moto. Une troisième boîte. Encore de l'alcool. Encore de la cocaïne. Des corps qui dansent, qui se cherchent.

Margherita court toujours, comme si elle ne cessait de fuir quelque chose. Un temps indéfini plus tard, la tête qui explose, la lumière qui blesse les yeux entrouverts, le lit qui l'engloutit. Mille pensées sombres, la journée qui se termine. L'esprit qui redevient lucide. Debout, et à nouveau à l'hôpital. Une semaine après l'autre, identiques, comme si le temps était suspendu.

Margherita court toujours, mais la réalité la rattrape. Une attaque de panique, un couloir blanc où s'agripper au mur. La marée basse du dimanche matin qui prend de plus en plus de temps à partir. La cocaïne qui ne sait plus attendre la fin de la journée de travail. La MDMA qui la fait se sentir vivante pendant une poignée d'heures, mais qui en échange exige deux jours d'abîme.

Margherita court toujours, et elle ne parvient pas à parler du futur. Elle essaye, puis elle incline légèrement la tête en arrière, elle sourit et attend une nouvelle question.

Le passé, Margherita ne peut que l'esquisser. Elle en parle avec détachement, comme s'il ne lui appartenait pas. La Margherita de ses souvenirs a des contours flous.

Le temps de deux séances, et je réalise que je ne connais pas Margherita. Je sais ce qu'elle a fait, et où elle est allée. J'en connais la trajectoire, la trace gravée sur la nuit par sa moto et celle sur la journée par ses mains de chirurgienne. Mais, à la fin de la séance, je ne connais pas Margherita. Je lui fais part de cette impression. Et je lui demande de choisir trois photographies qui puissent me parler d'elle. Ainsi, j'espère pouvoir rencontrer les autres Margherita, celles égarées dans un temps qui ne coule plus. Dans un temps qui n'est qu'une succession d'instants présents égaux à eux-mêmes.

Une photo est un condensé de vie (comme Margherita aime bien), mais immobile, sans précipitation. C'est une façon de réintroduire le passé, mais sans linéarité ou historicité (comme il advient dans l'arc A). Choisies dans un moment présent, les photos ne peuvent qu'être une représentation subjective du passé construit à partir d'aujourd'hui (arc de circuit D). Nous sommes dans le champ des renvois, des reflets, des images, et pas dans celui des faits. Une photographie se situe dans le moment où elle a été prise, mais aussi dans le moment où elle est choisie et regardée. Il s'agit d'un pont qui permet au temps de couler à nouveau, entre les arcs de circuit.

Margherita ne viendra pas à la séance suivante, la troisième. Je me demande si je n'ai pas été trop impatient en lui proposant cette tâche, en miroir à la précipitation de Margherita à traverser la vie.

La semaine d'après elle se rendra à la séance. Elle me dit qu'elle a raté la dernière rencontre, car elle avait besoin de temps pour choisir les photographies. C'est la première fois que je l'entends dire qu'elle a besoin de temps (ou de quoi que ce soit, en réalité).

Margherita sourit et dispose avec soin les trois photos sur la table basse qui nous sépare.

La première image date d'une dizaine d'années auparavant, elle doit avoir 22 ou 23 ans. Un voyage, seule, au Cambodge. Sur la photo, Margherita laisse voir un sourire à la fois heureux et secoué. Elle est debout, couverte de lumière et de poussière, devant la prison S-21 à Phnom Penh. « Vous savez, à la base il s'agissait d'une école. Puis, pendant le régime des Khmers Rouges, elle est devenue un centre de torture. C'étaient les adolescents qui interrogeaient les prisonniers, ces mêmes personnes qui avant étaient leurs profs, ou leurs voisins. C'est une histoire violente, mais qui me fascine. »

Je lui demande ce qui la fascine, en particulier. « La fragilité de la vie. Tout peut changer d'un jour à l'autre. La beauté éphémère. Les choses se cassent, et certaines peuvent se réparer et d'autres pas. Tout comme les personnes. C'est pour cela que j'ai choisi de devenir chirurgien urgentiste. »

Je lui demande à laquelle des deux catégories elle pense appartenir. Elle sourit. Elle regarde la montre. Le temps de la séance est passé. Avant de lui dire au revoir, je lui demande si elle savait que l'une des premières choses que les Khmers Rouges avaient faites, une fois au pouvoir, était de détruire toutes les montres existantes dans chaque coin du pays. Ils voulaient abolir le temps, seul l'instant présent ayant le droit d'exister.

En réponse, elle me demande si elle peut me confier la photo, jusqu'à la séance suivante. « J'en prendrai soin. »

Jusqu'à la séance suivante c'est un petit futur, mais un futur tout de même.

La semaine suivante Margherita me présente la deuxième photo. Sur cette image aussi, elle sourit. Mais son sourire est détendu. Elle est dans les bras d'un garçon. Le reste de la photo a les contours incertains. « C'était il y a trois ans » me dit Margherita. Je ne peux pas m'empêcher de remarquer que « il y a trois ans » c'est le même horizon du temps dans lequel la cocaïne et la MDMA sont apparues, mais pour l'instant je garde cette pensée pour moi. Margherita me parle d'elle et de Samuel, de leur vie faite de beauté cachée dans les petites choses et les gestes simples : aller courir ensemble, se raconter la journée une fois rentrés à la maison, se perdre dans leur quartier et dans leurs discussions, le dimanche matin.

« J'ai été heureuse. Peu de temps, mais je l'ai été vraiment. Le jour suivant la prise de cette photo, nous nous sommes séparés. Nous nous étions disputés comme plein d'autres fois. Je ne me souviens même pas pour quelle raison. Rarement on se souvient de pourquoi on se dispute. Il m'a poussée. Avec un regard noir que je ne lui reconnaissais pas. Cela n'a duré qu'un instant. Je suis tombée par terre, en arrière, et j'ai entraîné avec moi les nappes et ce qui restait de la matinée. » Une tasse cassée, des miettes partout. Un fil rouge de sang qui descendait le long de son visage pétrifié.

« Je n'avais pas particulièrement mal. Au contraire, je me sentais presque sereine. Je savais, de façon claire et irrévocable, que c'était notre histoire qui avait volé en éclats. » Des gestes simples, et des gestes définitifs. Ce jour-là, Margherita avait recommencé à courir.

La troisième photo, elle la garde une poignée de secondes dans ses mains, avant de me la montrer. Margherita a une dizaine d'années, et un sourire trahi par des yeux tristes. Derrière elle, des champs de lavande, jusqu'à l'horizon, et une petite maison aux murs blancs.

« C'est notre maison d'été, en Provence. » Margherita me racontera que son père la frappait, et me parlera de sa mère qui, pour ne pas voir, allait toujours dans la cuisine, à préparer le thé et les biscuits au beurre salé. Comme si dans ces gestes banals elle arrivait à se perdre et à ne pas entendre ce qui se passait à quelques mètres de son regard distrait. Margherita évoquera comment, petite, elle se retrouvait à penser que quelque part cela devait être de sa faute à elle. Que si son père la giflait, c'est qu'elle l'avait probablement mérité. En grandissant, elle avait senti la rage s'accumuler, jusqu'au jour où elle réagit et planta la fourchette dans la main qui tant de fois l'avait fait saigner.

« Puis, je me suis enfuie, et j'ai couru à travers les champs de lavande. Je suis tombée dix fois, et dix fois je me suis relevée. J'avais du sang aux genoux, et de la terre sous les ongles. Je n'en pouvais plus. J'ai foncé jusqu'à la lisière du bois, et je me suis arrêtée. J'ai hurlé jusqu'à faire fuir tous les oiseaux et faire tomber les feuilles. » Des larmes tracent son visage.

Je lui demande si Margherita est encore en train de courir. Elle s'essuie les yeux et prend en main les trois photos.

La séance suivante je lui demande ce qu'elle voudrait dire aux trois Margherita qu'elle m'a montrées.

« À la petite Margherita je lui dirais que tout ira bien. Que nous courons plus vite que tout, que nous laissons tout derrière nous. Je la prendrais dans mes bras, et je lui chuchoterais cela. »

« À la Margherita de 22 ans, qu'il est plus facile de réparer les autres que soi-même. Mais qu'en demandant de l'aide, peut-être on peut arriver à le faire. »

« À la Margherita de 30 ans, qu'elle a bien fait de partir. Recommencer à courir et laisser à nouveau tout derrière. Mais que, maintenant, Margherita est fatiguée. »

Sans que je m'en aperçoive tout de suite, les trois images avaient retrouvé le bon ordre.

Nous parlons de ce qui signifie d'arrêter de courir. De ce qu'on peut garder avec soi, même lorsqu'on veut laisser beaucoup de choses derrière.

La vie, dans les intervalles entre nos rencontres, a commencé à ralentir. Margherita cherche à arrêter la cocaïne et la MDMA. Les semaines où elle y arrive, elle ressent à la fois du soulagement et du vertige. Peu à peu, elle a appris à le meubler, ce temps, au lieu de le fuir.

Les gestes simples lui font moins peur. Lorsqu'elle ne travaille pas, elle se promène à travers la ville avec un vieil appareil photo.

Nous mettons fin au parcours de thérapie un jour de fin juin. À Bruxelles, à ce moment de l'année, les journées se rallongent et le soleil reste jusqu'au soir, comme s'il hésitait à partir. La lumière devient oblique, et elle coupe l'air entre les branches.

Margherita regarde par la fenêtre, et me dit qu'ils sont magnifiques ces rayons de soleils qui filtrent à travers l'espace vide entre les feuilles. Elle me dit qu'il faudrait un mot pour les décrire.

Je lui réponds que ce mot existe, dans la langue japonaise : 木漏れ日 (*komorebi*). Littéralement, cela signifie : « le jour (ou le soleil) qui coule entre les arbres », mais c'est aussi une façon de plus de montrer que l'espace vide peut donner naissance à la beauté, quoique éphémère. Une beauté qui trouve aussi sa place dans la parole.

Si je repense aujourd'hui à Margherita, je me l'imagine en train courir, tomber et se relever, s'écorcher les genoux, et recommencer à courir. Mais aussi, capable de ralentir, de s'arrêter, et de prendre le temps de se laisser surprendre par les belles choses.

CHAPITRE 4

L'intégration des trois collines : un cas clinique

J'ai choisi de présenter les trois collines séparément, afin de mettre en valeur leur singularité. Néanmoins, chacune d'entre elles n'offre qu'une vision partielle du paysage des addictions : ensemble, les trois perspectives permettent d'appréhender la complexité. Je pense qu'il sera clair à ce moment pour le lecteur que les trois dimensions se renvoient sans cesse l'une à l'autre.

L'auto-organisation parle de l'espace, la dimension temporelle du temps, la dimension narrative étant le pont entre les deux.

L'auto-organisation parle d'esthétique (de la forme), la dimension narrative du sens (du contenu), le temps est la cadence du dialogue entre ces deux éléments.

L'auto-organisation parle des relations qui nous définissent, la dimension narrative de la manière dont on les voit, alors que le temps en évoque le changement.

Trois collines, pour composer un seul regard.

Sam et Estelle

Sam et Estelle se cherchent d'un regard fugace et complice. Ils s'écoutent, puis ils éclatent d'un rire clair et serein. Leurs corps, orientés légèrement l'un vers l'autre, transmettent intensité et présence. Cette image qui m'est offerte est presque étrange par rapport au lien muet et souffrant émanant de nombreux couples qui arrivent en séance.

Puis, soudainement, les regards se noircissent, la voix se lève, la calme laisse sa place à la tempête.

Je vais devoir m'y faire, dans mes séances avec eux, à ces pirouettes qui, d'une minute à l'autre, laissent transparaître tout ce qui les déchire et tout ce qui nettoie les blessures.

Sam parie aux jeux, Estelle prend des antidouleurs. Entre une tempête et l'autre je cherche à explorer l'auto-organisation du système autour de ces deux produits.

Sam ne joue pas tous les jours, mais lorsqu'il le fait, rien d'autre existe : « Quand je joue, tout est possible. À chaque instant, ma vie peut changer. À chaque seconde, je peux faire disparaître tous mes problèmes, ou les doubler. Tellement de vie, dans ces moments, tellement de possibilités… C'est cette sensation même, la substance dont je ne sais pas me passer. Et pourtant moi je cherche véritablement à descendre sur Terre. Pendant quelques jours, j'y arrive vraiment. »

Sam cherche à s'habituer aux mille nuances de blanc et de noir d'un temps ordinaire, où les salaires se mesurent en mois et les vacances en saisons. Il cherche, mais entre l'ivresse d'un présent aux promesses infinies et le temps rallongé des constructions lentes, son choix se porte souvent sur le chemin le plus court. Estelle ne réagit pas, sauf avec un regard triste qui trahit l'inéluctabilité. Sam, une fois sorti du tourbillon du jeu qui le mâche et le recrache après 24 heures, essaie de réparer les dommages qu'il a causés. « Quand », il les a causés, car en réalité il lui arrive aussi de gagner. Mais ce n'est pas cela ce qui compte pour lui. Le goût auquel il ne sait pas renoncer, c'est l'impression de ne pas être retenu par des limites. Gagner, ou perdre, n'est qu'un détail. Du moins, jusqu'au lendemain.

L'effet sur le couple est de ne pas réussir à se donner le temps de faire des projets. Des vacances, l'achat d'une maison… ce sont des idées fatiguées, qui demandent de l'attente et de l'anticipation. Elles parlent un autre langage que l'immédiateté atemporelle du jeu. Sam essaie de le parler, avec Estelle, et pendant un certain temps il y parvient. Après, il recommence à jouer.

Il construit, et il détruit. « Je suis l'architecte et le tremblement de terre de mes propres projets de vie » me dit Sam. Je garderai cette métaphore dans ma colline narrative.

Estelle est la plupart du temps solaire, pour après s'assombrir comme si des nuages chargés lui traversaient le regard. Elle est pleine de vie, mais certains jours elle la dilue dans un mélange d'antidouleurs et de gin. Elle se replie, elle s'embrume, et tout glisse vers le fond. Elle ne veut plus ressentir la souffrance, au prix de ne plus rien ressentir du tout.

« Je coule dans un monde d'ombres où l'air est comme le coton, jusqu'à que Sam ne vienne m'en sortir. » Et encore : « Je me sens fragile comme du papier. » Cela sera l'image qu'Estelle me laissera à la fin de la séance. « Et pourtant, dans ces moments, je réalise que Sam m'aime, qu'il ne me laisse pas seule, à me briser dans un coin. »

Durant toute notre première rencontre je me sens épuisé, perdu dans un présent continu où les connexions sont insaisissables, comme des reflets sur la surface de l'eau.

Au niveau auto-organisationnel, le jeu donne à Sam la sensation de vivre des possibilités infinies (niveau individuel de fonction), et en même temps perturbe la capacité du couple à se projeter dans le futur – c'est-à-dire dans l'arc de circuit temporel B (niveau relationnel de fonction). Les antidouleurs permettent à Estelle de s'embrumer et de ne rien ressentir (niveau individuel), et simultanément de réaliser que Sam l'aime, comme si elle devait mettre la relation à l'épreuve pour le comprendre (niveau relationnel). Au niveau systémique de fonction, j'entrevois seulement une alternance incessante entre moments de stabilité et moments de secousses, sans pour autant arriver à en saisir le sens et à lire la carte des contextes.

Au niveau narratif, je me retrouve avec un discours peuplé de peu d'images, mais puissantes. Un architecte qui est en même temps un tremblement de terre, qui construit et détruit continuellement sa maison. Mais aussi une femme en papier, qui, en l'absence de l'autre a peur de se déchirer. Et qui s'immerge dans un monde d'ombre et de coton.

Au niveau temporel, la forme ainsi que le contenu de la séance sont centrés sur un temps présent qui ne laisse que des miettes à un futur incertain. Lorsque je me retrouve à penser cela, je réalise que la dimension du temps probablement restée dans un silence assourdissant est plutôt le passé.

Au début de la deuxième séance, je décide de les remercier, car entres rires et disputes ils m'ont beaucoup donné à voir sur le fonctionnement de leur couple, actuellement. J'ajoute que, en revanche, je connais peu de choses à propos de leur trajectoire. Toutefois, les questions qui explorent le passé m'amènent à des mots lisses, ancrés sur le jeu et sur les médicaments. Je me trouve devant un écran : tout est ramené au produit, tout est réduit au présent. Je décide alors d'utiliser les métaphores qui m'avaient été offertes durant la première séance, comme porte d'entrée vers ce passé muet.

« Sam, la séance précédente vous m'avez parlé d'un architecte qui est aussi le tremblement de terre de ses propres projets. Pourriez-vous m'en parler encore un peu ? »

« Je suis l'architecte, car je suis le moteur du couple, je pense aux voyages, à une nouvelle maison, à un cours de tango ensemble. Mais après je suis aussi celui qui disparaît pour aller jouer, et qui parfois dépense toutes nos économies. Et nos beaux projets s'effritent. C'est comme si, une fois la stabilité trouvée, j'avais besoin de la saboter. »

« Et, à votre avis, à quoi répond ce besoin ? Qu'est-ce qui pourrait vous faire peur, dans la stabilité, au point de vouloir la saboter ? »

Sam prend une poignée de secondes pour réfléchir. Il caresse Estelle du regard. Puis il me parle de son mariage avec une fille pendant plus de 4 ans, avant Estelle.

« Nous nous sommes rencontrés à l'université. Après, nous sommes allés vivre ensemble dans un petit appartement niché au centre-ville. J'avais trouvé la stabilité que je n'avais jamais pu avoir auparavant. Toutefois, le matin je me réveillais avec un inconfort que je ne pouvais pas – ou plutôt, je ne voulais pas – comprendre. Jusqu'au jour où tout me parut clair : avec horreur, j'avouai à moi-même que tout ce que j'avais toujours désiré ne me rendait pas heureux.

Toute la stabilité que j'avais construite m'emprisonnait, m'empoisonnait. Donc je suis parti, et j'ai tout brisé. »

Sam a les yeux mouillés. Je croise le regard d'Estelle pour comprendre comme elle se sent en écoutant l'histoire passée de Sam : elle a un regard attentif, et prend la main de Sam lorsque les mots deviennent plus difficiles. Je continue donc à explorer la narration de Sam. Je lui dis : « Un architecte qui réalise que la maison qu'il a construite est une prison. Et qui choisit d'en sortir. » En reformulant, j'essaye de l'aider à utiliser l'arc de circuit D, pour faire de la narration du passé un choix entre différents parcours possibles, et pas un sabotage dépourvu de sens. Après, je continue : « Vous m'avez parlé d'une stabilité que vous n'aviez jamais pu avoir auparavant... une stabilité que vous aviez toujours désirée… »

« Oui » me répond Sam. Et il commence à me raconter son enfance, avec des phrases courtes et pleines de souvenirs. Son père, un violoniste très connu, mais aussi un homme extrêmement violent à l'égard de sa mère. Les lumières de la scène, et les ombres noires entre les murs de la maison. L'alternance entre les moments où il attaquait sa mère « comme une bête avec sa proie » et les moments où il était tellement aimable, et capable de trouver les mots pour se faire pardonner. Agression, et réparation. Le fonctionnement à deux phases des systèmes violents, où l'une est la solution de l'autre.

Chaque jour pouvait déborder de souffrance ou de sérénité. En rentrant de l'école, les verres cassés par terre ou le bouquet de fleurs sur la table lui auraient fait savoir.

« Mon père promettait toujours que c'était la dernière fois. Les promesses font danser, mais la musique finit tôt. Ma mère voulait pourtant tellement y croire. Elle y croyait encore plus que mon père lui-même, à ces promesses. Ma mère continuait à danser même une fois que la musique s'était arrêtée. »

Sam est passé d'un système hautement instable fait de violence et de promesses à un système (celui de sa première femme) où il avait construit cette stabilité qu'il avait toujours imaginée être l'ingrédient principal de la félicité. Pour après s'y sentir emprisonné. Je commence à penser que, avec le jeu, Sam cherche à trouver un équilibre, dans cette nouvelle relation, entre stabilité et perturbations.

Je m'adresse à Estelle, et à sa métaphore à elle. « Estelle, vous m'aviez parlé de vous comme d'un papier fragile qui, pour se protéger, choisit de se plonger dans un monde d'ombre et de coton. D'où vient cette idée d'être aussi fragile que du papier ? »

Estelle me raconte les premières 15 années de sa vie passées à pratiquer la danse classique à haut niveau. Jusqu'au jour où, après une figure en l'air, un moment de distraction lui avait coûté trois ligaments de la cheville d'un seul mouvement. Déchirés, comme du papier. Elle me parle des opérations. La première, faite avec suffisance. Les suivantes, incapables de réparer la première erreur de jugement. L'évidence de devoir arrêter à ce niveau, donc de devoir arrêter tout court.

Je lui demande ce que la danse signifiait pour elle. Estelle ne sait même pas comment elle avait commencé à danser. Si cela avait été une décision à elle ou pas. Mais la danse avait toujours été là, telle une évidence. Une partie de sa vie quotidienne, au même titre que manger et dormir. Estelle me parle de l'importance de la danse classique aux yeux de ses parents. Deux parents distraits, heureux dans leur couple comme dans un petit monde qui leur était réservé. Deux parents qui étaient rarement présents, mais qui l'étaient toujours le jour d'un spectacle de danse. Estelle les cherchait du regard dans le public qui applaudissait à la fin. C'était le seul moment où elle se disait qu'ils étaient fiers d'elle. Estelle se sentait exister à leurs yeux dans la mesure où elle dansait.

Je lui demande de me raconter comment ses parents – et qui des deux en particulier – avaient réagi à sa blessure à la cheville. Estelle continue à parler d'eux au pluriel, comme s'ils n'étaient qu'un seul élément. « Ils étaient tristes. Mais je ne pense pas qu'ils étaient tristes pour moi. Plus pour eux-mêmes. C'était leur rêve qui se déchirait, pas le mien. Avec les mots, ils me dirent qu'ils étaient là pour moi, qu'ils me soutenaient. Ces mots sonnaient joliment, mais ils étaient vides. J'étais fondamentalement seule. Donc j'ai commencé à prendre plus d'antidouleurs que la dose prescrite par les médecins. Une fois pour la douleur, et une pour la tristesse. Double dose. Mes parents, eux, ne s'en rendaient même pas compte. »

« Au contraire de Sam » lui dis-je « Qui, lorsqu'il vous voit couler dans le monde d'ombre et de coton, vient vous chercher. »

La séance se termine, Sam et Estelle sortent en s'effleurant les mains, et moi je reste quelques minutes seul avec mes pensées.

La colline temporelle me dit que le présent élargi de l'addiction est une façon de ne pas penser à ce passé douloureux, même si en réalité le symptôme le met sans cesse en scène. L'alternance stabilité-instabilité du passé de Sam, et la recherche d'Estelle du sentiment d'exister aux yeux de l'autre même lorsqu'elle se sent fragile comme un morceau de papier. Le présent de l'addiction fait écran à un passé qui est pourtant bien présent, quoique couvert et muet, à l'image de la première séance.

La colline auto-organisationnelle me dit qu'avec le jeu et les antidouleurs, Sam et Estelle cherchent à confronter – quelque part à réparer – ce qui les a toujours fait souffrir. Ces questions, rendues extrêmes par le symptôme, qui sont présentes chez tout être humain : quelles sont les limites de l'amour de l'autre, de sa capacité à accepter nos fragilités (Estelle) ? Comment trouver une stabilité qui n'emprisonne pas, et s'ouvrir aux nouvelles possibilités sans perdre l'équilibre (Sam) ?

La colline narrative me fait hésiter. Dans cette séance, Sam et Estelle m'ont offert des métaphores qui remettent en cause la parole. Les promesses du père de Sam, une musique qui se termine trop tôt et qui laisse sa maman danser seule. Les mots des parents d'Estelle, qui sonnent si bien tout en étant si creux. Pour tous les deux, dans leurs systèmes d'origine, les mots sont le chant des sirènes de l'Odyssée : ils séduisent, font danser, mais entraînent jusqu'au fond de la mer. Ce n'est pas un hasard qu'Estelle ait besoin de mettre à l'épreuve le lien avec Sam avec les gestes. Et que Sam ait besoin de le sentir sur sa peau, cet instant où tout est possible.

Comme cela arrive souvent dans les addictions, c'est la substance qui a pris la place de la parole, pour répondre à ce que l'on cherche.

Je décide, la séance suivante, de dire à Estelle et à Sam que j'admire leur courage d'avoir choisi un lieu de parole comme la thérapie, même si dans le (ur) passé les mots étaient une danse creuse. Et que, peut-être, ensemble on peut jouer une autre musique.

L'architecte qui devient tremblement de terre, et la danseuse en papier. Les deux métaphores de Sam et d'Estelle me reviennent à l'esprit. Ces images qui m'avaient ouvert la porte du passé. Je cherche la manière de les faire se rencontrer.

« Sam, je voudrais retourner à cet architecte qui se transforme en tremblement de terre. Selon vous, ou mieux, selon vous deux, comment peuvent-ils coexister, un architecte et un tremblement de terre ? » Estelle sourit et dit « dans les bâtiments antisismiques ». Sam est surpris, puis il dit : « Oui, mais il faut un bâtiment très solide, pour résister à un tremblement de terre. » Estelle ajoute : « Et moi je suis faite de papier, il va être vachement difficile pour cet architecte de construire quelque chose de solide. »

Les deux métaphores commencent à fusionner. Estelle amènerait bien du matériel pour la construction de leur maison, mais aussi sa sensation de fragilité. Sam cherche à combiner son besoin de stabilité et de perturbation, mais il continue à les voir comme opposés, mutuellement exclusifs. Keeney (1983) soulignait comme souvent les systèmes sont bloqués dans une logique d'exclusion « soit/soit » entre deux éléments vus en opposition logique, au lieu de se donner la possibilité d'un cadre « et/et » dans lesquels les deux éléments coexistent dans un processus dialectique. Pour Estelle, il est difficile de se sentir fragile et d'être en même temps une base pour construire des projets avec Sam. Pour Sam il est compliqué de penser que la stabilité et la liberté d'une possibilité puissent être tous deux des ingrédients d'un même équilibre : il les voit comme l'un au détriment de l'autre.

L'architecte, les tremblements de terre et du papier. Je cherche des interstices de changement dans la métaphore offerte par Sam et Estelle. En combinant ces trois images, je ressens la même difficulté qu'eux deux lorsqu'ils cherchent à concilier ce que ces images représentent.

Puis, soudainement, je repense à un livre d'architecture que j'avais lu à moitié, et laissé à côté de mon lit. Dans la langue japonaise, il existe un mot pour dire la pile de livres que l'on achète, mais qu'on ne lit pas vraiment. On dit 積ん読 (*tsundoku*). D'un coup, l'image de ce livre pas terminé devient plus claire à mes yeux. Il s'agit d'un livre consacré à Shigeru Ban, un architecte japonais qui souvent est appelé « l'architecte du papier ». Je mets de l'ordre dans mes idées, puis j'essaye d'entrer dans la métaphore de Sam et Estelle.

Je leur dis que je suis frappé par l'image de ce bâtiment qui devrait être tellement solide pour « résister » aux tremblements de terre. Car, pour le peu que je connais d'architecture, les bâtiments antisismiques ne « résistent » pas aux secousses : ils ne sont pas solides dans le sens de « rigides ». Au contraire, ils restent debout précisément, car ils absorbent et distribuent l'énergie cinétique du tremblement de terre. Grâce à leur flexibilité. Donc la stabilité et les secousses peuvent coexister, au lieu de s'exclure mutuellement. Puis je leur parle de cet architecte qui avait décidé d'utiliser des matériaux comme le papier et le carton pour créer des structures d'accueil pour les victimes des tremblements de terre de Kobe en 1995. Ces maisons s'appelaient Paper Log Houses : elles étaient résistantes aux éventuelles nouvelles secousses, grâce à la capacité d'absorption et à la flexibilité du carton et du papier. Pour les construire, on utilisait des matériaux recyclés, et elles pouvaient être assemblées par les occupants eux-mêmes. En dehors des situations d'urgence et de catastrophe, Shigeru Ban avait continué à construire des bâtiments permanents (avec des tubes de carton traité) qui répondaient aux critères antisismiques et résistaient aux conditions météorologiques les plus sévères. Par ailleurs, esthétiquement, ils étaient assez beaux.

Puis, je leur fais part de mes hypothèses. Je dis à Estelle que les antidouleurs sont peut-être l'expression de la tension entre le sentiment de fragilité, et la volonté simultanée de se sentir aimée. À Sam, que l'alternance entre faire et défaire les projets de couple à travers le jeu est peut-être l'expression du dilemme entre stabilité et besoin de secousses, qu'il vivait comme deux éléments incompatibles. Aux deux, que je me demandais si, comme Shigeru Ban, ils auraient trouvé une façon de construire ensemble une maison qui puisse être à la fois stable et capable d'ondoyer, telle qu'une maison de papier, fragile et forte en même temps. À la fin de la rencontre je propose à Sam et à Estelle une tâche pour la séance suivante. La consigne était – chacun de son côté – de prendre un moment pour fermer les yeux et d'essayer pendant quelques minutes d'imaginer leur vie une année plus tard, sans jeu et sans médicaments. Juste essayer. S'ils n'y parvenaient pas, cela n'était pas grave. Imaginer, et pas prévoir. Plus comme une photographie que comme un plan d'action. Et, s'ils voulaient, ils pouvaient écrire ou représenter l'image, et l'amener à la séance suivante.

L'idée étant, après avoir travaillé sur les trois collines pour réintégrer les arcs de circuit du passé, d'élargir à une vision du futur. L'insistance sur le caractère non nécessairement réaliste ou prédictif de l'image vise à ne pas tant solliciter l'arc de circuit B (prévision linéaire du futur à partir du présent), mais plutôt l'arc C (comment imaginer un autre futur peut rétroactivement desserrer les contraintes du discours présent).

Lors de la rencontre suivante, je leur demande leurs sensations par rapport à la tâche réalisée, et puis de lire ce qu'ils avaient écrit ou de montrer ce qu'ils avaient représenté.

Sam lit deux pages, où il décrit une scène de vie quotidienne. Dans l'image, Estelle rentre à la maison après le travail, mais juste le temps d'un baiser : elle doit sortir à nouveau pour aller donner des cours de danse aux enfants d'une école, et leur transmettre « sa détermination et son amour pour ce qui est beau dans les mouvements d'un corps ». La force de la danseuse en papier. Dans l'image, Sam est en train de travailler à l'ordinateur, pour son nouveau travail. Il imagine avoir quitté la société pour laquelle il travaille comme designer, et avoir lancé sa propre start-up. Dans cette photographie du futur il n'est pas clair de quoi il s'occupe exactement, mais il se voit en train de faire et de défaire des projets. Il a l'air très occupé, plongé dans ses pensées.

Estelle par contre a imaginé une scène où Sam joue avec leur (futur) enfant, en le balançant dans les airs. Elle les regarde en souriant, de temps en temps, pendant qu'elle est immergée dans la lecture d'un roman. Elle est épuisée, mais sereine, quelque part dans une après-midi à la fin de l'été.

Je me dis que dans leurs images sont présents – mais transfigurés et lumineux – des aspects de la description de leur addiction.

Estelle est immergée, mais cette fois-ci plutôt dans la lecture d'un livre que dans un monde d'ombre et de coton. Sam est à la portée d'un simple regard, et elle n'a plus besoin d'être sauvée pour se sentir proche de lui. Elle est épuisée et sereine, pas fragile.

Sam continue à faire et à défaire : pas la vie, mais des projets de travail. Il est absorbé par le moment présent, mais un présent intégré, et pas un présent-échappatoire. Dans son image, il est parvenu à recoudre l'arc de circuit du passé effiloché par le trauma de l'accident à la cheville d'Estelle. Il n'y a plus une Estelle d'avant, et une Estelle d'après la blessure : les deux Estelle sont à nouveau réunies dans l'image de la danseuse de papier qui donne des cours aux enfants.

Je leur demande comment ils se sentent dans la narration de l'autre. Tous les deux sourient et me parlent d'une sensation de chaleur. Sam, toutefois, ajoutera : « Mais dans nos images il y a des trous. Tout n'est pas clair. » J'aurais voulu lui dire que ce n'était pas si mal, d'avoir des espaces vides, à compléter, à découvrir, à imaginer peu à peu. Mais c'est Estelle qui le lui dira, en me volant les mots.

Quelques séances après, nous décidons d'interrompre le parcours de thérapie. Je leur demande s'ils sont d'accord de m'envoyer, six mois plus tard, un court feedback pour me parler de leur vie.

Je propose souvent ceci aux patients en fin de prise en charge. Généralement, cela les aide à partir plus facilement, car c'est la concrétisation de l'idée que le lien thérapeutique continue à exister sans qu'il soit nécessaire de le sentir dans la présence physique des séances.

L'espace thérapeutique est une parenthèse, un lieu qui existe même lorsqu'on n'a plus besoin de s'y rendre, en guise de possibilité.

Huit mois après j'ai reçu une lettre de Sam et Estelle, écrite à la main et signée par tous les deux. Sam avait vraiment changé de travail, et ils avaient décidé de faire un voyage en Asie pendant deux mois, pour après, à leur retour, essayer d'avoir un enfant. Ils me disent qu'ils sont heureux, la plupart du temps. Mais qu'ils avaient aussi traversé deux moments particulièrement durs.

Une fois, après une violente dispute, Estelle avait à nouveau consommé des antidouleurs. Mais elle en avait parlé directement, sans le cacher, à Sam. Ils en avaient discuté ensemble toute une nuit – une nuit, le temps qui reste aux décisions – puis Estelle avait jeté les boîtes à médicaments.

La parole n'était plus le chant des sirènes, mais le matériel qui permettait d'absorber les secousses. Le deuxième moment dur coïncidait avec la fois où Sam avait joué à nouveau. C'était arrivé le lendemain du soir où il avait trouvé le courage de demander à Estelle d'avoir un enfant ensemble. Sam s'était senti stupide, et il n'y avait pas retrouvé cette sensation de possibilités infinies que le jeu lui avait toujours offerte précédemment.

Une dispute particulièrement dure, et l'insécurité du lien était réapparue : Estelle, par réflexe, avait mis à l'épreuve l'amour de Sam en consommant les antidouleurs. Toutefois, elle s'était ressaisie et elle avait redonné place à la parole.

Sam, face à la stabilité de fonder une famille, avait eu le réflexe de la compenser par les secousses du jeu. Cependant, sans y retrouver ce qu'il avait laissé derrière lui. Le jeu avait perdu sa fonction.

Il n'est guère surprenant, dans la clinique des addictions, de se retrouver confronté à ces petits retours au passé. Un système, même lorsqu'il change en se dotant d'une nouvelle auto-organisation (en augmentant le niveau de complexité), conserve en mémoire le fonctionnement précédent. Il peut donc glisser vers la forme et l'équilibre d'avant, c'est-à-dire la configuration autour de l'attracteur « produit ». La différence « qui fait la différence » (Bateson 1972) réside dans la façon de réagir : se relever et continuer le chemin, ou se laisser tomber inexorablement à l'arrière, et vers le fond.

Je n'ai plus de nouvelles de Sam et d'Estelle, mais j'aime à penser que leur maison en papier a pu absorber ces deux secousses, et tant d'autres.

DEUXIÈME PARTIE

VERS UNE THÉORIE DU CHAOS ET DE LA COMPLEXITÉ POUR LA CLINIQUE DES ADDICTIONS

CHAPITRE 5

L'ordre et le chaos en nature

L'être humain a toujours cherché à comprendre la réalité, à saisir les lois qui la gouvernent, afin de pouvoir anticiper et agir sur elle.

Cette recherche de sens (Weick 1995 ; Abolafia 2010) s'est traduite dans l'étude de la nature, son observation, la formulation d'hypothèses. Comprendre la réalité – comme dans un miroir – est aussi une façon de donner de la signification et de la structure à sa propre expérience.

Le besoin humain de comprendre, au fil des siècles, a donné naissance et forme à la méthode scientifique, c'est-à-dire à l'élaboration d'un cadre pour rendre le savoir reproductible et falsifiable.

La science classique s'est toujours intéressée, dans l'étude de la réalité, à l'*ordre*, aux phénomènes qui se répètent, aux régularités. En effet, ceux-ci constituent une fenêtre privilégiée pour observer les lois fondamentales de la nature. Chercher les liens linéaires de cause à effet, comme des briques pour construire les théories qui nous permettent de comprendre, prévoir et agir dans le réel.

Cette vision essentiellement *déterministe* est bien illustrée par les mots de Laplace (1820) : « Nous devons envisager l'état actuel de l'Univers comme l'effet de son état antérieur et la cause de ce qui va suivre. »

Un exemple de cette perspective déterministe, et de ses fruits, peut être trouvé dans les études des *marées*, que nous pouvons prévoir en termes de minutes exactes ; ou des *éclipses*, que nous pouvons anticiper avec précision absolue des siècles à l'avance. En effet, une grande partie des phénomènes observés présentent une structure ordonnée et des comportements périodiques et donc prévisibles, en se mariant bien avec la vision déterministe de la science classique.

Cela dit, certains phénomènes n'ont pas pu être si facilement encadrés par les lois déterministes : ils ont manifesté des conduites irrégulières, imprévisibles, apparemment dépourvues de structure. Plusieurs de ces phénomènes (Gleick 2008) ont été considérés comme marginaux : la forme des nuages[11], la variation d'une population animale, la forme des turbulences d'air traversées par un avion, la forme des côtes maritimes (Mandelbrot 1963)...

Certains autres de ces phénomènes apparemment aléatoires ou chaotiques revêtent en revanche une importance déterminante dans nos vies.

Par exemple, la diffusion d'une *épidémie* : même en ayant connaissance des valeurs des différentes variables (temps d'incubation, modalités de contagion, densité de la population, moyens de transport, etc.), nos modèles mathématiques prédictifs sont capables d'en expliquer la propagation seulement pour un certain laps de temps, après lequel la forme de l'épidémie devient aléatoire.

Un autre exemple est la *Bourse* : il existe des modèles mathématiques sophistiqués pour chercher à en prévoir le cours, et plus particulièrement l'occurrence d'une chute et son déroulement. Ces modèles ne suffisent toutefois pas à encadrer le phénomène des fluctuations dans un cadre stable et prévisible, spécifiquement en temps de crise.

Pensons aussi aux prévisions *météorologiques* : elles suivent un déroulement prévisible grâce aux modèles mathématiques pendant environ trois jours. Par la suite, les prévisions sont liées à des modèles stochastiques, qui permettent d'avoir une vision sur environ 14 jours (mais pas un modèle prédictif comme dans le cas des 3 premiers jours)[12].

---

[11]Ces phénomènes ont souvent intéressé davantage les artistes – il suffit de penser à Jan Fabre et à son œuvre « l'homme qui mesure les nuages » – ou quelque théoricien isolé, plutôt que de vastes couches de la société.

[12] La différence entre modèle mathématique et modèle stochastique (statistique) peut paraître subtile, mais, pour un mathématicien, parler de « probabilité » et pas de « solution » est un aveu d'ignorance (des conditions initiales du problème).

Par-delà l'horizon de deux semaines, les scénarios possibles se multiplient, et chaque prévision sérieuse est tout simplement impossible. Ce fait est fascinant si nous considérons que les tendances climatiques générales et à long terme (le climat, et pas la météo donc) sont plutôt stables et prévisibles.

C'est comme si, dans la nature, coexistent des aspects d'ordre et prévisibilité d'un côté, et des marges de chaos et d'instabilité de l'autre.

Un autre exemple d'un phénomène avec des traits chaotiques est l'*inversion des champs magnétiques*. Les champs magnétiques terrestres (Jacob 1995), liés à la présence de métaux en mouvement autour du nucleus de la Terre, contribuent à maintenir les conditions pour la vie en déviant les particules du vent solaire (sans eux, notre planète ressemblerait à Vénus). Par ailleurs, ils sont à l'origine de phénomènes comme les aurores boréales, et sont utilisés comme indicateurs par nombreuses espèces d'oiseaux lors des migrations, ainsi que par les hommes dans l'étude des mutations géologiques.

Le paléomagnétisme (Tauxe 2010), la branche de la science qui s'occupe d'étudier la variation du champ magnétique terrestre, a montré que, plusieurs fois dans le passé, le pôle magnétique nord s'est inversé avec le pôle sud, causant un effondrement temporaire de l'intensité du champ magnétique terrestre (et des risques énormes pour les espèces vivantes). Le champ terrestre s'est inversé 300 fois au cours des dernières 200 millions d'années (la dernière fois il y a 780.000 ans), pourtant le déroulement de ces inversions a une forme chaotique et est impossible à prévoir avec précision.

Pendant plusieurs siècles, l'homme a donc pu observer d'un côté des phénomènes ordonnés, structurés, prévisibles, périodiques ; de l'autre, des phénomènes qui paraissaient sans structure apparente, aléatoires, sans ordre, instables et imprévisibles.

Le chaos était donc envisagé dans une acception similaire à celle du sens commun : comme synonyme de confusion, de manque de structure, d'instabilité.

5.2 La théorie du chaos : un cadre pour outrepasser la confusion apparente

La *théorie du chaos* (ou théorie des systèmes dynamiques non-linéaires, Lorenz 1963 ; Kellert 1993 ; Gleick 2008 ; Prigogine 2008), développée à partir des années '70 du siècle passé, mais avec des racines dans les travaux d'Henri Poincaré (1890), a fourni un cadre scientifique à tous ces phénomènes auparavant considérés comme aléatoires.

Cette théorie a comporté un véritable *moment de rupture épistémologique*, une révolution scientifique ou, pour utiliser les mots de Thomas Kuhn (1962), un *changement de paradigme.*

Selon Kuhn, la science consiste à un processus d'*accumulation de connaissances*, mais toujours autour d'un consensus, d'un cadre – un paradigme donc – qui définit les problématiques et les méthodes considérées comme acceptables au sein d'une communauté de chercheurs.

Certaines découvertes, toutefois, parviennent à remettre tellement en question nos connaissances précédentes au point de redéfinir le cadre même : nos connaissances antérieures sont réorganisées à la lumière de la nouvelle théorie et de ses implications, afin de s'y adapter et d'être cohérentes avec elles.

Des exemples de changement de paradigme sont le passage vers l'héliocentrisme grâce à Copernicus avec le conséquent abandon de la vision ptoléméenne de la Terre au centre de l'Univers ; ou la formulation de la loi de gravité par Newton.

Plus récemment, les trois derniers changements de paradigme ont été la théorie de la relativité d'Einstein (1922) – dont les implications ont d'ailleurs modifié la vision newtonienne de la gravité ; la mécanique quantique ; et finalement la théorie du chaos.

Cette dernière théorie a permis le développement d'une grille d'analyse pour des phénomènes très variés, et elle a été appliquée à des branches très différentes du savoir : de l'étude de la variation d'une population animale à la météorologie, à l'épidémiologie, à l'astrophysique, aux sciences économiques, à la physique des fluides, etc.

Bien qu'il soit extrêmement complexe de résumer de façon vulgarisée la théorie du chaos (Gleick 2008 ; Gribbin 2004), on peut affirmer qu'elle a permis d'identifier *deux caractéristiques communes* à tous ces phénomènes qui paraissaient comme aléatoires et sans structure, qu'il s'agisse de l'épidémie d'Ebola (Mangiarotti *et al.* 2016), des crises boursières (Klioutchnikov *et al.* 2017), de la météorologie (Zeng *et al.* 1993) ou encore des variations d'une population animale (Dakos *et al.* 2017), soit :

-les attracteurs étranges (et les dimensions fractales)
-la sensibilité aux conditions initiales (SCI), ou effet papillon

sur lesquels nous allons nous pencher un instant.

5.3 Les attracteurs étranges (Ruelle et Takens 1971)

Généralement, les phénomènes (parmi lesquels les phénomènes chaotiques) étaient représentés par des graphiques qui expriment les différentes variables le long de deux dimensions (temps et valeur de la variable). Dans les phénomènes chaotiques, les différentes variables ne semblaient présenter aucune régularité ou lien entre elles : elles ne montraient qu'un désordre apparent.

Un autre moyen de représenter un système, introduit par Poincaré, est celui appelé *espace des phases*, c'est-à-dire un espace mathématique imaginaire (et donc pas l'espace euclidien à trois dimensions). Dans l'espace des phases, on sélectionne (en modélisant donc un phénomène) toutes les variables qui définissent les comportements du système, et un point correspond – à un instant donné – à l'ensemble des valeurs de toutes ces variables qui décrivent le système représenté. L'instant suivant, le système sera défini par un autre point (toujours expression des valeurs, à ce moment-là, de toutes les variables qui le caractérisent). L'ensemble des différents points, qui vont se dessiner comme une trajectoire dans l'espace des phases, représente graphiquement l'évolution du système dans le temps.

Pendant longtemps, l'espace des phases de Poincaré est resté une notion théorique (en donnant naissance à la topologie mathématique), mais extrêmement difficile à appliquer : pour chaque point, il était nécessaire d'opérer des calculs très compliqués, avec à disposition – à cette époque-là – une ardoise, une craie et un esprit brillant.

Dans le cours des années '70 du siècle passé, toutefois, les premiers ordinateurs ont augmenté de façon exponentielle les possibilités de calcul. Ceci a facilité l'application de l'espace des phases à la représentation graphique d'un système dynamique. Konrad Lorenz (1963, dont on racontera l'histoire par la suite) est ainsi parvenu à représenter un modèle météorologique dans l'espace de phases. Le résultat fut surprenant : ces variables qui, individuellement, semblaient déliées et sans ordre montraient, dans la nouvelle représentation, une *structure cachée.*

En effet, les points de l'espace de phases – en s'accumulant – avaient dessiné une trajectoire qui s'approchait de deux points (appelés *attracteurs*), mais sans jamais les rejoindre, dessinant ainsi une forme spécifique représentée ci-dessus.

Un ordre caché était apparu dans la brume du chaos (Strogatz 2014). Prigogine parlerait de *order out of chaos* (2008) et Von Foerster de *order out of noise* (1987).

Le modèle météorologique de Lorenz n'est pas le seul phénomène chaotique qui présente la caractéristique d'avoir des attracteurs étranges. Les systèmes chaotiques, qu'il s'agisse des turbulences des fluides, d'épidémies, de variations d'une population animale ou de la variation du champ magnétique terrestre, manifestent tous, s'ils sont représentés dans un espace des phases, une structure similaire (avec un ou plusieurs attracteurs étranges).

Contrairement aux notions issues du sens commun, qui associent le chaos au désordre, les phénomènes chaotiques sont donc structurés, mais ils le sont d'une façon extrêmement complexe, ce qui rend la structure sous-jacente difficile à apercevoir.

Mais revenons un instant aux attracteurs étranges. Étant donné que les data se distribuent autour des attracteurs, comme dans le cas de la structure « à papillon » de Lorenz, on pourrait supposer qu'il soit possible de l'utiliser à des fins prédictives. Ce n'est pas le cas : même si nous savons que les données se disposent autour des attracteurs, il est impossible de prévoir à quel point exact de la structure ils le feront. L'ensemble des données « dessine » la structure, mais pas d'une façon linéaire.

Par ailleurs, même si les trajectoires sont proches, les données ne se distribueront jamais sur un point déjà occupé précédemment : le lignes s'effleurent à l'infini. En outre, il ne faut pas oublier qu'un point ne correspond pas à la simple valeur d'une variable, mais plutôt à l'ensemble de toutes les variables qui définissent le système à un moment donné, ce qui rend plus compliquée toute velléité de prévision.

Un autre aspect concernant l'esthétique formelle des phénomènes chaotiques est leur *dimension fractale* (Mandelbrot 1982 ; Peitgen 2004).

De façon générale, dans la géométrie euclidienne, l'échelle d'observation influence la forme observée. Si vous prenez un cercle, par exemple, et que vous agrandissez une partie de la circonférence (comme grâce au zoom d'un appareil photo), la ligne de la circonférence vous paraîtra moins incurvée. Si vous continuez à agrandir l'image, à partir d'un certain moment la ligne semblera droite.

Dans les formes des systèmes chaotiques, par contre, en variant l'échelle d'observation, on retrouve la même structure (on parle alors d'*invariance d'échelle*).

La dimension fractale (Falconer 2013) de ces attracteurs consiste justement en cela : une même structure qui se reproduit sans cesse à des échelles très différentes (notion *d'autosimilarité*).

Il est important de rappeler que de très nombreux phénomènes naturels présentent des dimensions fractales, c'est-à-dire de l'autosimilarité (Gleick 2008). Dans notre corps, par exemple, entre autres : les vaisseaux sanguins, les poumons, le système urinaire. Dans la nature : les côtes maritimes, les bassins fluviaux, les écorces des arbres, les galaxies, les flocons de neige, les nuages, les éponges, la foudre.

Les fractales, contrairement aux trois dimensions des figures de la géométrie euclidienne (longueur, surface et volume) peuvent avoir des dimensions dont le nombre n'est pas entier : les brocolis « romanesco » ont une dimension fractale de 2,66, la surface du cerveau de 2,79 (en se situant donc entre 2 et 3 dimensions), la côte de la Norvège par contre de 1,52 (entre 1 et 2 dimensions) ; Mandelbrot parlait à ce sujet de « rugosité » (1982).

Une première contribution de la théorie du chaos a été donc celle de dissocier la notion de chaos de celle de désordre : les phénomènes chaotiques possèdent un ordre (Prigogine et Stengers 1984), mais un ordre caché et extrêmement complexe.

Selon Gleick (2008, p. 220), dans la nature : « Le désordre se trouve canalisé à l'intérieur de motifs qui sont tous construits sur un même modèle sous-jacent. » Et encore : « La nature contient des formes, pas des formes visibles, mais cachées dans la structure du mouvement » (p. 175).

En effet, le chaos est une science du processus, plutôt que de l'état.

5.4 La sensibilité aux conditions initiales

Revenons à Edward Lorenz et à son modèle météorologique. Lorenz utilisait un des plus puissants ordinateurs de l'époque (fin de années '60), grâce auquel il pouvait conduire des simulations afin de vérifier son modèle. Un jour, après avoir interrompu une simulation (la légende dit afin de profiter d'un barbecue lors d'un weekend ensoleillé ; selon d'autres versions pour boire un café), il la reprit en introduisant à nouveau les valeurs des variables, mais avec une petite variation. Concrètement, au lieu de mettre 6 décimales après la virgule, il en mit trois de moins.

Généralement, une légère différence dans une variable produit dans un modèle mathématique une différence proportionnelle dans le résultat. Par exemple, imaginons que nous voulions tirer une grenade avec un mortier au deuxième étage du bâtiment d'en face (note : il s'agit d'un exemple purement théorique et non d'une idéation terroriste). Un physicien ayant connaissance des paramètres nécessaires (angle d'inclinaison du mortier, distance à l'autre bâtiment, conditions du vent, etc.) pourrait calculer facilement la trajectoire de la grenade et son point d'impact. Or, si par hasard vous vous trompiez légèrement (d'une décimale en plus ou en moins) dans la valeur d'une de ces variables, la trajectoire sera différente, mais seulement partiellement : en proportion à l'erreur dans les conditions initiales.

Lorenz s'attendait bien sûr à obtenir un résultat légèrement différent, mais avec des variations négligeables. Néanmoins, le résultat du modèle météorologique fut complètement différent, malgré une variation minime dans la valeur initiale d'une des variables.

Lorenz répéta l'expérience plusieurs fois, et à chaque variation minimale dans les conditions initiales du modèle correspondaient des résultats fortement divergents. Il en fut surpris, et comme cela arrive souvent dans la recherche scientifique, la curiosité née de cette stupeur amena à la découverte d'un phénomène important : la *sensibilité aux conditions initiales*, connue aussi sous le nom d'*effet papillon.*

Effectivement, Lorenz intitula sa présentation à ce sujet, lors d'un congrès en 1972 : *« Predictability : does the flap of a butterfly's wings in Brazil set off a tornado in Texas ? »* (Prévisibilité : le battement d'ailes d'un papillon au Brésil peut-il provoquer une tornade au Texas ?). En réalité, le titre est plutôt provocateur, et se prête à des interprétations (erronées) littérales. Libérons le champ de tout malentendu : un papillon au Brésil tout seul ne provoque pas des tornades au Texas selon un lien linéaire de cause à effet. Ce que Lorenz voulait illustrer avec cette – au risque de me répéter – métaphore est autre chose. La météorologie est un phénomène extrêmement complexe, étant donné la présence d'innombrables variables (la température de chaque point de l'atmosphère, la pression, l'interaction avec les océans, etc.). L'interaction entre toutes ces variables est tellement vaste que les mesurer et en calculer les effets à long terme est tout simplement impossible. Toutefois, même en appliquant des modèles mathématiques très articulés (qui, étant des modèles, sont par définition une réduction de la complexité de la réalité qu'il représentent), nous ne pouvons en prévoir le déroulement que sur trois jours de temps. Après, l'accumulation de petites variations initiales, initialement non significatives et donc « invisibles » (comme le battement d'aile d'un papillon, ou une décimale en plus ou en moins dans la simulation) peuvent, avec le temps, s'amplifier jusqu'à produire des changements majeurs. C'est pour cette raison qu'il est impossible de prévoir si dans deux mois il fera beau ou mauvais : une variation minime dans les conditions initiales (aujourd'hui) peut produire des résultats complètement différents, rendant toute prévision successive imprécise.

En réalité, la sensibilité aux conditions initiales est omniprésente même à l'échelle de notre vie quotidienne : c'est la raison pour laquelle sortir de chez soi une minute à l'avance ou en retard peut être une condition qui, en s'amplifiant, nous conduit à avoir (ou à éviter) un accident de la route (ou une magnifique rencontre).

C'est la *sensibilité aux conditions initiales*, ou *effet papillon* : dans les phénomènes chaotiques, des variations minimes peuvent s'amplifier jusqu'à provoquer des changements drastiques, rendant ainsi toute prévision à long terme impossible (Gribbin 2004).

À cause de la sensibilité aux conditions initiales, les systèmes chaotiques nous paraissent donc instables, car ils changent continuellement en réponse à des variations minimes qui s'amplifient.

Grâce à la théorie du chaos, nous avons pu réaliser que les systèmes chaotiques ne sont pas synonymes de désordre, mais qu'ils nous paraissent ainsi, car leur ordre est extrêmement *compliqué et articulé* (attracteurs étranges, dimensions fractales) et *doté d'une dynamique non-linéaire* (sensibilité aux conditions initiales).

Ces deux propriétés s'appliquent à des phénomènes apparemment très éloignés, tels la variation des champs magnétiques terrestres, la météo, la bourse, une épidémie d'Ebola, etc.

À la lumière de ces découvertes, nous allons comparer les systèmes chaotiques (objet d'étude de la théorie du chaos) et les systèmes périodiques (objet d'étude de la science déterministe classique), pour ensuite aborder les systèmes complexes (objet d'étude de la théorie de la complexité).

CHAPITRE 6

Systèmes chaotiques, systèmes périodiques, systèmes complexes

Ce graphique illustre plusieurs des éléments qui différencient les systèmes chaotiques des systèmes périodiques.

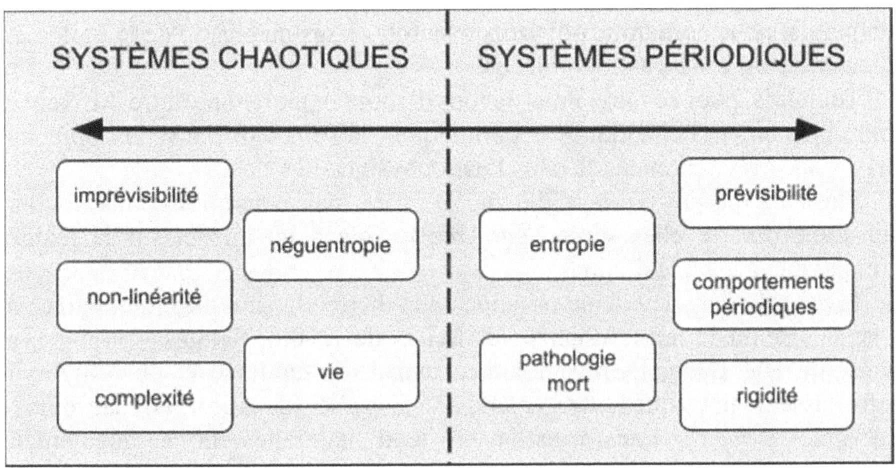

Le premier point de différence est l'*imprévisibilité vs prévisibilité* : comme nous avons pu l'observer dans le chapitre précédent, la sensibilité aux conditions initiales rend les comportements d'un système chaotique (comme la météo) impossible à prévoir au-delà d'un court laps initial de temps, alors que les systèmes périodiques (comme par exemple les marées) sont prévisibles avec exactitude à court comme à long terme.

Un deuxième point, qui découle logiquement du premier, est le caractère de *non-linéarité vs comportements périodiques* : toujours à cause de l'effet papillon, les phénomènes chaotiques répondent de façon non-linéaire aux moindres variations internes et externes et sont de ce fait dans un processus de changement continu, contrairement aux phénomènes périodiques qui manifestent des comportements répétitifs et identiques, comme les oscillations d'un pendule.

Un troisième point, probablement moins intuitif que les deux précédents, concerne la *complexité vs rigidité*. Prenons le temps de nous attarder sur ces termes.

Dans la théorie des systèmes, contrairement au sens commun, complexe n'est pas synonyme de compliqué (qui renvoie plutôt à l'expérience subjective de difficulté).

La complexité d'un système est la capacité à traiter et intégrer l'information (donc la différence) liée aux changements internes/externes afin de s'auto-organiser (émergence d'un ordre/forme à partir d'interactions locales) et ainsi de s'adapter à l'environnement.

Un système complexe est donc un système doté d'une capacité d'adaptation élevée (Holland 1996 ; Haken 2000). Les systèmes chaotiques, compte tenu de la sensibilité aux conditions initiales, sont davantage complexes et donc adaptatifs[13], si on les compare aux systèmes dont les comportements se répètent au-delà de ce qui advient autour d'eux.

Pour comprendre dans quel sens les systèmes chaotiques sont plus adaptatifs, nous prendrons plusieurs exemples issus du champ de la biologie, de la sociologie, de l'astronomie, etc.

Toutefois, pour ce faire, nous devons d'abord explorer une autre différence entre phénomènes chaotiques et périodiques, la *néguentropie vs entropie*, au prix d'une brève promenade dans l'astrophysique.

Plusieurs lois physiques régissent l'Univers, mais nous allons nous attarder sur l'une d'entre elles seulement. Une loi qui a un impact sur la réalité comparable à aucune d'autre.

Je me réfère au deuxième principe de la thermodynamique, connu grâce à Clausius selon le terme d'*entropie* (Ben-Naim 2008). Selon ce principe, à partir du Big Bang, l'Univers est en expansion continue et en progressif refroidissement, vu que l'énergie tend à se disperser (dans ce sens, l'entropie – du grec *trope* : transformation – tend naturellement à augmenter, Mitchell 2009).

L'énergie, dans cet Univers en expansion, restera suffisamment concentrée pour donner naissance à de nouvelles étoiles pendant encore environ $10^{12}/10^{14}$ ans, période après laquelle le gaz nécessaire à la formation de nouveaux astres sera trop dispersé (Adams et Laughlin 2000). Par ailleurs, les étoiles existantes commenceront progressivement à s'éteindre, les unes après les autres,

[13]Les systèmes chaotiques sont plus complexes que les systèmes périodiques, mais il subsiste une différence fondamentale entre systèmes complexes proprement dits et systèmes chaotiques : les systèmes complexes se situent « sur le bord du chaos ». Ceci sera abordé dans le chapitre suivant.

jusqu'au moment où, inexorablement, la dernière étoile disparaîtra, laissant l'Univers sans lumière et sans vie (*ère de la dégénérescence*)[14].

Ensuite, à cause de la destruction des protons, les restes stellaires laisseront la place à des trous noirs (*ère des trous noirs,* $10^{36}/10^{40}$ ans).

Avec le temps, les trous noirs aussi s'épuiseront (ils s'évaporeront comme déjà spéculé par Hawkins en 1974, et prouvé récemment par Steinhauer 2014, 2015 et 2016), donnant naissance à l'ère *obscure* (10^{100} ans à partir d'aujourd'hui) : l'Univers atteindra une valeur thermique proche du zéro absolu, uniformément, dans un état qui est dénommé *mort thermique de l'Univers.*

Et après ? Trois théories différentes laissent entrevoir trois scénarios potentiels, que j'essaierai d'illustrer brièvement, avec le graphique qui suit :

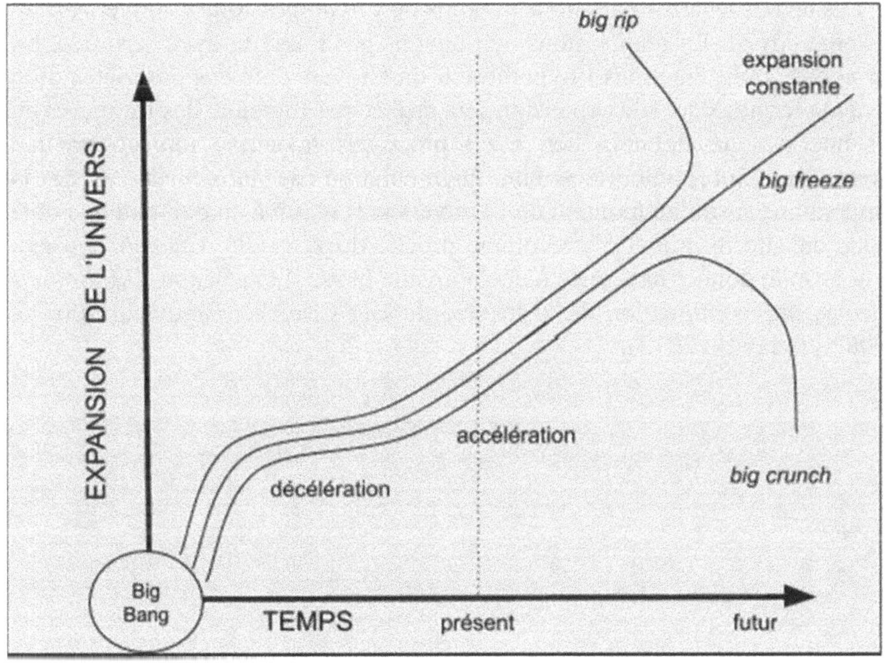

Le premier est le *Big Freeze* : l'Univers continuera son expansion, comme dans une froide et éternelle nuit sans lumière.

En réalité, en 1998 le Supernova Cosmology Project (Perlmutter 1999) et le High-Z Search Team (Reiss 1998) – des études qui ont obtenu le Prix Nobel pour la physique en 2011 – ont montré que l'expansion de l'Univers n'est pas stable, mais en *accélération*.

[14]En réalité, la vie dans notre galaxie aura disparu depuis déjà bien longtemps : grâce aux observations du télescope spatial Hubble, nous avons la certitude que, dans 5 milliards d'années, la Voie Lactée et la galaxie d'Andromède entreront en collision.

L'accélération de l'expansion de l'Univers serait liée à la présence de la *matière obscure* (qui selon la Nasa constituerait 27 % de l'Univers) et de l'*énergie obscure* ou *énergie fantôme* (68 % de l'Univers, ce qui laisserait à la matière telle que nous la connaissons un misérable 5 %), dont la densité augmenterait parallèlement à l'expansion de l'Univers (Marinoni et Buzzi 2010).

Ceci amènerait au deuxième scénario, nommé le *Big Rip* (Disconzi, Kephart et Scherrer 2015), selon lequel, à un certain moment, la concentration d'énergie fantôme amènera à la dislocation de la réalité. En pratique, l'Univers se « déchirerait » comme une feuille, voire comme un élastique qui a été excessivement tiré, mettant ainsi fin à l'expansion – à l'existence même telle que nous la connaissons – de l'Univers.

Pas de nuit infinie et sans lumière, donc.

Les deux scénarios partent néanmoins de l'hypothèse que l'Univers est un système ouvert. En réalité, nous ne pouvons pas l'assurer avec certitude. Si, par contre, nous émettons l'hypothèse d'un Univers doté des propriétés d'un système fermé, alors son expansion sera arrêtée par l'atteinte des frontières du système, ce qui donnera lieu à un processus inverse : une contraction progressive qui comportera une augmentation de la densité et de la température, jusqu'au moment où l'Univers sera réduit à un point unique doté d'une densité infinie et d'un volume proche du zéro (*Big Crunch Theory*), pour ensuite donner naissance à une nouvelle phase d'expansion (*Big Bounce Theory*, une continuation de la théorie du Big Crunch ; Bojowald 2007 et 2008 ; Poplawski 2012).

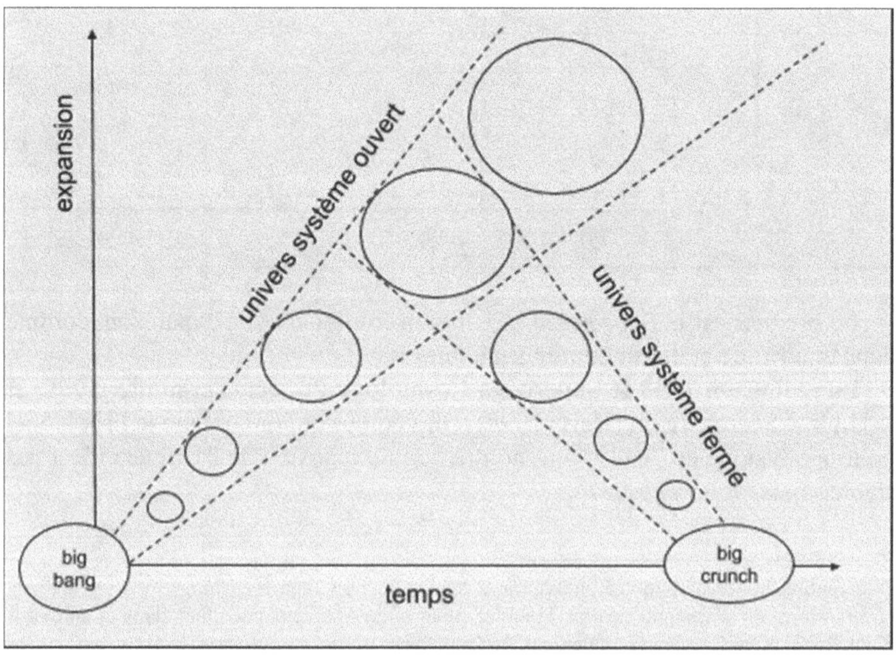

J'ai décrit ces scénarios pour montrer la force et l'inéluctabilité de l'entropie. Mitchell en souligne l'unicité : « La deuxième loi de la thermodynamique est la seule loi fondamentale en physique qui fait la distinction entre passé et futur. Toutes les autres lois sont réversibles dans le temps. » Et encore : « La deuxième loi de la thermodynamique définit la flèche du temps, [...] le futur étant défini comme la direction du temps dans laquelle l'entropie augmente » (2009, p. 43).

L'entropie est inexorable, et pourtant... parlons maintenant de la *néguentropie ou résistance à l'entropie.*

Les systèmes, grâce à leur capacité d'auto-organisation résultant du besoin de répondre sélectivement aux changements de l'environnement (*complexité*), résistent à l'entropie et maintiennent une structure pendant un certain laps de temps (c'est-à-dire, la *vie*), en puisant de l'énergie autour d'eux (*systèmes dissipatifs*, Prigogine et Nicolis 1982).

La complexité permet donc la néguentropie, et la résistance temporaire à l'entropie : ceci est le mécanisme à la base de chaque système vivant : c'est la condition même pour l'émergence de la vie (Vega-Martinez et Azua-Bustos 2013).

Prenons l'exemple du système-Terre : grâce à l'atmosphère, notre planète parvient à capter l'énergie en dispersion de notre étoile, le Soleil, pendant un certain intervalle de temps, permettant ainsi à l'écosystème Terre de maintenir les conditions pour la vie : « Une planète comme la Terre se baigne dans un flux d'énergie en provenance d'une étoile, et ceci fait de l'entièreté de la surface de la planète un système ouvert dissipatif » (Gribbin 2004, p. 113).

Par ailleurs, prenons l'exemple d'une cellule : grâce à sa membrane, elle interagit de façon sélective avec son environnement, en s'y adaptant. Si la membrane perdait sa capacité d'opérer de manière sélective ou si, au contraire, elle était complètement fermée, la cellule mourrait de son incapacité à s'adapter au contexte environnant (les autres cellules, l'organisme, etc.).

Prenons maintenant l'exemple d'un système socio-économique : nous vivons plus longtemps que nos ancêtres d'il y a des dizaines de milliers d'années, car, par rapport à ces derniers (qui étaient des chasseurs-cueilleurs), nous avons une organisation dotée d'une complexité majeure (division du travail, structures sociales plus articulées...), ce qui nous permet de mieux nous adapter à l'environnement et à ses modifications, et de ce fait de vivre plus longtemps (nous possédons donc une plus grande néguentropie). En effet, un système socio-économique moins complexe s'adapte moins efficacement aux changements internes ou externes (maladies, famines, catastrophes naturelles, déclin d'une population animale chassée, etc.).

Certes, plusieurs systèmes vivants possèdent une complexité suffisante pour s'adapter et continuer à exister. Toutefois, les êtres humains ont poussé cette tendance jusqu'à l'extrême, en se dotant d'une capacité de néguentropie qui les amène probablement à outrepasser leurs limites biologiques.

Différentes études de biologie comparée (Levin 1997 ; Zhang et Zhang 2009) ont ainsi montré des *constantes* entre espèces. En particulier parmi les mammifères, peu importe l'espèce, un individu de façon générale (statistiquement donc, pas dans chaque cas) meurt après environ 1 milliard de battements du cœur. Une souris, par exemple, qui a un battement cardiaque de 550 par minute, vit en moyenne 3 ans et 4 mois (en atteignant donc les 950 millions de battements). Un éléphant, avec une fréquence cardiaque de 30 battements par minute, vit beaucoup plus longtemps, environ 70 ans (en arrivant à 1,10 milliards de battements). Un chat, avec une fréquence de 150 battements par minute, a une longévité d'environ 15 ans (1,18 milliards de battements). Un lapin, 205 battements par minute pour 9 ans d'espérance de vie (à la fin de laquelle son cœur aura battu 0,97 milliard de fois).

Seule une espèce s'écarte significativement de cette constante biologique : l'être humain. En effet, selon la constante, nous sommes censés vivre en moyenne une trentaine d'années, légèrement plus ou légèrement moins.

En réalité, en Europe (données de 2015), l'espérance de vie est bien supérieure : 77,8 ans pour les hommes et 81,1 pour les femmes. Cependant, ceci ne fut pas toujours le cas : du Néolithique à la fin du XVIIIe-début du XIXe siècle, l'espérance de vie de l'homme a oscillé (au fil de l'histoire et de ses événements), en s'en approchant, mais sans jamais la dépasser, autour de la limite de 30-35 ans, c'est-à-dire notre probable limite biologique.

Le développement de la méthode scientifique et ses applications dans les différentes branches du savoir (*in primis* dans le champ de la médecine) a augmenté notre complexité et donc notre adaptabilité – ceci a plus que doublé l'horizon du temps de notre existence.

En particulier, depuis 1900, nous avons ajouté entre 40 et 50 ans à notre espérance de vie. Ceci grâce à notre néguentropie, accrue par la culture et la science.

Revenons à la comparaison entre systèmes chaotiques et systèmes périodiques. Nous avons souligné que les premiers sont plus complexes (Waldrop 1992), et que la complexité permet l'adaptabilité et donc la néguentropie. Par conséquent, les systèmes périodiques, qui tendent à avoir des comportements identiques au-delà des changements internes et externes, sont moins adaptatifs, moins complexes, et *in fine* plus sujets à l'augmentation de l'entropie. Logiquement, ceci devrait se traduire dans une différence significative : les systèmes chaotiques seraient plus proches de la *vie* et les systèmes périodiques de la *pathologie* et de la *mort*.

Nombreuses études (Mackey et Glass 1977 ; Glass et Mackey 1988) ont mis en évidence le fait que le cœur humain, si on en représente l'activité dans un espace de phases et avec des équations non-linéaires, présente un déroulement avec des propriétés chaotiques (notamment des attracteurs étranges, et des dimensions fractales). Derrière une façade de régularité (normalement, entre 50 et 80 battements au repos), il existe plusieurs variations (Briggs 1992) : par exemple dans les intervalles entre un battement du cœur et l'autre, qui ne sont pratiquement jamais identiques ni réguliers.

En effet, le cœur doit s'adapter rapidement à moult changements internes et externes (activité physique ou repos, variation de la température, soudaine augmentation du stress, situation de danger, etc.) : le fait de posséder des caractéristiques d'un système chaotique – et donc d'être adaptatif au changement – paraît logique (Kim et Stringer 1992).

Différentes études ont confirmé le lien entre chaos et adaptabilité (et donc propension à la vie) en ce qui concerne les battements du cœur : le tracé cardiaque, dans les moments qui précèdent un infarctus, perd les caractéristiques de chaoticité et devient extrêmement régulier et périodique (Poons et Merrill 1997 ; Poons 1999). En outre, le tracé cardiaque des athlètes de haut niveau est plus chaotique que celui des personnes sédentaires ; celui des jeunes est plus chaotique que celui des personnes âgées (Lipsitz et Goldberger 1992).

Le cœur n'est pas l'unique composante biologique dont le fonctionnement soutient l'idée que le chaos est plus adaptatif et donc plus proche de la conservation de la vie : l'étude de l'activité électrique du cerveau montre que, les jours précédents une crise d'épilepsie, l'électroencéphalogramme devient plus régulier et périodique (Acharya *et al.* 2009).

Ces résultats ont été confirmés à la fois parmi les formes classiques d'épilepsie, et à la fois dans des formes plus sévères comme la maladie de Creutzfeldt-Jacob (Babloyantz *et al.* 1989). Il est par exemple possible de prévoir l'occurrence d'une crise épileptique en monitorant les dynamiques non-linéaires du EEG (Protopopescu *et al.* 2001).

Selon plusieurs chercheurs la périodicité est, en biologie, signe de pathologie, alors que la chaoticité est un indicateur d'adaptabilité et de bonne santé (Goldberger 1997 ; Pool 1989).

6.2 Systèmes chaotiques, systèmes périodiques : deux catégories différentes ?

Nous avons opéré une distinction entre systèmes chaotiques et systèmes périodiques sur différents points de comparaison. Toutefois, peut-on affirmer que la frontière entre ces deux phénomènes est hermétique ? Sommes-nous en présence d'une différence catégorielle et exclusive ?

Deux éléments mettent en doute une séparation nette entre chaos et périodicité.

Le premier est la considération qu'*un phénomène périodique peut devenir chaotique*. Ce passage, par ailleurs, peut être décrit de façon précise par des formules ou graphiquement (*diagramme de bifurcation*), dans le processus qui est nommée *cascade de doublements de période* de Feigenbaum (Kuznetsov 1995).

D'ailleurs, en observant le diagramme, nous pouvons remarquer entre les bifurcations une persistance de moments d'ordre (les petites colonnes blanches) appelées *intermittences*, ce qui fait supposer que le chaos et la stabilité sont deux aspects – *deux états possibles plutôt* – d'un même système.

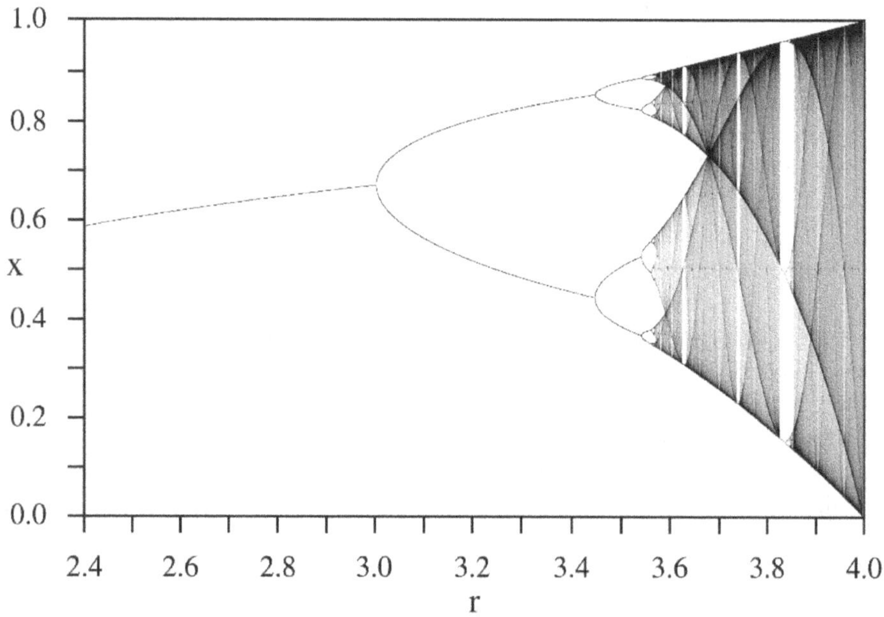

Une contribution importante qui ouvre à cette possibilité nous vient du mathématicien russe Alexander Lyapunov, grâce à une notion qui a été nommée en son honneur *horizon de Lyapunov* (Bezruchko et Smirnov 2009). L'horizon (ou durée) de Lyapunov définit les limites de prévisibilité d'un système dynamique, au-delà desquelles chaque prévision précise est impossible à cause de l'émergence de l'effet papillon.

En pratique, certains systèmes – qui paraissent stables et périodiques – *sur un temps d'observation suffisamment long* montrent des propriétés chaotiques.

Par exemple, nous pouvons prévoir avec exactitude les orbites du système solaire jusqu'à environ 50 millions d'années, après lesquelles chaque prévision précise devient impossible, car les modèles mathématiques montrent un déroulement aux caractéristiques chaotiques. La Terre, après cette date, pourrait continuer à tourner autour du Soleil tout comme s'écraser contre Mars ; le tout résultant d'un long enchaînement d'événements qui, en s'accumulant de façon initialement invisible et en s'amplifiant, produira un changement de l'orbite terrestre (effet papillon).

D'autres systèmes astrophysiques ont un horizon de Lyapunov plus proche : pour l'obliquité de Mars il s'agit par exemple de 5 millions d'années, pour la rotation d'Hypérion de seulement 36 jours.

Les oscillations des fluides possèdent un horizon de Lyapunov d'environ 2-3 secondes, ce qui les rend chaotiques à nos yeux depuis le début, ou chaotiques « en soi ».

Les concepts comme la cascade de doublement de période et l'horizon de Lyapunov remettent en doute une distinction nette, catégorielle et mutuellement exclusive entre systèmes périodiques et systèmes chaotiques.

Chaos et prévisibilité seraient plutôt deux aspects qui *coexistent* dans la nature, parfois en alternant au sein du même système.

Par ailleurs, l'horizon de Lyapunov pourrait suggérer que la différence entre un système chaotique et un système périodique, dans certains cas, n'est liée qu'au temps d'observation : il s'agirait donc d'une *ponctuation*.

Un exemple de la manière dont stabilité et chaos coexistent dans un même phénomène est le comportement des foules tel qu'il est brillamment décrit par Moussaïd dans son ouvrage *Fouloscopie* (2019).

Considérons le déplacement de la foule dans l'espace. Certaines caractéristiques sont périodiques et prévisibles, par exemple en général en Europe les piétons qui marchent dans deux directions opposées s'évitent « sur la droite » alors que, dans certains pays asiatiques, ils le font en s'écartant vers la gauche. Par ailleurs, quand le nombre de piétons qui marchent en direction opposée augmente, *une forme d'auto-organisation du système émerge* : spontanément des « colonnes » ou « autoroutes » de personnes qui marchent dans le même sens apparaissent, et ces « courants » se maintiennent de manière fluide jusqu'à une densité de 2,5 personnes au mètre carré. Au-delà de ce seuil, la fluidité et l'ordre se perdent progressivement et des intermittences apparaissent. Si, par après, la densité outrepasse les 6-8 personnes au mètre carré, le déplacement de la foule dans l'espace assume soudainement un caractère chaotique avec des mouvements subits et imprévisibles, similaires aux turbulences des fluides : ce phénomène cause généralement des morts (comme il arrive malheureusement régulièrement aux pèlerins qui se rendent à la Mecque ; ou dans certains rassemblements – comme des concerts – où la capacité maximale n'est pas respectée).

6.3 Les systèmes complexes, entre chaos et périodicité

Nous avons comparé les propriétés des systèmes chaotiques et des systèmes périodiques « purs », même si – comme nous avons pu l'observer – la différence entre les deux types de systèmes est bien moins nette que ce que l'apparence ne suggère.

En effet, une grande partie des systèmes (comme les systèmes complexes, dont les systèmes humains font partie) oscille entre stabilité et changement : ces systèmes maintiennent un équilibre entre leurs parties et avec l'environnement, toutefois cet équilibre n'est pas statique : il est conservé grâce à des mouvements constants d'autocorrection et d'adaptation.

Il faut donc penser à un type d'équilibre similaire à celui que nous avons en faisant du vélo, plutôt qu'à l'équilibre qui dérive du fait d'être assis sur une chaise. Rester en équilibre sur un vélo demande du mouvement ainsi qu'une adaptation continue au poids du corps, à la trajectoire et aux variations du sol, grâce au guidon et à la posture. Si nous étions statiques sur un vélo, nous serions destinés à tomber par terre.

Cette considération est valide également pour les macrosystèmes physiques : *la stabilité n'est pas synonyme de staticité*. La théorie de la relativité d'Einstein (1922) nous a par exemple montré que *l'Univers est stable justement, car il n'est pas statique*, mais en expansion continue. Imaginons un Univers statique, dont vous pourriez choisir les dimensions et la disposition de la matière (planètes, étoiles, *etc.*), à votre guise. Peu importent vos choix dans les paramètres initiaux, à cause des distorsions du tissu spatio-temporel provoquées par la force de gravité, tout modèle d'Univers statique connaît la même fin : le collapse autour d'un point. La stabilité, tout comme lorsqu'on est sur un vélo, implique d'incessants changements.

Nous appellerons *changements de type 1* ces modifications légères et continues qui permettent au système de maintenir son équilibre, sa permanence, sa continuité.

Un exemple classique du rapport entre ordre et changements de type 1 est le thermostat[15] : si vous laissez une fenêtre ouverte l'hiver, la température de la pièce diminuera, en finissant par provoquer une augmentation du chauffage de la part du thermostat afin de maintenir la température préfixée. Si par après vous fermez la fenêtre, le thermostat arrêtera sa rétroaction précédente pour que la température ne dépasse pas l'homéostasie désirée.

Prenons maintenant l'exemple d'un système humain : un parent avec un fils adolescent. Imaginons que, dans cette relation, il existe une règle qui établit que le soir on rentre à la maison avant une heure du matin, et que cette règle soit normalement respectée. Si, un soir, le fils rentrait à cinq heures du matin sans prévenir, le parent se mettrait probablement en colère et le punirait/discuterait avec lui. Les rétroactions entreprises par le parent sont des changements de type 1, des modifications qui visent donc à rétablir la règle (les horaires de retour à la maison) qui participe à l'homéostasie du système

---

[15]Un thermostat est un système homéostatique mais *pas* un système complexe, car son ordre a été projeté et construit à l'avance : il n'est pas une propriété émergente de l'interaction entre ses parties (auto-organisation). Je l'utilise comme exemple uniquement pour illustrer la nature des changements de type 1.

(pour une lecture bien plus articulée du rapport entre transgression et règles, je vous renvoie au dernier chapitre).

Parfois, cependant, les modifications internes ou externes d'un système demandent des changements adaptatifs qui modifient la configuration même du système : son auto-organisation (nous les appellerons alors *changements de type 2*). Dans la cybernétique des systèmes complexes, on parlerait de *changement d'attracteur*.

Un exemple de ces phénomènes peut être, par exemple, un deuil en famille. Étant donné que la personne décédée exerçait un rôle dans le système familial, et que les relations auxquelles il participait contribuaient à l'équilibre général de la famille, face à sa mort les autres membres doivent se réadapter pour répondre (émotionnellement, concrètement, symboliquement, *etc*...) à son absence. Ce processus de réorganisation (ou, plutôt, d'auto-organisation) peut se révéler compliqué, et il demande des changements profonds pour pouvoir maintenir une sensation de continuité d'existence et d'appartenance.

Un autre exemple relationnel peut être une séparation, et tous les changements nécessaires à l'individu pour qu'il puisse retrouver et maintenir un équilibre sans la présence de l'ex-partenaire.

Ou encore, si nous prenons le cas d'un système socio-économique, les modifications successives à une guerre ou à une révolution sont d'excellents exemples de changements de type 2 : le système, à la suite d'une perturbation ou crise, glisse vers un nouveau bassin d'attracteur.

Cependant, il ne faut pas nécessairement penser à des événements négatifs : les changements de type 2 font partie de l'évolution normale du cycle de vie. Par exemple, si nous pensons au processus d'autonomisation d'un jeune qui quitte le domicile de ses parents pour aller habiter seul ou à tous les processus d'adaptation d'un couple qui accueille son premier enfant : ce sont tous des changements qui redéfinissent l'équilibre même du système (ses frontières, ses appartenances, ses mythes, ses rituels, *etc.*).

Selon moi, dans cette phase de perturbation qui accompagne les changements de type 2, les systèmes complexes humains assument temporairement les caractéristiques des systèmes chaotiques (non-linéarité, sensibilité aux conditions initiales, etc.) dans une phase de transition qui les amènera à augmenter leur propre niveau de complexité et à retrouver un nouvel attracteur.

En physique, on dirait que le système a traversé une phase chaotique transitoire (*transient chaos*, Lai et Tel 2001) : « La *transition chaotique* est un phénomène omniprésent dans les systèmes dynamiques non-linéaires. Une trajectoire typiquement se comporte de façon chaotique pendant une quantité finie de temps, avant de se stabiliser dans un état final » (Dhamala et Lai 1999, p. 1).

Dans le graphique qui suit, j'ai défini le niveau de complexité supérieur comme *n+1* pour souligner que, même si le système obtient une forme d'auto-organisation différente et plus adaptative au contexte environnant actuel, il garde *en mémoire* le fonctionnement précédent.

En effet, la capacité de *mémoire* est l'une des différences fondamentales entre les systèmes chaotiques et les systèmes complexes : contrairement aux systèmes complexes, « les systèmes chaotiques n'ont pas de mémoire du passé et ils ne peuvent pas évoluer » (Bak 1996, p. 30). La mémoire étant liée, dans les systèmes complexes, à la capacité de feedback : « La mémoire est une forme de feedback. Elle représente le feedback d'une information d'un point précédent dans le temps » (Johnson 2007, p. 67).

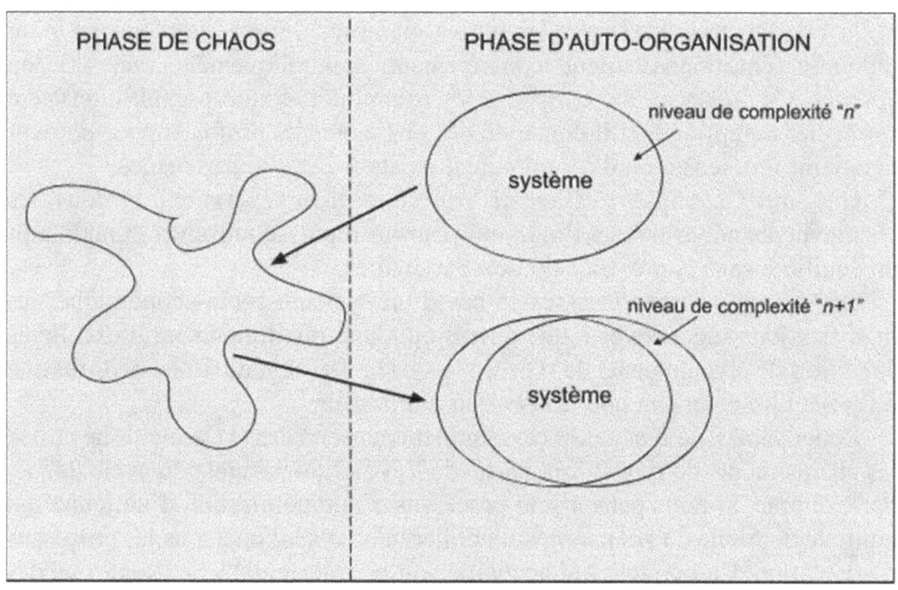

Un exemple de *transient chaos* (transition chaotique) dans les systèmes humains est le processus qui intervient lorsqu'on tombe amoureux. Imaginez rencontrer ce soir une personne dont vous tombez follement amoureux/amoureuse, avec laquelle vous passez une inoubliable soirée/nuit. Et que le lendemain, malgré vos efforts d'auto-discipline, vous n'arrivez pas à vous empêcher d'envoyer un SMS à cette personne qui, de son côté, ne vous répond pas directement. Après un certain temps d'attente, probablement, vous commencerez à penser que l'autre personne n'est pas véritablement intéressé(e) par vous, au point de commencer à modifier et à redéfinir la vision de votre expérience de la veille (qui passera de rencontre « magnifique » à « ordinaire » ; de « début d'une histoire d'amour » à « rencontre occasionnelle »). Imaginons que, soudainement, une notification sur l'écran de votre smartphone vous annonce un message de cette personne : il/elle s'excuse de répondre tardivement et vous propose un nouveau rendez-vous. Probablement, votre *ponctuation* (façon de décrire) de la rencontre et de la relation sera à nouveau objet à révision. Dans une première période, ces changements subits dans la définition de la relation, et la manière dont cette relation s'intégrera à votre réseau de relations préexistantes, seront des éléments qui changeront souvent en réaction à des événements, même mineurs.

En effet, votre nouvelle relation n'aura pas encore développé des mécanismes de régulation plus stables (des rituels, des façons de se disputer et de se réconcilier, des frontières avec les autres relations...), et fluctuera entre différents états en réponse aux changements internes et externes, jusqu'au moment où, plus tard, elle trouvera une forme plus stable (dans la théorie des systèmes complexes, on parlerait de sortie d'une phase d'exploration de différents bassins d'attracteurs qui se termine par une rupture de symétrie et la conséquente émergence d'une nouvelle forme d'auto-organisation autour d'un attracteur).

En restant dans notre exemple, si après 10 ans d'une magnifique histoire d'amour, votre partenaire ne répond pas à votre SMS, cet événement à lui seul n'aura plus la capacité de redéfinir la continuité ou la rupture de la relation, comme c'était le cas au deuxième jour (ou, alors, votre relation aura conservé les caractéristiques d'un système chaotique de base *tout le temps*, comme dans une relation borderline, mais ceci dépasse le cadre de notre exemple).

Les systèmes complexes humains sont donc des systèmes qui, pour maintenir une forme d'auto-organisation (et donc la capacité à s'adapter), peuvent à certains moments traverser des phases où ils assument temporairement les caractéristiques des *systèmes chaotiques* (comme dans les cas – peu fréquents – des changements de type 2).

À d'autres moments – la plupart du temps – ils maintiennent un *équilibre dynamique* (grâce aux très nombreux changements de type 1, c'est-à-dire avec des petits ajustements continus).

À d'autres moments encore, lorsqu'ils perdent leur complexité et donc leur adaptabilité, ils assument certaines propriétés du *fonctionnement périodique* comme par exemple lorsqu'on continue à répéter le même comportement au-delà de ses conséquences et de ce qui se passe autour (en perdant ainsi la capacité à lire les feedbacks) ; ou au-delà de sa fonction initiale, comme dans la schismogenèse ou dans les systèmes décrits par Cecchin (Cecchin *et al.* 2012) dans la notion *d'idées parfaites.* Nous nous attarderons sur le fonctionnement périodique par la suite, dans le chapitre 9.

Les systèmes complexes oscillent donc entre changement et répétition, entre brefs moments de perte de repères et longues phases de stabilité dynamique : ils se situent dans cette zone entre le chaos et l'ordre qui est la condition même pour l'émergence de la vie.

Bak (1996) définit cette caractéristique comme *équilibre ponctué* : des longues périodes de stabilité interrompues par de courts et intermittents « éclats » d'activité. « Les systèmes avec un équilibre ponctué combinent les caractéristiques des systèmes ordonnés et fixes (frozen) avec celles des systèmes chaotiques. Ces systèmes peuvent se souvenir du passé grâce aux longues périodes de stabilité [...] et ils peuvent évoluer grâce aux éclats intermittents d'activité » (p. 143).

Pour être plus précis, la plupart des systèmes complexes se situent *sur le bord du chaos*, où l'on retrouve les conditions d'une plus grande complexité et donc adaptativité (par conséquent : de résistance à l'entropie). « Les systèmes complexes évoluent naturellement vers une phase de transition qui les amène sur le bord du chaos » (Gribbin 2004, p. 184).

Bak (1996) appelle ce phénomène *criticalité auto-organisée (self-organized criticality, SOC),* c'est-à-dire la tendance des systèmes auto-organisés à se situer près d'un seuil critique (*seuil critique comme attracteur*), ce qui les pousse à avoir de fréquentes périodes de stabilité interrompues par des courtes transitions chaotiques.

Selon Buchanan : « Les réseaux de choses de tout type – atomes, molécules, espèces vivantes, personnes et même idées – ont la tendance marquée à s'organiser eux-mêmes le long de lignes similaires. » Notamment, l'*état critique* : « L'état critique semble effectivement être omniprésent dans notre monde » (2002, p. 21).

Nombreuses recherches ont montré comment, dans la nature, les systèmes complexes se situent sur le bord du chaos, avec donc des dynamiques de criticalité auto-organisée : les bassins fluviaux et les paysages (Rinaldo *et al.* 1996) ; les tremblements de terre (Ito et Matsuzaki 1990) ; les *pulsars* (étoiles tournantes) et leurs tremblements (*star quakes*, correspondant à un tremblement de terre pour une étoile ; Garcia-Pelayo et Morley 1993) ; les trous noirs (Mineshige, Takeuchi et Nishimori 1994) ; les incendies dans les forêts (Malamud, Morein et Turcotte 1998).

Gould (1989) considère que *l'évolution même* est un processus qui se déroule selon une dynamique d'*équilibre ponctué.* Contrairement à ce qui avait été imaginé par Darwin, l'évolution n'est pas un processus lent et graduel (Bak 1996). Au contraire, des études sur les fossiles (Raup 1991) ont montré que : « De longues périodes avec peu ou pas de changements évolutifs [...] sont ponctuées par de courts intervalles de changements dramatiques dans lesquels certaines espèces disparaissent et d'autres évoluent vers d'autres formes » (Gribbin 2004, p.189).

En effet, la théorie de l'évolution de Darwin est considérée par les biologistes évolutifs comme incomplète (Eldredge et Tattersall 1982), vu qu'elle n'explique pas les extinctions de masse (changements de type 2). L'évolution est donc caractérisée par de longues périodes d'ajustements et de courts (et peu fréquents) « éclats » d'activité.

Ceci est confirmé par la distribution des rares extinctions de masse (cinq jusqu'ici, la sixième étant en cours « grâce » à l'homme moderne et au capitalisme) qui interrompent des longs intervalles où la sélection naturelle est moins intense. Les extinctions suivent donc une distribution selon une *loi de puissance*, une relation mathématique entre *taille* et *fréquence* d'un événement.

Faisons un pas en arrière pour expliquer l'importance et l'omniprésence dans la nature des distributions selon une loi de puissance (*power law*). En effet, souvent « les scientifiques pensaient que la plupart des phénomènes naturels sont distribués selon la courbe en cloche ou distribution normale » (Mitchell 2011, p. 269). Selon cette distribution, les événements de valeur moyenne sont les plus fréquents, et ceux de valeur extrêmement faible ou puissante les plus rares.

Or, en réalité, d'innombrables phénomènes ne suivent pas du tout cette distribution (qui décrit une esthétique de la stabilité, dans laquelle la normalité est la moyenne), mais plutôt un équilibre ponctué décrit par une loi de puissance (où de très fréquents ajustements minimes sont parsemés par de rares changements extrêmes).

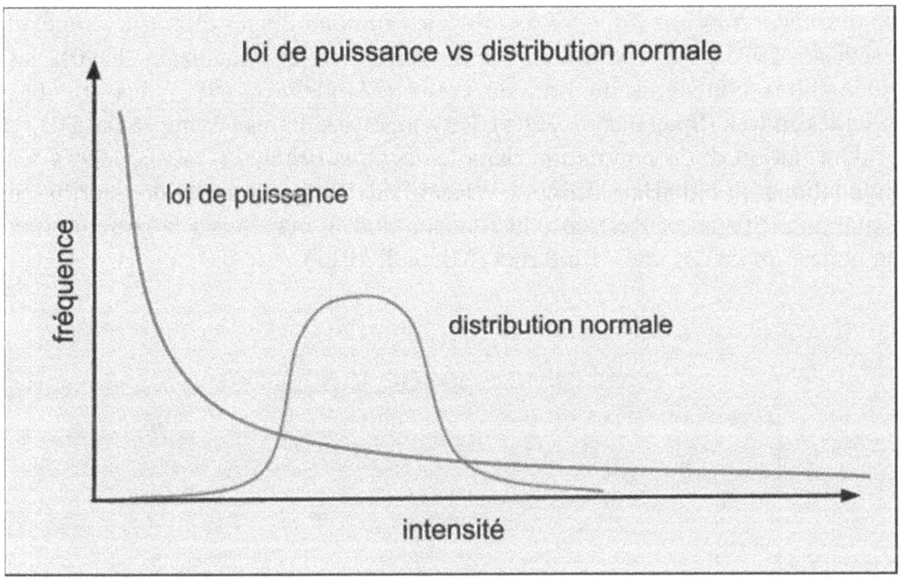

La science classique, qui pensait le changement comme un processus graduel, a considéré les crises et les catastrophes comme des *exceptions* qui, à chaque fois, étaient expliquées par des narrations *ad hoc*. Selon Bak (1996), en revanche, l'occurrence régulière (mais pas périodique, donc imprévisible)[16] des crises ne peut pas être réduite à chaque fois à « une erreur », mais fait partie du fonctionnement de base des systèmes complexes : « Des narrations spécifiques peuvent expliquer chaque vaste catastrophe, mais leur régularité – à ne pas confondre avec la périodicité – suggère que le même mécanisme fonctionne sur toutes les échelles » (p. 18).

[16] Miller (2015) dit à ce propos : « Le comportement émergent est facile à anticiper et difficile à prédire. » (p. xviii)

Les systèmes complexes, par leur capacité à s'auto-organiser, évoluent vers le bord du chaos, dans un fonctionnement qui alterne longues périodes de petits ajustements et rares, mais intenses crises, qui ne sont donc pas une irrégularité, mais plutôt un aspect propre de ce fonctionnement évolutif.

La théorie des criticalités auto-organisées a offert un cadre pour illustrer les mécanismes à la base des grandes crises (voir le modèle mathématique de Bak 1996), et expliqué ce déroulement à intermittence qui est propre aux systèmes dotés de complexité et adaptabilité.

En se situant *sur le bord du chaos*, les systèmes complexes maintiennent donc un ordre fait de nombreuses petites modifications et de quelques sporadiques « promenades dans le chaos ». Cette esthétique du changement, c'est-à-dire la forme d'évolution des systèmes complexes par équilibre ponctué, est omniprésente dans des phénomènes les plus disparates, qui du coup *suivent tous une loi de puissance :* les embouteillages du trafic (Nagel et Paczuski 1995), les tremblements de terre (Ito et Matsuzaki 1990), les fluctuations boursières du prix du coton (Mandelbrot 1982), les attentats suicides en Irak (Spagat *et al.* 2005), les tempêtes solaires (Wang et Dai 2013), la distribution de la population dans les centres urbains (Gabaix 1999), les inondations du Nil (Bak, Tang et Wiesenfeld 1987), les actes de guérilla en Colombie (Spagat et Restrepo, in Johnson 2007), mais aussi la structuration en nodes (*hubs*) des sites d'internet (Mitchell 2011).

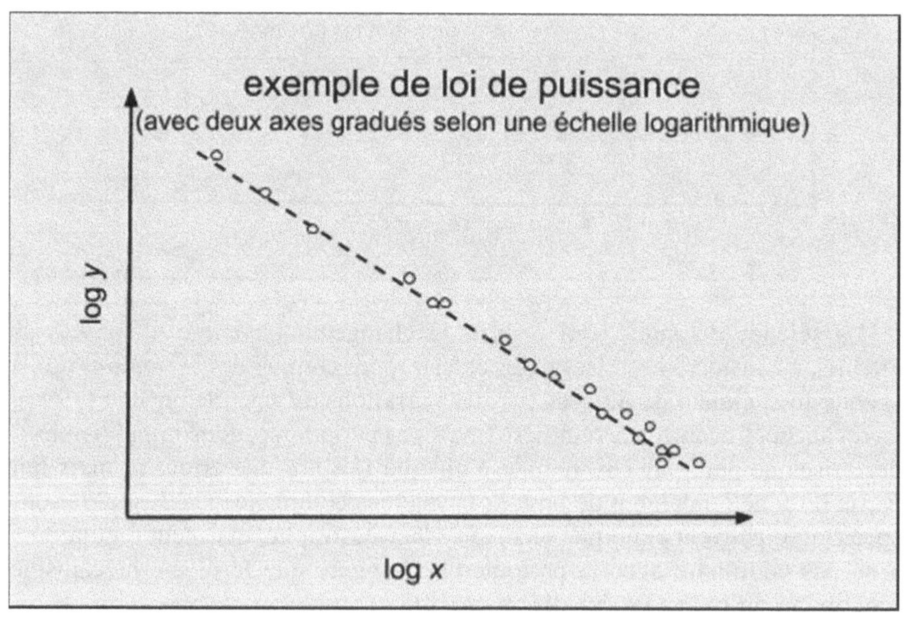

Les lois de puissance qui décrivent toutes ces distributions, si elles sont représentées par un graphique où les deux axes sont gradués selon une échelle logarithmique, s'expriment selon une ligne droite[17].

Tous ces phénomènes complexes si différents partagent la même façon d'entrer en crise, le même rapport entre intensité et fréquence du changement.

« Des *patterns* omniprésents de changement et d'organisation traversent notre monde à tous les niveaux » (Buchanan 2002, p. 62). Selon Miller (2015), « Là où la complexité abonde, les lois de puissance[18] prévalent », lois dont l'existence même est « suggestive d'une unification à un niveau plus profond entre les différents systèmes » (p. 236).

En tant que systèmes humains complexes, donc, nous serons dans notre vie probablement confrontés à de fréquentes périodes de stabilité (dynamique) et à de rares, mais intenses crises (qu'elle soient accompagnées d'un symptôme ou non) : celles-ci ne sont pas des accidents de parcours, mais une partie de notre fonctionnement.

Ce rythme à intermittence des systèmes complexes, dont il est quelque part une « signature », est aussi évidemment un marqueur d'entropie négative. Le bruit *1/f* (ou *pink noise*) est un signal qui possède un spectre de fréquence tel que la densité (puissance par intervalle de fréquence) est inversement proportionnelle à la fréquence du signal (pour rendre les choses plus simples : il s'agit d'un signal qui est décrit par une loi de puissance). Ces « bruits », qui sont appelés *pink noises* afin de les différencier des *white noises* (complètement aléatoires) sont quelque part le « son » des systèmes complexes. Ils contiennent de l'information (néguentropie), et sont omniprésents en biologie. Il s'agit des signaux qui « intéressent » l'oreille humaine : « Le son de la musique a une structure 1/f, tout comme le son des mots (en incluant les murmures des gens qui parlent à une fête). Autrement dit, le bruit 1/f contient de l'information. » Et encore : « Les sons produits par les êtres vivants contiennent de l'information (entropie négative), et ils sont caractérisés par le 1/f noise » (Gribbin 2004, p. 145 et p. 202).

Cette danse faite de longues périodes de stabilité (soutenue par des ajustements continus), et de quelques phases intenses de transition chaotique est présente de façon transversale dans tous les phénomènes complexes, des systèmes physiques aux systèmes biologiques en passant par les systèmes humains (la distribution selon une loi de puissance en étant la signature). « L'omniprésence de l'état critique pourrait bien être considérée comme la première véritable et solide découverte de la théorie de la complexité » (Buchanan 2002, p. 22).

[17] L'inclinaison (*slope*) peut varier d'un phénomène à l'autre.

[18] Miller appelle les lois de puissance *scaling laws*, c'est-à-dire « lois d'échelle », pour souligner leur invariance d'échelle : les tremblements de terre, par exemple, ont la même distribution (même loi de puissance) s'ils sont considérés globalement (dans le monde entier) ou à une échelle plus réduite (dans le seul État de la Californie).

Le mérite principal de la théorie des systèmes complexes est donc justement celui d'ouvrir les frontières entre disciplines scientifiques différentes et d'offrir une grille de lecture de la complexité de la réalité, qui ne peut pas être saisie par le réductionnisme de la science classique.

J'ai décrit le rapport entre chaos et ordre et présenté les caractéristiques des systèmes chaotiques, des systèmes périodiques, ainsi que les propriétés homéostatiques des systèmes complexes[19] (qui se situent entre les deux).

Je souhaite maintenant faire la proposition d'un modèle – d'une grille de lecture et en même temps d'une carte d'intervention clinique – afin de situer les addictions selon la manière dont les caractéristiques du système (système dépendant + système de soins) se situent le long d'un *continuum* entre fonctionnement chaotique, fonctionnement homéostatique et fonctionnement périodique.

[19] Pour une description plus approfondie des systèmes complexes et de leurs propriétés (auto-organisation, propriétés émergentes, contrôle distribué, robustesse, non-linéarité, fermeture organisationnelle, rupture de symétrie, stigmergie, *etc.*) je conseille la lecture de Heylighen (2001), Miller (2015) et Bak (1996).

CHAPITRE 7

Une classification des addictions sur l'échelle chaos vs périodicité : le système de type A, ou *l'hésitation sur le bord du chaos*

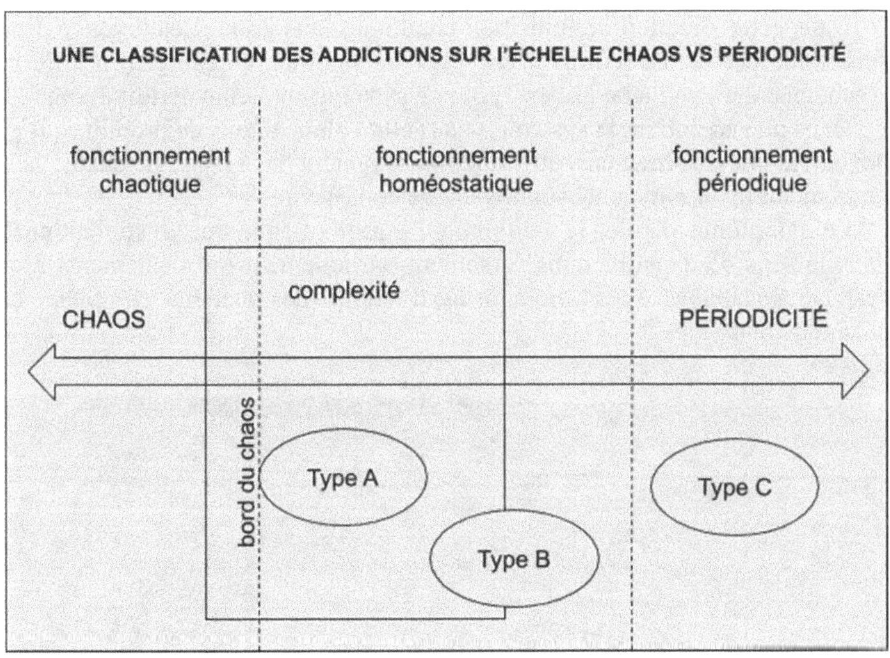

Nous avons vu que certains changements traversés par un système, par événements singuliers ou par simple évolution à travers les différentes étapes du cycle de vie, peuvent demander des transformations profondes, de véritables petites révolutions de son équilibre de fonctionnement.

Toutefois, il peut arriver que le système, face à des modifications internes ou externes, ne parvienne pas à opérer un changement de type 2. Autrement dit, qu'il ne réussisse pas à traverser complètement une phase chaotique, à s'auto-organiser à un niveau de complexité supérieur, et à retrouver un nouvel équilibre autour d'un nouvel attracteur.

Confronté à un changement auquel il ne parvient pas à faire face, égaré ou bloqué dans une transition chaotique, le système se retrouve dans un état de perte de repères, de manque de stabilité (et de rituels, pour les systèmes humains). Par conséquent, il réagira subitement et de façon non-linéaire même face à des petites variations internes ou externes, de la même façon que les systèmes aux propriétés chaotiques sont sensibles aux conditions initiales.

En ce sens, durant cette phase, les frontières du système resteront ouvertes, dans un processus d'adaptation permanent à l'environnement et de recherche continue d'auto-organisation (et pas avec des petits mouvements de tassement comme dans les changements de type 1 des systèmes en phase homéostatique).

Pour un système humain, cette phase d'instabilité et de sensibilité aux conditions initiales peut être difficile à vivre et alimenter de l'anxiété, des angoisses, des sensations de perte de sens et de vide, ou encore des vécus de discontinuité dans le sentiment d'existence.

Dans cette situation de transition chaotique sans issue, l'émergence d'un symptôme permet de retrouver une certaine stabilité, en exerçant le rôle de « échafaudage », ou « béquille », pour ce système en pleine perturbation.

Dans une addiction, le système se structure alors autour du produit (qui en devient le nouvel attracteur) et sort temporairement de la phase de chaos, sans pour autant avoir augmenté son niveau de complexité.

Le symptôme permet le retour d'un équilibre (quoique dysfonctionnel, dans le sens d'adaptatif, mais seulement partiellement ou localement) à ce système incapable à ce moment-là d'opérer de manière complète un changement de type 2.

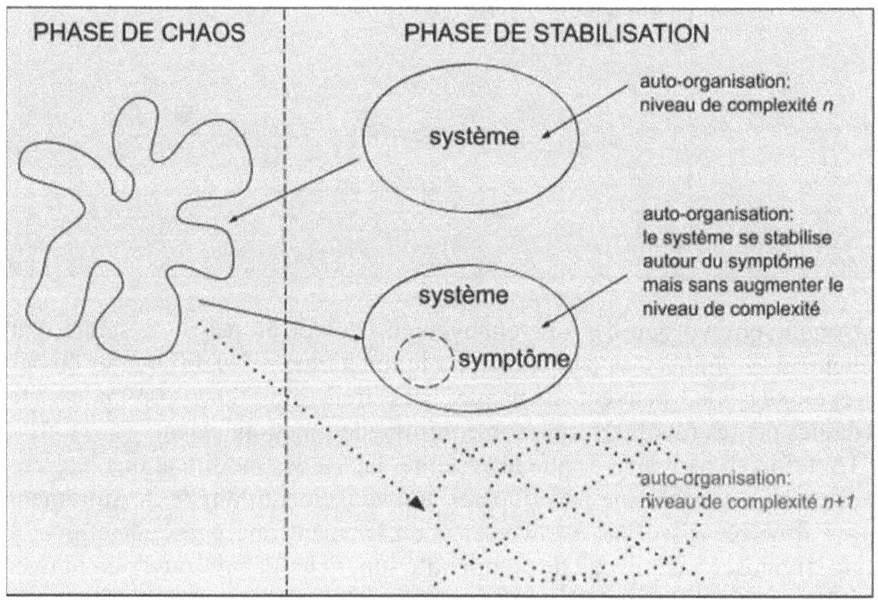

L'objet de l'addiction, que ce soit l'alcool, la drogue, le jeu, *etc.* devient le centre de gravité du système, son principe organisateur.

Chez la personne dépendante, le temps est structuré en fonction du produit : se le procurer, le consommer et souvent le cacher. De façon spéculaire (*interactions de co-dépendance*), chez les proches aussi la gestion du temps est organisée afin d'arrêter ou d'atténuer la consommation, ou encore d'en compenser les conséquences négatives.

La répétition de ces *patterns* et des rétroactions qui en dérivent donnent lieu, assez rapidement, à des schémas relationnels redondants, à des situations qui se répètent, à de véritables rituels centrés sur le symptôme. Par propagation, une nouvelle forme d'ordre émerge (*auto-organisation*), dont la substance est l'attracteur.

Le système, de ce fait, se stabilise à nouveau, et sort de la phase chaotique.

Ces dynamiques prennent le dessus sur ce qui reste des dynamiques de fonctionnement précédentes : en effet, l'équilibre qui se crée autour du symptôme est vécu comme un véritable état d'urgence et de nécessité, qui prime sur les autres aspects de la vie quotidienne. La bagarre avec l'alcool, le jeu ou la cocaïne détourne l'attention des autres problématiques, des autres conflits et des autres impasses qui, du coup, passent au second plan.

On peut affirmer que l'addiction ne se limite pas à détourner ou éloigner – même temporairement – le système de cette phase de changement qu'il ne parvient pas à traverser : elle la masque et en devient l'« écran ».

Un exemple de ce type d'addiction, c'est-à-dire des systèmes qui utilisent un symptôme pour sortir d'une transition chaotique qu'ils ne parviennent pas à traverser autrement, sont à mon avis les cas d'alcoolismes décrits par Anastassiou (1996 ; 2004 ; 2008). Selon Anastassiou, l'alcoolisme est une réaction face à un changement perçu comme une menace de désagrégation et de rupture. Autrement dit, certains événements tels un licenciement, une séparation, ou encore un deuil peuvent être vécus par le système et ses membres non comme un changement de la *forme actuelle* du système (dans l'attente de pouvoir s'auto-organiser selon une autre configuration), mais plutôt comme *la fin même* du système.

Si, pour Bateson (1972 et 1979), la pathologie naît d'une confusion entre niveaux logiques, ici le système confond « changement de forme » avec « cessation de l'existence du système même ».

Ces événements ne sont pas nécessairement négatifs ou « extrêmes », comme par exemple dans le cas d'un couple fusionnel où l'un des deux partenaires commence à s'individuer et à passer plus de temps avec d'autres personnes : au lieu d'être vécu comme une phase de transition de la relation (de fusionnelle à plus différenciée), ce mouvement vers l'extérieur peut être perçu par l'autre partenaire comme un abandon ou une menace pour la continuité du couple.

Face à ces événements, selon Anastassiou, le système se « contracte » (tel un muscle face à la douleur, ou à la peur) et assume ainsi la forme de l'addiction.

Il ne faut pas oublier (chapitre 1) qu'initialement le symptôme parvient réellement à stabiliser le système et que, durant cette phase, il est difficile qu'une demande de changement émerge : en quelque sorte l'addiction « fonctionne » et permet surtout d'éviter un changement vécu comme dangereux ou impossible à affronter.

Assez rapidement, néanmoins, les effets négatifs (sur la santé, mais également aux niveaux relationnel, social, économique, *etc.*) s'accumulent et finissent par perturber l'homéostasie du système autour du produit.

Dans cette phase intermédiaire, un *événement critique*[20] met souvent en crise la pseudo-stabilité du système et le raccompagne à nouveau sur le bord d'une phase chaotique. Cet événement peut par exemple être une menace de licenciement, une crise avec le partenaire, ou encore un accident de la route à cause de la consommation.

L'*événement critique* ou de *rupture* n'est pas la cause de l'entrée en crise de l'équilibre centré sur le symptôme : il s'agit seulement de la goutte qui fait déborder le vase ; il en est l'épiphénomène.

En réalité, l'auto-organisation autour de la substance entre en crise, car elle n'était qu'une solution partielle (adaptative localement ou pendant un court laps de temps – en cybernétique on l'appellerait *low-lying local optimum in the fitness landscape*, optimum local et peu élevé dans le paysage de l'adaptation, Miller 2015). Elle ne permet pas véritablement d'éviter la phase de changement de type 2 que le système n'était pas parvenu à affronter dans un premier temps. Sans une augmentation de la complexité, c'est-à-dire sans l'émergence d'un ordre plus adaptatif, le produit est un médicament à court terme qui se transforme en poison.

Le système addict de type A est donc un système qui, face à la difficulté à traverser la transition chaotique accompagnant tout changement de type 2, recherche une stabilité temporaire en s'auto-organisant autour du produit (qui devient l'attracteur). Progressivement, toutefois, ce nouvel équilibre – qui n'est que partiellement adaptatif – commence à s'effriter et à entrer en crise.

Le système se retrouve de ce fait à nouveau sur le bord du chaos, face à cette phase de changement qu'il ne sait comment traverser et qu'il considère comme une menace. En même temps, l'alternative à cette transition chaotique (lire : le symptôme) ne fonctionne désormais que partiellement. Ou, en tout cas, à un prix toujours plus grand, qui peut atteindre celui de la survie même du système.

---

[20] L'événement n'est pas *en soi* critique, mais il fait *dépasser un seuil critique* (self-organized criticality). Le même événement, à un autre moment, n'aurait provoqué qu'une rétroaction de type 1.

À la suite d'un *événement de rupture* – manifestation la plus visible de la crise de l'auto-organisation autour du produit – le système oscille, voire *hésite*, entre changement (au prix d'une nouvelle déstabilisation au sein d'une transition chaotique) et la stabilité dysfonctionnelle de l'addiction (et de tous les aspects négatifs qu'elle comporte).

Cette oscillation se reflète dans une demande plutôt ambivalente de la part du patient, entre désir de sortir d'une situation d'impasse et crainte de faire face au changement (ou parfois de seulement le concevoir).

Le sens commun a l'approximation de considérer le changement et la stabilité comme une antinomie. Toutefois, nous avons vu précédemment que, selon la théorie du chaos et de la complexité, il s'agit plutôt de deux dimensions complémentaires d'un seul processus : *c'est le changement, et pas la staticité, qui permet la stabilité.*

La principale ligne de conduite pour un parcours thérapeutique avec un système dépendant de type A est justement de *fournir un cadre de stabilité suffisant pour traverser les perturbations nécessaires à l'émergence d'un changement de type 2.*

Le système a besoin de pouvoir traverser à nouveau une phase de chaos et de s'auto-organiser à un niveau de complexité supérieur (n+1) sans (plus) passer par le symptôme.

Regardons plus en détails comment travailler sur les deux éléments simultanément, le *cadre de stabilité* et *les perturbations nécessaires* pour un changement de type 2.

D'abord, il faut considérer le *timing*. Lorsque l'équilibre créé autour du symptôme commence à s'effriter suite à l'accumulation des conséquences négatives de l'addiction, le système entre en crise : et, comme toute crise, il s'agit d'une *opportunité de changement*, d'une *fenêtre temporelle* où le système, en perte de repères, s'ouvre à la transformation.

Ce moment peut être bref : c'est une occasion thérapeutique à saisir. Souvent une personne dépendante exprime une demande uniquement dans la période suivant un événement de rupture (un accident par exemple), ou suite à l'accumulation des conséquences négatives de la consommation (une relation de couple ou de travail qui se dégrade...) : une fois passée cette fenêtre de crise, la demande disparaît.

Durant cette parenthèse où le système dépendant s'éloigne (ou hésite sur la manière de s'éloigner) de l'attracteur-substance, un sentiment d'instabilité émerge. Arrêter le jeu, la cocaïne, l'alcool pour une personne addicte signifie sortir d'un schéma qui a ordonné (même si c'est au prix de beaucoup de souffrance) sa vie jusqu'à ce moment.

L'abstinence, dans ses prémisses, est un terrain inexploré, sans points de repère et ni structure : elle s'accompagne souvent d'un vécu d'insécurité et de vertige.

N'oublions pas que, dans une addiction, les temps et les activités s'organisent autour du produit : arrêter de consommer n'implique pas seulement perdre les effets sur le corps et l'esprit, mais aussi renoncer à toutes les habitudes, les rituels, les dynamiques relationnelles qui y sont liés.

Prenons l'exemple d'une personne qui est passionnée par – et non addicte à – la course à pied. Si, pour une raison particulière, elle était amenée à suspendre sa pratique (par exemple suite à une blessure), elle ne devrait pas seulement renoncer à l'activité physique en soi et aux sensations qui en découlent, mais perdrait également l'habitude et la raison de se lever tôt le matin pour s'entraîner, les petits gestes de préparation (rituels) et le sens d'ordre que cela procure à l'expérience, l'anticipation et la capacité de se projeter dans le futur (la planification des entraînements et des compétitions), le fait d'en parler et de partager sa passion avec d'autres personnes (parfois, une véritable communauté avec ses codes) et l'identification qui s'ensuit, la satisfaction et la reconnaissance d'avoir obtenu un bon temps, *etc.*

Si ceci est valable pour une passion, ce l'est d'autant plus pour une addiction, vu les dynamiques bien plus totalisantes et « à tout prix »[21] qui la caractérisent.

Un patient qui arrête de consommer se retrouve comme face à une feuille blanche : sans produit, qu'est-ce qui est prioritaire ? Comment structurer le temps, qui n'est pas vécu comme « libre », mais plutôt comme « vide » ? Un temps qui, du coup, n'est plus annulé par l'immédiateté d'une substance agissant en quelques instants – et toujours avec le même effet –, mais correspondant plutôt à une temporalité souvent allongée par l'attente, parfois par la frustration, toujours par l'altérité du rapport à l'autre.

Devant ce sentiment de vide et de perte de repères qui outrepasse le manque du produit, le patient est à la recherche d'un nouveau point d'ancrage.

Prenons l'exemple du dispositif thérapeutique de l'Unité 1 de la Clinique La Ramée à Bruxelles. Les patients y sont hospitalisés sur base volontaire, pour une période d'environ trois semaines – un temps relativement court afin de les maintenir insérés socialement, et pour saisir l'opportunité de la fenêtre de crise. Les trois semaines sont très structurées, pour fournir au patient cette stabilité (semblable à un échafaudage externe) qui vient à manquer en même temps que le produit et ses rituels. Par exemple tous les matins, à la même heure, les patients participent à des groupes de parole différents et ont ensuite

[21]La différence entre une passion et une addiction est probablement une ligne grise, riche en nuances. Fondamentalement, elle réside dans la prégnance des autres aspects de la vie, dans la rigidité de sa fonction et surtout dans la *liberté dans la relation au « produit »* : une personne passionnée par la course à pied, en effet, est censée pouvoir s'arrêter, pour des bonnes raisons. Si, par contre, en reprenant notre exemple, elle continuait à courir même en étant grièvement blessée, il serait plus correct dans son cas de parler d'addiction à la course à pied.

la possibilité de pratiquer des activités physiques ou d'expression artistique (théâtre, écriture, gravure, *etc.*). Par ailleurs, le temps est cadencé par les séances avec les thérapeutes individuels et familiaux, le psychiatre, l'infirmière de référence, l'assistante sociale, la kiné, *etc.*

Le vide laissé par le produit et ses ramifications est – *initialement et uniquement initialement* – compensé par une prise en charge multidisciplinaire, ainsi que par un cadre souvent vécu comme un contenant offrant une certaine stabilité. Si la première semaine se vit sans contact avec l'extérieur, la deuxième et surtout la troisième se donnent pour objectif de penser et construire des points de repères hors de l'hôpital, qui permettent au patient, une fois sorti, de ne plus vivre le temps et l'absence du produit comme un gouffre.

Certes, une hospitalisation n'est absolument pas le seul outil thérapeutique possible et n'est pas toujours nécessaire. Un travail de consolidation peut également être fait avec une prise en charge ambulatoire : le setting, la cadence des séances – et de la vie entre une séance et l'autre – sont des éléments qui créent un *cadre de stabilité pour pouvoir penser le changement.*

Et davantage que cela : l'idée est de renforcer les ressources existantes, le sentiment d'appartenance, les angles de résilience et d'autonomie, la capacité à investir le temps et à le structurer.

Si l'abstinence est une feuille blanche, plusieurs choses peuvent contribuer à esquisser une nouvelle trajectoire : arrêter la consommation d'un produit peut être l'occasion de découvrir ou redécouvrir une passion. D'ailleurs, les mécanismes de base entre passion et addiction sont similaires (une activité qui centralise l'expérience) ; de ce fait les personnes addictes peuvent investir massivement des activités plus constructives que la consommation d'une substance. Le début d'une abstinence peut être – dans un moment de transition – une phase de découverte et d'exploration, durant laquelle le patient, en se confrontant à de nouvelles expériences, (re) découvre ses propres ressources.

Naturellement, apprendre à donner à nouveau une forme au temps ne veut pas absolument dire le « remplir » à tout prix : je renvoie à l'importance du vide et des interstices évoqués dans le chapitre 3 consacré à la colline temporelle.

Fournir un cadre de stabilité est certes un premier pas, mais ce n'est jamais suffisant : il ne s'agit que d'une condition propédeutique pour aborder la partie fondamentale de la problématique, c'est-à-dire aider le système à traverser à nouveau une transition chaotique, afin cette fois-ci *d'opérer un changement plus profond et de faire émerger une nouvelle auto-organisation.*

Comment comprendre quel type de changement le système n'a pas pu affronter auparavant ? La clé est de *traduire le symptôme*, d'arriver à formuler des hypothèses sur les différentes fonctions du produit. Comme nous l'avons observé au fil du chapitre 1, le produit dans une addiction est un *pharmakon* (Derrida 1972), dans l'acception originaire du terme : à la fois médicament et poison. La substance est une tentative de solution, quoique dysfonctionnelle, à un changement que le patient ne parvient pas à traverser autrement.

Imaginons un patient, Michel, qui rencontre des difficultés à « dire non », c'est-à-dire à mettre des limites à la demande de l'autre, spécialement dans notre exemple aux attentes de ses parents, et que ceci arrive dans une période où il a évoqué le désir de quitter la maison pour entamer une vie autonome. Accepter à contrecœur, et de ce fait s'oublier, comporte une sensation de mal-être que Michel « soigne » en fumant de la cocaïne (fonction individuelle du symptôme : auto-traitement d'une émotion négative).

Avec le temps, en augmentant la fréquence et les doses jusqu'à perdre la capacité à se mettre des limites (début de l'addiction), Michel se retrouve dans des situations où, à cause de la consommation, il n'est plus en état de répondre à la demande de ses parents, et ceci malgré ses engagements verbaux. Quelque part, c'est la cocaïne qui « dit non » à sa place (fonction relationnelle du symptôme). Et, d'un point de vue plus ample, c'est toujours le produit qui gère la différenciation entre Michel et ses parents (fonction systémique du symptôme).

Si nous devions essayer de « traduire le symptôme », nous dirions que, pour Michel, la cocaïne est une tentative de réponse à ces questions : comment se différencier par rapport aux attentes de ses parents ? Ou, si chaque symptôme est aussi l'expression d'un dilemme relationnel : comment être soi tout en continuant à appartenir ? Comment s'individuer sans « trahir » ?

Naturellement, ces questions ne sont qu'un des deux côtés de la médaille ; parallèlement, pour le reste du système (les parents de Michel par exemple) la question serait : comment permettre l'autonomie et l'individuation à son enfant sans sentir une menace pour le lien ? Comment accepter l'écart inévitable entre l'enfant tel qu'il existe dans les attentes de tout parent, et l'enfant tel qu'il sera dessiné par sa trajectoire singulière de vie ? Comment se réorganiser dans l'éventuelle distance qui vient à se créer, à la suite d'une prise d'autonomie ?

En réintroduisant le langage à la place de l'acte, l'altérité au lieu de la périodicité identique du produit, il est possible d'accompagner Michel et son système d'appartenance vers une phase de changement qui, bien sûr, demandera d'abord une perte d'équilibre (promenade dans le chaos), mais qui, par la suite, permettra aussi au système de trouver une nouvelle articulation qui fasse l'économie du symptôme.

Les systèmes dépendants de type A sont des systèmes en crise (également dans le sens positif du terme), c'est-à-dire sur le point d'évoluer, mais bloqués – *hésitants* – sur le bord de cette transformation.

Ce sont des systèmes encore mobiles, où l'addiction a d'ores et déjà commencé à s'installer, mais depuis quelque temps seulement (habituellement moins de 1-2 ans).

Ses effets négatifs sont déjà présents, mais le produit n'a pas encore envahi et endommagé tous les domaines d'appartenance de la personne.

De façon générale, les systèmes dépendants de type A sont à leur première ou deuxième demande de soin, et n'ont pas forcément un long parcours thérapeutique derrière eux – pas pour addiction en tout cas.

La capacité à s'auto-organiser et à utiliser les ressources internes et externes est encore présente, quoique perturbée par la perte de repères et par la phase de « contraction » autour du symptôme.

Il s'agit de patients encore insérés socialement (en termes d'occupation professionnelle, de liens, de temps et d'espace d'autonomie) : les frontières du « système des ressources » sont encore plus vastes que celles du « système dessiné par le symptôme ».

Les niveaux de fonction du symptôme sont encore bien visibles, dans le sens où seules certaines relations et certains contextes rétroagissent et se modifient en réaction à la consommation du produit. Seules certaines parties du système se « contractent » et sont bloquées : il s'agit probablement des parties qui ne parviennent pas à changer sans passer par le symptôme.

Au niveau de la dimension narrative (chapitre 2), le produit commence à devenir un personnage central dans le discours du patient, mais pas dans tous les domaines – seulement dans certains contextes relationnels. Le patient conserve des parties de sa narration dans lesquelles il reste l'auteur principal de son histoire, le sujet des expériences qu'il vit. Les métaphores et les histoires conservent des marges de choix et de liberté de positionnement sur l'échiquier relationnel.

Toutes ces « îles de différence » sont le principal levier thérapeutique pour opérer les perturbations nécessaires à l'émergence d'un nouvel équilibre.

Comme dans chaque crise, le temps est un facteur incontournable : la crise est un *slot*, une *fenêtre de changement possible*. Tout est encore fluide : la situation du patient peut décliner vertigineusement, mais aussi s'améliorer spectaculairement dans l'intervalle de quelques séances.

Une fois passée cette phase de fluidité, l'addiction commence à changer de forme (voir par la suite les addictions de type B), et le symptôme passe de « béquille » ou « échafaudage externe » à part essentielle de l'homéostasie du système.

Il est donc important d'accompagner le changement avant que le temps d'ouverture offert par la crise ne se referme. Penchons-nous maintenant sur un cas clinique qui permette d'illustrer l'addiction de type A et de montrer l'application de certains points d'intervention possibles.

7.3 Le type A : un cas clinique

Pierre

Pierre a 36 ans. Il prend rendez-vous par téléphone, et il s'empresse de préciser : « J'ai trouvé votre nom sur internet. C'est ma première séance avec un thérapeute, je ne sais pas très bien comment cela marche. »

Lors de la première rencontre, Pierre regarde toujours autour de lui avant de me parler. Ses yeux hésitent sur différents coins de la pièce, avant de croiser les miens. Il parle rapidement, mais par intermittences. Il attend toujours une dizaine de secondes avant de répondre à une question, comme s'il la laissait décanter et prendre du sens.

Pierre me parle de sa relation à la cocaïne. Pendant des années, une consommation occasionnelle : une fois tous les 3-4 mois, lors d'une fête ou d'une sortie en boîte. Et pourtant, depuis 6 mois, progressivement, la cocaïne a changé de place dans sa vie.

D'abord, il a augmenté sa fréquence de consommation : une-deux fois par semaine puis, dernièrement, tous les jours. Il ne s'était pas vraiment aperçu de la manière dont la cocaïne, silencieusement, était devenue le liant de chaque moment de sa journée. Jusqu'à devenir un réflexe presque automatique, un non-choix, une capitulation face à toute velléité de contrôle.

Je cherche avec Pierre à comprendre le sens qu'il arrive à donner à son rapport au produit. Si, au début, il voyait la cocaïne comme une façon de « pimenter la soirée », elle était peu à peu devenue « l'outil nécessaire pour traverser la grisaille étouffante qui enveloppe mes journées ».

J'explore avec Pierre la métaphore de la « grisaille étouffante », et je cherche à comprendre quelles parties de son temps ont commencé à perdre de la couleur, avant que la grisaille ne devienne généralisée et étouffante.

Pierre laisse courir son regard et ses souvenirs loin, par-delà la fenêtre. Puis il commence à me parler de deux situations en particulier, dans lesquelles il sentait que la vie se décolorait de sens.

La première est le matin, lorsqu'il se rend au travail. Pierre est architecte dans un bureau qui s'occupe d'urbanisme, et notamment de la requalification des quartiers populaires. Il y travaille depuis 12 ans, c'est-à-dire depuis sa sortie de l'université. Son premier travail, et pendant des années, sa seule passion. Puis, il y a quelques mois, le bureau d'architecture a été racheté et intégré dans une structure bien plus vaste. Pierre a connu un nouveau chef et sa vision du management tellement « exigeante et glaciale », pour reprendre ses mots. Peu à peu, Pierre a senti que les objectifs qui lui étaient fixés glissaient juste au-delà de la limite de l'inatteignable.

Je ne peux que remarquer la spécularité entre le sentiment de perte de contrôle sur la cocaïne, et celui relatif aux tâches qui lui incombent.

Pierre a commencé à accumuler la fatigue et le stress, toutefois il tient à me répéter que : « Je suis un combattant, et je continue à avancer, toujours », et je ne sais pas s'il voulait me convaincre moi ou se convaincre lui-même.

Le travail, dans ses métaphores, est passé de passion à véritable « bataille quotidienne ». En effet, au-delà de la cadence de plus en plus soutenue, les projets mêmes dont il devait s'occuper perdaient du sens (la « couleur » dont il me parlait) à ses yeux. Ils ne concernaient plus la requalification du tissu urbain, mais des activités commerciales à large échelle (des « non-lieux » me dira-t-il, en citant Augé 1992).

Et, pour le soldat Pierre, « avancer quoi qu'il arrive » dans une bataille qui n'avait plus de sens était bien plus ardu. Dans ce contexte, la cocaïne lui permet de tenir le rythme, et de ne pas penser (éventuelles fonctions individuelles du symptôme) à la réalité qui se vide de sens et de couleur jusqu'à devenir un champ de bataille gris.

Quelques lignes de cocaïne avant une réunion avec son chef, quelques autres le soir pour tromper la fatigue et parvenir à peaufiner les derniers détails d'un projet, et puis d'autres encore chaque matin pour vaincre l'aversion à quitter les draps et s'obliger à aller travailler.

Une fois de plus, un reflet est visible entre la perte de liberté par rapport au produit, et celle d'une vie faite de gestes d'automate, suspendue entre obligation et nécessité.

La deuxième situation dont Pierre me parle est moins définie, et il l'évoque moins volontiers. Ses phrases s'enchaînent, et des silences remplissent les longues pauses qui les séparent. La narration de Pierre se dépouille, à l'image de ce qu'il est sur le point de me raconter. Pierre me parle du sentiment de vide qui émerge lors des rares moments où il arrête de travailler. Ces interstices d'insupportable solitude ont commencé huit mois auparavant, lorsque sa compagne Louise l'a quitté pour un autre homme.

Après un silence particulièrement étiré, Pierre laisse échapper un soupir et un flux de paroles qu'il avait gardées pour lui jusqu'à ce moment-là. « J'ai beaucoup réfléchi et je crois que ce n'est pas Louise en tant que telle qui me manque. Je ne pourrais plus jamais me remettre avec elle, après ce qu'elle m'a fait. Vous savez, la personne avec qui elle m'a trompé est – plutôt, était – un ami en commun. Non, ce n'est pas l'absence de Louise qui m'étourdit. Ce qui me manque cruellement, c'est une idée. C'est la pensée que quelqu'un soit à la maison à m'attendre. La sensation le matin de pouvoir allonger la main, à moitié entre le sommeil et la veille, et de sentir la chaleur d'une présence familière. »

Un autre long silence, puis Pierre reprend : « Ou peut-être est-ce bien plus que cela. Vous savez, Louise... cela a été 7 ans de ma vie. Je pensais que nous resterions ensemble pour toujours. C'est le futur que j'imaginais avec elle, que j'ai perdu lorsqu'elle est partie. Désormais, si je regarde devant moi, l'horizon est vide. »

Le deuil de la relation, se traduit pour Pierre en une difficulté à glisser sur les arcs de circuit du temps (chapitre 3) : il ne sait plus s'imaginer un autre futur que celui qui lui a été arraché (arc temporel B), par conséquent ce vide rétroagit (arc temporel C) en dépouillant davantage ce présent « gris » et devenu « un champ de bataille ».

Il est important de souligner le renvoi entre la colline temporelle et la colline narrative. Dans la métaphore de la « bataille », la temporalité ne peut être que celle du présent immédiat : il n'y a pas de lendemain, dans un champ de bataille.

Pierre recommence à parler, et ses mots se dévoilent plus aisément, d'abord de façon presque imperceptible, puis de plus en plus distinctement. Il me décrit comment, dans ces moments où la solitude s'ouvre devant lui telle un abîme, la cocaïne l'aide à remonter. Elle lui permet de trouver le courage de sortir et de parler à d'autres femmes. Selon Pierre, la cocaïne lui donne un soutien, et lui fait surmonter l'insécurité que la trahison subie a tracée sur sa peau, comme une cicatrice invisible, mais extrêmement douloureuse.

Lorsque que Pierre fait la connaissance d'une nouvelle fille, ce ne sont que des rencontres qui durent deux ou trois semaines, qui ne dépassent pas une poignée de soirées ensemble. Les femmes qu'il croise sont fascinées par Pierre et son amour pour l'architecture, et effrayées par la cocaïne dont Pierre ne cache pas la consommation : au contraire, comme par provocation, il la laisse clairement entrevoir depuis le début. Face à leurs hésitations, Pierre se conforte dans l'intime conviction de ne pas pouvoir faire à nouveau vraiment confiance à quelqu'un.

Dans son rapport à une partenaire (hypothèse de fonction relationnelle), la cocaïne prend la place de Louise, en en atténuant le manque. En même temps, elle lui permet également de vaincre la timidité et de réussir à faire la rencontre d'autres femmes. Toutefois, le produit sabote ces mêmes rencontres : Pierre met à l'épreuve ces liens trop ouvertement, et trop tôt, pour ensuite se rassurer en observant la manière dont ils s'effritent.

Entre le désir d'aimer à nouveau et la peur (qui devient conviction) d'en être blessé, la cocaïne est le fragile lieu de rencontre, telle une corde de funambule.

Comme souvent, un patient addict est une personne relationnellement déçue : il remplace l'autre avec le produit qui – contrairement à une personne en chair et os – est toujours là, disponible, prévisible, identique à lui-même.

L'addiction poignarde, mais jamais au dos.

Pierre est dans une phase de sa vie – la première, d'ailleurs – où ses points de repère vacillent (les changements au sein du seul travail qu'il n'a jamais eu ; la fin de la longue relation avec Louise) : « J'ai toujours réussi. Je n'ai jamais raté un examen, je n'ai eu que des beaux points. J'ai toujours été apprécié sur mon lieu de travail. Les filles, c'étaient elles qui me cherchaient. Et, à la limite, moi qui partais. Personne ne m'avait quitté jusqu'ici. Tout était facile, automatique. Maintenant, j'ai l'impression de rester accroché à un rocher battu par l'océan. J'essaye de rester à flot, mais les vagues ne cessent pas de me balayer et je n'arrive pas à respirer. » La narration de Pierre, en devenant moins fuyante, reprend de la couleur, et ses métaphores s'enrichissent.

Le rocher auquel Pierre s'accroche est la cocaïne, qui lui a initialement permis de retrouver une relative stabilité, voire plutôt de rester attaché à ce qui reste de son équilibre précédent. Un simulacre, fait d'une façade d'habitudes et de gestes vidés de sens présent.

Dans le discours de Pierre, la substance l'aide à supporter le travail qui devient « gris et étouffant », et lui permet de vaincre (et en même temps, néanmoins, d'alimenter) sa méfiance à l'égard des femmes, après la trahison de Louise.

Si nous devions traduire le symptôme et ses fonctions, nous pourrions dire que la cocaïne est une façon brutale pour Pierre de se confronter à ces questions : comment retrouver des points de repères alors que le chemin qu'on avait tracé – le travail, la relation avec Louise – n'existe plus ? Et encore, comment s'exposer dans un lien lorsqu'on a été blessé, plus profondément que ce qu'on arrive à s'avouer ?

Au début, pour rester dans la métaphore de Pierre, un rocher dans la mer peut paraître comme un salut. Durant les premiers mois, la cocaïne l'aide à continuer – du moins en apparence – la même vie qu'auparavant. Elle lui restitue un semblant de stabilité, devant le basculement d'une transition chaotique. Comme si Louise n'était jamais partie, comme si le travail était resté le même que 12 ans auparavant.

Pierre traverse une tempête, mais, en restant accroché à un rocher, il peut se dire que tout reste à sa place, et que rien n'a vraiment changé.

Toutefois, dans un naufrage, un rocher n'est qu'une solution à court terme : inévitablement, les vagues et la fatigue de résister à la mer finissent par vaincre même la détermination la plus désespérée. Quelques mois, et Pierre accumule moments d'angoisse, sensations de perte et l'impression d'être écrasé par sa propre routine.

« La cocaïne est ce qui me permet de maintenir le contrôle. Le problème, c'est que je commence à le perdre sur la cocaïne même. » Remède, et poison.

Pierre cherche à diminuer la fréquence de la consommation, sans y parvenir. Il voudrait changer les choses, mais doucement. Nager, tout en restant accroché au rocher.

L'événement de rupture est arrivé quelques jours avant la première séance. Un matin, dans le parking de son travail, Pierre n'arrive pas à descendre de sa voiture. Le cœur lui explose dans la poitrine, les battements qui grondent dans les coins de sa tête sont la seule chose qu'il parvient encore à entendre. Ses respirations s'enchaînent, mais sans jamais arriver à brasser assez d'air. La vue s'embrouille, bien que Pierre cherche du regard un point d'appui.

Pierre est bloqué. Il voudrait vraiment ouvrir la porte et aller à la réunion avec son chef. Pourtant, son corps ne répond pas.

Ou plutôt, son corps lui dit de penser à s'arrêter. De s'arrêter pour penser.

Pierre décide de participer au programme de trois semaines à l'hôpital. Il hésite jusqu'à la dernière minute, une petite valise à la main, devant la porte d'entrée. Comme ce jour, dans le parking du travail.

Cette fois-ci, il trouvera la force d'entrer.

La première semaine, celle sans contact avec l'extérieur, se révèle complètement différente de ce qu'il avait imaginé : un soulagement. « Je me suis rendu compte que cela faisait des années que je n'avais pas passé un seul jour sans téléphone, sans être joignable. Sans devoir répondre aux attentes de quelqu'un. »

Pierre sort – le temps d'une poignée de jours – du rapport à la temporalité centré sur l'immédiateté. Ce présent accéléré de la cocaïne qui agit directement pour chasser, ou plutôt postposer, les sensations négatives : l'imminence des échéances de travail qui naissent dépassées avant même de lui être communiquées.

À l'hôpital, les limites imposées par les horaires, les activités de groupe, les séances et les moments vides sont initialement quelque chose d'irritant pour Pierre : il a besoin de les tester, de les remettre en question. De s'y cogner un peu, pour se rendre compte qu'elles existent. Toutefois, un jour après l'autre, il finit par s'y habituer. Voire même à les trouver confortables. Il participera à quelques activités, d'abord fugacement (« comme un touriste » me dira-t-il), pour après s'attarder sur l'atelier de théâtre et improvisation.

« Je me sens libre, à pouvoir être quelqu'un d'autre, le temps d'une heure ou deux. Un autre personnage. » Un autre personnage, peut-être une autre histoire.

Au niveau narratif, j'assiste à un progressif et pourtant irrévocable changement : avant Pierre ne parlait que de lui-même et de la cocaïne, à la limite marginalement de Louise (en l'appelant rarement par son prénom), ou de son chef. Puis, progressivement, d'autres personnages commencent à habiter sa narration. Lorsque je fais une carte de ses relations significatives et de ses contextes d'appartenance, et que je note les rétroactions à son entrée en crise, je réalise que Pierre a autour de lui des personnes et des ressources qui échappent à son premier regard.

En effet, il est le premier surpris par la visite à l'hôpital de quatre amis, en l'espace d'une seule semaine. Il ne m'en avait pratiquement jamais parlé. Il s'était éloigné d'eux après la séparation avec Louise, comme si le lien le plus important, en s'effilochant, avait fait tomber tous les autres. Comme si après une séparation, les amitiés devaient forcément choisir un camp, qui ne pouvait en tout cas pas être le sien. Et pourtant, un seul SMS de réponse de la part de Pierre à l'un d'eux : « Je suis hospitalisé, je ne peux pas venir ce weekend » avait déclenché la série de visites. Son frère aussi, qui vit à Londres et avec qui Pierre reconnaît ne pas avoir beaucoup de contacts, décide de venir à Bruxelles pour lui rendre visite.

Après la séparation avec Louise, Pierre avait ressenti une solitude « fondamentale », un sens de vide presque préalable à tous les autres aspects de l'existence. Maintenant, il commence à réaliser que, derrière le voile de la cocaïne, des liens existent avec des personnes pour qui il compte véritablement.

Durant les séances, aussi, de nouvelles connexions émergent. Pierre me raconte que « devoir avancer à tout prix » (ce qui, dans cette phase de sa vie, est au coût d'une addiction à la cocaïne) est une notion qui lui avait été transmise par son père. Un père qui mettait sans cesse en compétition Pierre et son frère : pour se sentir exister, pour être reconnu, il fallait tout réussir, sans s'arrêter devant un seul obstacle. Et, la plupart du temps, cela ne suffisait même pas.

Pierre en reparlera avec son frère lors d'une visite à l'hôpital. Il (re) découvrira une relation avec lui qui va au-delà de l'opposition alimentée par le père. Un lien, une histoire, dont Pierre et son frère peuvent désormais être les auteurs, sans qu'ils ne soient plus écrasés par un scénario déjà écrit à l'avance pour eux.

La fenêtre de crise, et les rétroactions relationnelles qu'elle a provoquées, ont permis à Pierre de sentir qu'il existe pour bien davantage de personnes – et dans bien plus de relations – que ce qu'il ne pensait. Quelques semaines après sa sortie de l'hôpital, Pierre changera de travail. Peu après avoir donné sa démission, il sera embauché par un petit bureau d'architectes de son âge, qui travaillent sur des projets liés à de nouveaux modèles d'urbanisation et de mobilité respectueuses de l'environnement, ce qui aidera Pierre à retrouver dans son activité professionnelle le sens qu'il avait perdu. La grisaille étouffante, comme la brume à l'orée d'un nouveau jour, commence à se dissiper.

Nous continuerons les séances individuelles pendant encore un an. Durant les premiers six mois, Pierre aura une forte rechute. Paradoxalement – ou plutôt pas – la cocaïne ne réapparaîtra pas dans une situation de stress ou de solitude, mais dans un moment heureux. Pierre a rencontré une fille qui est parvenue à dépasser ses barrières. Il en est amoureux. Tout simplement, ou justement pas si simplement que cela, il est heureux. Pierre me dira : « Il est extrêmement difficile d'être heureux. Non pas *arriver* à l'être : juste l'être. On est tellement vulnérables. Je me demande si cela durera, ou si ce n'est qu'une illusion de plus. Lorsque cette pensée me fait vaciller, je repense à la cocaïne. » Sa rechute, bien que courte, mit en danger ce qu'il commençait à construire. « Je me sens à une croisée de chemins. Soit je retourne à mon rocher, soit je continue à nager. » Il choisira de nager, avec cette fille.

La dernière séance, avant de quitter mon bureau, Pierre laisse errer un peu son regard. D'abord sur la chaise qu'il avait occupée toutes les deux semaines pendant plus d'un an. Puis dehors, par-delà les arbres, vers un point que je n'arrive même pas à entrevoir. Finalement, son regard croise le mien. « Peut-être que cela valait la peine. De traverser toute cette tempête. »

CHAPITRE 8

Le système de type B : *l'homéostasie aux deux visages*

Nous avons décrit la manière dont le début d'une addiction est une tentative – bien que dysfonctionnelle – de solution, afin de stabiliser le système face à un changement perçu comme une menace. Ainsi que la manière dont, sur une période moyenne, cet équilibre autour du produit parvient effectivement à éviter (ou plutôt postposer) la transition chaotique nécessaire à l'émergence d'une nouvelle forme d'auto-organisation.

Progressivement, les effets négatifs du produit s'accumulent, jusqu'à ce qu'un événement de rupture mette en évidence la partialité de la solution offerte par l'addiction, ouvrant ainsi une phase de crise et facilitant l'apparition d'une demande (quoique ambivalente).

Souvent, pourtant, la *fenêtre de crise* n'est pas suffisante pour pousser le système vers une nouvelle auto-organisation qui lui permette de s'affranchir du symptôme.

Le système commence alors à se structurer de façon plus stable autour du produit, et à manifester quelques caractéristiques de périodicité (par exemple une alternance de périodes de rémission et de rechute).

L'addiction assume de façon plus nette le rôle de véritable principe organisateur du système et envahit les autres domaines d'appartenance du patient, davantage que ce qui advenait lors des premiers mois d'apparition du symptôme.

Dans cette situation, les changements tentés n'influencent pas en profondeur l'équilibre créé par l'addiction, mais se limitent à en *atténuer temporairement les conséquences, sans remettre en cause la fonction du symptôme* (il s'agit donc de changements de type 1 et pas de tentatives d'auto-organisation à un niveau de complexité supérieur, comme les changements de type 2).

Le système s'éloigne ensuite du bord de la phase chaotique pour assumer une forme de plus en plus répétitive. Les éventuels « événements de rupture » n'ouvrent que des fenêtres de changement très courtes, et souvent de façade.

Périodes de cures et de rechutes alternent de façon régulière, presque identique. La *demande* n'est pas simplement ambivalente, mais *intermittente* : elle se manifeste lors des périodes de crise, pour s'évaporer une fois que la situation s'est améliorée.

Au niveau de *dimension temporelle*, les rituels de structuration du temps (manger ensemble, aller se coucher ou se réveiller à des heures fixes et liées aux relations et aux activités...) commencent à être davantage atteints, et progressivement remplacés par ceux du produit (consommer au même moment de la journée, avec des gestes préparatoires identiques, dans les mêmes contextes).

Au niveau *auto-organisationnel*, les rétroactions présentent des redondances, et les relations assument des formes spécifiques (par exemple, la co-dépendance, ou la polarisation du détachement/implication, comme décrit dans le chapitre 1). La diversité des positionnements et des registres que nous pouvons occuper dans une relation se réduisent et se focalisent sur le produit. La substance devient stablement le « tiers » de la relation, et la communication se fait plus « triangulée » (le patient alcoolique exprimera par exemple son refus en buvant, et non par la parole).

Au niveau *narratif*, le patient aura un discours dans lequel le produit assume un caractère de nécessité, et sa consommation un caractère d'inévitabilité. Les narrations deviennent de plus en plus autoréférentielles, rigides, assujetties au produit qui en est au centre : les histoires se dépouillent de liens, et s'appauvrissent en termes d'images métaphoriques.

Si, pour le type A, l'addiction est apparue entre quelques mois et un à deux ans auparavant (et souvent il s'agit d'une première demande de cure), dans le cas du type B la durée se dilate et les cures se succèdent avec régularité.

Progressivement, le système assume un *fonctionnement à deux phases*, alternant longues périodes de consommation et courtes périodes d'abstinence. Comme décrit par Steinglass (1993), *chaque phase est la solution de l'autre*. Naturellement, il est intuitif d'imaginer qu'une phase d'abstinence est considérée comme la « solution » aux effets négatifs accumulés pendant la phase de consommation (car l'arrêt du produit en élimine les conséquences aux niveaux physique, relationnel, social, économique...).

Quelque part, toutefois, une rechute est aussi une « solution » (dans le sens de : porte de sortie) à une phase d'abstinence qui n'est pas supportable sur le moyen/long terme par le système.

Ceci arrive lorsque le patient arrête de consommer le produit *sans que la fonction du symptôme n'ait été modifiée.*

L'abstinence, dans ce cas, au lieu d'être le début d'une réorganisation profonde (niveau de complexité n+1*)*, n'est qu'une « pause » en regard des pics atteints par l'accumulation des conséquences néfastes de la phase de consommation.

Cependant, sans pouvoir répondre d'une façon différente au dilemme relationnel auquel l'addiction est une tentative de réponse, le système glisse à nouveau vers l'attracteur-produit et vers les dynamiques liées à la consommation de la substance.

Ceci se reproduira jusqu'à ce que les conséquences négatives atteignent à nouveau le « seuil » qui oblige le système à un « time-out », c'est-à-dire à une période d'abstinence qui, sans augmentation du niveau de complexité, ne peut à son tour que se révéler temporaire.

Imaginons par exemple un couple plutôt symétrique, au sein duquel les deux partenaires partagent le même type de vie (travailleurs indépendants et très actifs), les mêmes passions (le sport, les sorties culturelles), ainsi que des rituels (se raconter leur journée le soir, une fois rentrés à la maison ; aller se coucher ensemble, à la même heure).

Par ailleurs, imaginons que ce couple ait une narration dans laquelle toute forme de conflit (dont les différences en sont l'expression possible) est proscrite, ou en tout cas considérée comme à éviter. Pendant de nombreuses années, cet équilibre est maintenu par des petits mouvements d'ajustement réciproques qui permettent aux partenaires de désamorcer les divergences avant qu'elles ne s'accumulent au point de perturber leur homéostasie basée sur la symétrie (donc un équilibre qui est envisagé comme : avoir des positions similaires voire identiques).

Dans ce scénario, imaginons maintenant qu'un événement du cycle de vie – même en soi positif comme l'arrivée d'un enfant – bouscule leur façon d'être ensemble, et que ce couple symétrique n'arrive pas à « passer de 2 à 3 », avec les différences et les positions de complémentarité qu'une triade peut comporter. Par exemple : arrêter de travailler pendant les premières semaines de maternité alors que le compagnon continue leur rythme de vie précédent ; les habitudes et rituels « à deux » envahis et remplacés par ceux liés aux soins de l'enfant (allaiter, donner le bain…) ; le sentiment d'exclusion qu'une triade peut impliquer (sous la forme de 2+1, deux d'un côté et un/e de l'autre) ; les frontières avec les familles d'origine qui deviennent plus ouvertes avec le désir d'un des deux de partager les premiers moments de l'arrivée de l'enfant, *etc.*

Dans toutes ces situations, sans un profond processus d'adaptation, ce couple verra son auto-organisation entrer en crise.

Imaginons maintenant que, dans cette configuration, un des deux partenaires souffre majoritairement de tous ces changements, sans donc arriver à s'adapter à la nouvelle situation (et en sentant une forte sensation de manque par rapport à leur type de vie précédente) ; en tout cas, plus que l'autre partenaire qui, de son côté, semble mieux adhérer au nouvel équilibre de fonctionnement, en y retirant même des moments de plaisir.

Dans notre exemple, le membre du couple qui a plus de difficultés à traverser le changement pourrait se sentir coupable de ne pas être heureux, et avoir des réticences à l'exprimer, vu leur narration de couple basée sur la symétrie et l'absence de conflit.

Afin d'annuler cette sensation négative et de combler ce manque (fonction individuelle du symptôme), cette personne commencera à boire de l'alcool avec une grandissante régularité, jusqu'à perdre la liberté de s'arrêter (frontière de l'addiction).

Bien qu'au début il/elle tendra à cacher la consommation, les effets néfastes du produit commenceront à être visibles, provoquant une réaction de préoccupation de la part du partenaire. Qui, par conséquent, se rapprochera – quoique dans le registre de l'inquiétude ou de la confrontation. Ainsi, la communication s'intensifiera à nouveau (fonctions relationnelles du symptôme).

Par ailleurs, le désir de cacher l'abus d'alcool aux yeux des grands-parents amènera à rétablir des frontières plus fermées à l'égard des familles d'origine. Initialement, donc, « boire » permettra au système de retrouver – du moins partiellement – son équilibre préalable (fonctions systémiques du symptôme).

Toutefois, les conséquences négatives de l'addiction et la volonté de revenir à une dynamique de couple basée sur l'absence de conflit inciteront cette personne à décider d'arrêter l'alcool (*phase d'abstinence comme « solution/porte de sortie » de la phase de consommation*). Dans une première période, la disparition des tensions et le rapprochement alimenté par la phase précédente feront vivre la phase d'abstinence comme un retour à l'harmonie (*« lune de miel »* de l'abstinence, généralement les 3-4 premières semaines).

Avec la cessation de l'abus d'alcool, néanmoins, le rapprochement du partenaire (qui est induit par la préoccupation et donc qui constitue substantiellement une rétroaction au symptôme) tendra à s'estomper. Le même phénomène se produira par rapport aux frontières avec les familles d'origine : sans plus rien à cacher, les « portes » du système s'ouvrent à nouveau. Par ailleurs, la sortie de la phase d'émergence élimine les occasions de communication qui s'étaient créées afin de trouver une solution à la problématique alcoolique.

En pratique, toutes les rétroactions au symptôme, qui avaient eu – du moins partiellement – un effet positif (dans le sens de permettre un retour à un fonctionnement précédent – et donc connu – et de ce fait stabiliser le système), disparaîtront avec le symptôme même.

Le système se retrouve alors dans une situation très similaire à celle précédant l'émergence du symptôme, autrement dit une dynamique difficilement supportable sur le moyen-long terme, et qui pourrait se résoudre par une rechute de la part de la personne addicte.

La rechute comporte certes la réapparition des conséquences négatives du symptôme, mais aussi de ces rétroactions au symptôme qui jouent une fonction d'équilibrage du système (*phase de rechute comme « solution/porte de sortie » de la phase d'abstinence*).

Tout cela arrivera jusqu'au moment où les difficultés liées à la boisson, en s'accumulant, dépassent le seuil qui poussera à nouveau la personne à arrêter de boire. Du moins, jusqu'au changement de phase suivant, donnant ainsi naissance à un fonctionnement « à deux phases » qui alternent avec une régularité croissante.

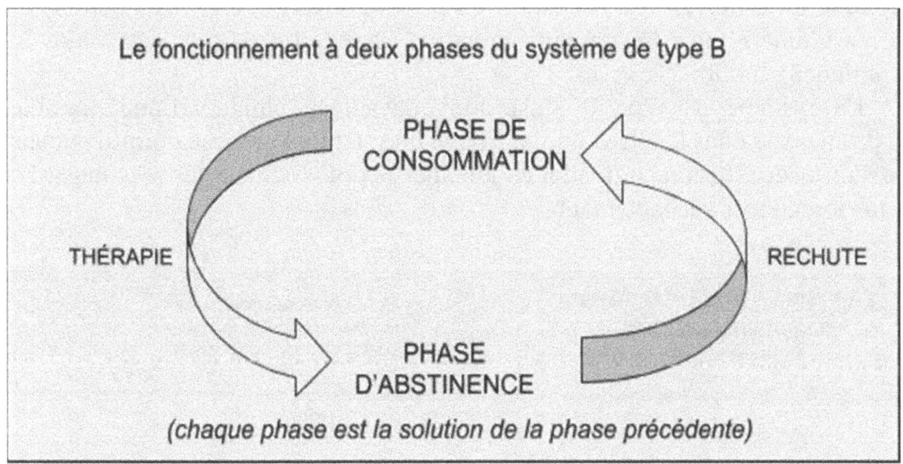

Dans cet exemple, le système a *arrêté de boire sans répondre autrement à la fonction de la boisson.* Si nous essayons de « traduire le symptôme », nous pourrions dire que le système n'a pas trouvé une réponse (autre que l'alcool) aux questions suivantes : comment passer de couple à famille, de deux à trois ? Comment créer des rituels qui permettent au couple conjugal de co-exister au couple parental ? Comment trouver une bonne distance (pour les deux partenaires) par rapport aux familles d'origine même en présence des liens grands-parents/petits-enfants qui viennent à se nouer ? Comment exprimer au sein du couple les divergences et les différents vécus relatifs aux changements sans qu'ils ne soient considérés comme une menace ou un conflit à éviter à tout prix ?

Tant que les différents niveaux de fonction du symptôme ne sont pas traités, ce système continuera à alterner phases d'abstinence et de consommation avec une cadence régulière, se balançant entre ces deux attracteurs qui ne sont rien d'autre que les deux visages de l'addiction.

L'oscillation entre les deux phases, comme dans la « danse sur place » du pendulum, ne consent que des changements d'apparence, et continue de façon presque identique à travers le temps. Quelque part, *au-delà* du temps.

Ce système, qui s'est structuré plus longtemps autour du symptôme, fait généralement appel au système thérapeutique plus tardivement que dans le cas du type A.

Par ailleurs la *demande* risque de disparaître avec le passage de la phase de consommation à celle d'abstinence. En effet, l'arrêt du produit n'est pas vu comme un « moyen » d'accéder à un profond changement, mais comme le « but ultime » : une fois la consommation cessée, il n'est plus nécessaire de continuer à modifier le reste.

Le système de type B s'est donc davantage éloigné d'une possible « promenade dans le chaos » : il a trouvé une stabilité presque définitive dans la substance. Il cherche donc à en atténuer temporairement les pics négatifs, sans y renoncer véritablement.

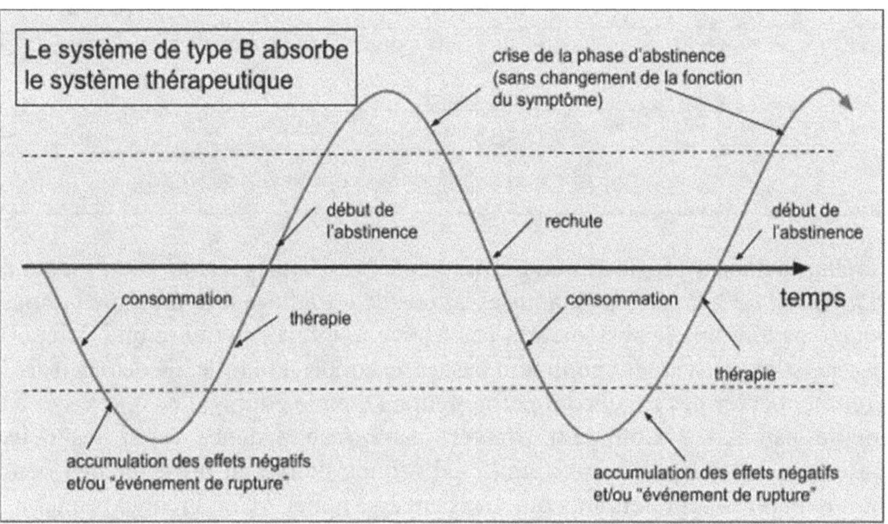

Les cures en milieu hospitalier, dans un système de type B, se succèdent avec régularité, parfois au rythme de deux ou trois par an. Dans le cas d'un suivi ambulatoire aussi, la thérapie assume une forme *intermittente* : d'intenses périodes de travail thérapeutique (de façon concomitante avec la phase de consommation) sont suivies par de brusques interruptions (une fois la phase d'abstinence activée).

Quelque part, le risque est que le système thérapeutique soit absorbé par le fonctionnement à deux phases. Dans ce cas, la thérapie n'intervient que pour atténuer les moments de crise, sans pour autant réussir à modifier la relation au produit, sa fonction et l'auto-organisation qui en dérive.

Comment intervenir avec un système de type B ?

D'abord, avec une approche complètement différente que dans le cas d'un système de type A. Si, pour ce dernier, il est important de fournir initialement un cadre de stabilité (en accentuant les aspects « contenants » du dispositif thérapeutique, et/ou en renforçant les appartenances du patient) afin de lui permettre de se rapprocher à nouveau d'une transition chaotique, *la première ligne de conduite pour le type B est directement de « faire crise » (en amplifiant ses rétroactions).* Il est crucial de chercher à perturber le cycle à deux phases, auquel le système thérapeutique participe malgré lui.

Pour ce faire, il faut avant tout que le dispositif thérapeutique sorte de son rôle de stabilisateur de la phase aiguë (dans laquelle il limite les pics négatifs de la consommation), pour accompagner plutôt le système vers une phase chaotique (dont le bord est bien plus lointain que pour le type A).

Au lieu de s'attarder dans un rôle de contenant, le thérapeute doit faciliter l'introduction d'éléments de nouveauté (oser la créativité et parfois la provocation dans les interventions thérapeutiques).

Dans la théorie des systèmes complexes, on dit que : « L'auto-organisation peut être accélérée en augmentant la variation, qui pousse le système à explorer de nouveaux espaces d'états : plus d'états différents il visite, plus vite il atteindra un état qui appartient à un nouvel attracteur » (Heylighen 2008, p. 9).

En pratique, pour qu'une nouvelle forme d'auto-organisation puisse émerger, il est fondamental que le système soit perturbé et qu'il fasse l'expérience d'une plus grande variation. Plus forte est la perturbation (Von Foerster dirait « bruit » 1987 ; Prigogine « fluctuation » 2008), plus probable sera l'abandon du fonctionnement précédent et l'émergence d'une nouvelle structure/forme d'ordre.

Si ce n'est pas le cas, le risque est d'enchaîner des parcours de soins répétitifs, sans les affronter en tant que véritables moments de changement.

En effet, les patients de type B, pour avoir participé à plusieurs cures en milieu hospitalier et entrepris moult parcours de psychothérapie, peuvent facilement s'y adapter et ainsi assumer le rôle de « bon patient » (dans le sens d'adhérer pleinement au discours de l'équipe et à leur projet thérapeutique). Je tiens à préciser que par cela je ne fais nullement allusion à un « investissement de façade » du processus de cure de la part du patient. Il s'agit plutôt d'une adaptation réciproque entre personne dépendante et système thérapeutique, comme dans les notions d'*accouplement structurel* (Maturana et Varela 1980), ou de *synergie* (Haken 2000 ; Heylighen 2008).

En effet, lorsque deux systèmes se rencontrent à l'occasion d'interactions répétées et significatives, ils tendent à *s'accorder mutuellement l'un à l'autre,* créant ainsi une superstructure (comme un cadre) qui émerge et augmente la cohérence de leurs échanges.

Un patient qui participe à plusieurs cures est un patient qui a développé une connaissance du fonctionnement du système thérapeutique, de la même façon que, si nous rencontrons plusieurs fois un patient, nous allons développer des images de lui et *penser* le connaître. Par ailleurs, des modalités partagées d'interaction viennent à se créer. Toutefois, comme Bateson (1972) le rappelait, plus un processus se répète plus il devient automatique, glissant ainsi progressivement hors du champ de la conscience.

La rencontre avec le patient, tout comme la fenêtre temporelle de la cure, en se répétant, risquent de sortir de la singularité et de tomber dans la similitude et la reproduction. En perdant, de ce fait, cette caractéristique (la différence) qui est à la base de la signification et de l'ouverture au changement.

Les patients de type B peuvent donc, tout comme leurs proches, s'adapter facilement dans un premier temps au dispositif de cure et en utiliser pleinement les différentes facettes.

Toutefois, une fois entamée la phase d'abstinence, un changement d'intensité net apparaît dans le lien thérapeutique. La cure ne vise que l'atténuation des conséquences de la consommation : de ce fait, une fois l'abstinence atteinte, la motivation au changement s'évapore.

Un critère diagnostic pour parler de système addict de type B est donc la *répétitivité*, à envisager non pas comme une simple succession de cures (et de cycles d'abstinence et de rechute), mais plutôt comme *une réitération identique* de cures dans la forme comme dans le contenu.

Or, dans le cas d'un patient addict de type A, nous pouvons également assister (parfois, mais pas toujours) à une, deux ou trois rechutes et cures conséquentes. Pourtant, elles sont généralement assez différentes l'une de l'autre tant au niveau des circonstances de déclenchement, des rétroactions du reste du système par rapport au symptôme et à la thérapie, de la manière dont la cure est vécue, que des contenus abordés lors des séances.

Dans le type A, en effet, même si la première cure peut déjà permettre une auto-organisation à un niveau de complexité supérieur, il est parfaitement possible que les niveaux de changements à affronter ne soient pas tous « visibles » et directement abordables dans leur ensemble.

Si chaque symptôme possède effectivement plusieurs niveaux de fonction (donc différents aspects auxquels il est une tentative de solution), ces niveaux peuvent parfois *s'articuler en « couches »*. En modifiant une première partie visible, on entrevoit un niveau de fonction plus profond, inaccessible initialement.

Le système de type A, dans cet exemple, aura besoin de plus d'une « promenade dans le chaos » pour enrichir sa propre auto-organisation et répondre à toutes ces couches de changement nécessaires. Ces deuxièmes ou troisièmes cures, néanmoins, sont dissemblables par rapport à la première : le travail s'axe sur des hypothèses différentes (qui s'ajoutent à celles de la première cure), et les impressions de déjà-vu sont absentes dans le lien thérapeutique.

Dans le cas des systèmes de type B, par contre, les deuxième ou troisième voire cinquième ou sixième cures sont tellement similaires qu'elles en deviennent interchangeables. Le discours du patient est le même, les dynamiques relationnelles également (de l'événement de rupture aux réactions au processus de soin).

La cure n'est donc pas vécue comme un moment de crise (transformation) à traverser : elle a un effet presque immédiat, direct, quoique limité dans le temps et dans la profondeur du changement. Il est crucial de différencier le plus possible les interventions afin de ne plus participer au fonctionnement du cycle à deux phases décrit précédemment.

Il est nécessaire d'aider le système – avec des perturbations – à glisser à nouveau vers le bord d'une phase chaotique (plus propice à créer l'espace pour une auto-organisation qui ne soit plus basée sur la consommation d'un produit).

La deuxième ligne de conduite est de ne pas se limiter à travailler sur la *phase de consommation* de la substance, mais plutôt de *s'intéresser aussi* (voire surtout) *à la phase d'abstinence,* afin de la mettre en relation (vision circulaire et cybernétique) avec la phase de rechute. En effet, abstinence et rechute sont ici – toutes deux – des arcs du même circuit.

Il faut donc considérer la phase d'abstinence comme tout aussi problématique pour ce système que celle de consommation : si l'abstinence n'arrive pas à s'installer, cela veut dire que ce type spécifique d'abstinence, cet équilibre particulier que le système adopte en l'absence du produit, est insuffisant pour répondre à toutes les questions sous-jacentes au symptôme.

Il est donc important de comprendre ce qui est pointé par les différentes rechutes, et sous quels aspects la phase d'abstinence n'est pas « supportable » sur le moyen-long terme.

Pour ce faire, l'analyse de la complémentarité entre les deux phases peut permettre une vision plus complexe de l'homéostasie autour du symptôme, et de la dialectique entre ses deux temporalités de fonctionnement : de quelle façon l'une est-elle la solution de l'autre ? Quels types de changements manquent à la phase d'abstinence pour provoquer systématiquement le retour à la phase de consommation ?

Finalement, une *troisième ligne de conduite* concerne la *triangulation.* Comme nous l'avons observé dans le chapitre 1, les systèmes qui se structurent autour du produit ont tendance à se relationner et à communiquer « en passant par un tiers », c'est-à-dire la substance elle-même.

Une patiente dépendante à la cocaïne, par exemple, me parlait de son incapacité à imaginer un rapport intime avec son compagnon sans le filtre de la substance.

Un autre patient me disait que la seule façon qu'il connaissait d'exprimer sa colère était de boire, car sans alcool il aurait « tout gardé pour lui » : la substance mettait en scène ses émotions aux yeux des autres personnes.

Un couple, par contre, avait compris lors d'une séance que la question du manque de confiance liée à l'abus d'alcool (le mari contrôlait la femme afin qu'elle ne consomme pas) représentait en réalité (de façon transfigurée) un problème de confiance bien plus vaste et plus profond que le produit. Dans les périodes où elle ne buvait pas – sans les rétroactions de contrôle « justifiées » par la substance – le mari manifestait une forme extrême de jalousie, dans laquelle il n'avait plus peur d'une consommation, mais d'une trahison.

Dans ce couple, la rechute de la femme permettait de sortir d'une phase d'abstinence difficile à supporter, en canalisant les dynamiques de contrôle à l'intérieur du cadre offert par l'auto-organisation de l'attracteur-alcool.

Comme nous l'avons abordé dans le chapitre 1, notre expérience et notre rapport au monde sont constamment médiés par des artefacts, considérés par Cole (1998) à la fois comme des outils matériels – Internet qui modifie notre rapport à l'accessibilité et à la distance – et comme des outils immatériels – par exemple une théorie ou connaissance qui nous permet d'analyser et choisir comment affronter une situation.

Je rappelle que, selon Cole, un artefact consiste simultanément en une *opportunité* et une *limitation*, un *moyen,* mais également une *contrainte*. La nature d'un artefact est toujours *duplice*, car même un objet matériel véhicule en soi des significations et des pratiques.

Si l'utilisation d'artefacts ou éléments « tiers » est donc commune à tout être humain dans son rapport à l'environnement, chez les personnes addictes cette tendance est accentuée étant donné l'organisation de leur vie autour d'un produit (et la prégnance du produit dans les interactions à l'autre, tout comme dans les narrations que nous utilisons pour donner du sens à l'expérience).

Cette triangulation, si présente dans la communication et dans le positionnement par rapport à l'autre, peut également devenir un *levier thérapeutique.* En effet, l'utilisation en thérapie d'outils para- ou non-verbaux permet aux patients dépendants d'aller au-delà d'un discours aplati sur le produit, fermé dans des registres d'impossibilité/nécessité, et pauvre en contenu émotionnel (l'*alexithymie* des addictions ; de Timary 2104 ; Morie *et al.* 2016).

Qu'il s'agisse de l'utilisation de la photographie (comme dans certains cas cliniques présentés dans ce livre), de l'improvisation théâtrale, de l'écriture, des « sculptures » en thérapie (Caillé 1998 et 2008), ou des « planches narratives » (Soulignac 2015), le recours à des *media* met en lumière des aspects que la parole seule ne peut qu'effleurer.

Surtout, elle le fait en assumant une forme – la triangulation à travers un artefact-tiers – quelque part très proche du fonctionnement du système dépendant. Et, par conséquent, plus facile à adopter par celui-ci.

Ceci est une des raisons pour lesquelles un des groupes de parole les plus intéressants au sein du programme thérapeutique de l'Unité 1 à la Clinique la Ramée est le « groupe film ». En pratique, la veille de la séance de groupe, les patients assistent à la projection d'un film ou documentaire dans lequel l'addiction est représentée (qu'elle soit au centre de l'histoire ou seulement une caractéristique de l'un des personnages). Le lendemain, dans le groupe de parole, les patients discutent de ce que la vision du film a évoqué pour eux, de ce qui les a frappés. Il est chaque fois surprenant de voir comment, en parlant de l'artefact-film, les patients parviennent à raconter beaucoup plus à propos de leur propre addiction que si on leur demandait d'en parler directement.

Passons maintenant à un exemple d'une addiction de type B, et d'une possible prise en charge clinique.

8.3 Le type B : un cas clinique

Bruno et Sarah

Bruno a 35 ans. Il en est à son quatrième passage à l'hôpital en moins de 2 ans, pour addiction à l'alcool. Bruno a un beau sourire : ouvert, sincère, et un peu amer. Juste un peu plus haut, un cocard et quelques éraflures. Cette fois-ci son « événement de rupture », l'occasion qui lui a fait comprendre qu'il ne pourrait plus continuer ainsi, a été un accident de voiture.

Généralement, Bruno arrive à l'hôpital un peu cabossé, mais une poignée de jours lui suffisent à refleurir. Du moins, en apparence. Bruno est une personne aussi intelligente qu'attentive. Lors des groupes de parole, il attend toujours un peu avant d'intervenir, et, quand il prend la parole, il raconte toujours quelque chose qui va au-delà de sa propre histoire. Ses interventions, ses témoignages, sont suivis par quelques secondes de silence, que les autres patients prennent pour réfléchir. Dans ses mots, ils retrouvent quelque chose de semblable, de familier, comme un reflet de sens.

Dans les ateliers artistiques, Bruno construit des petits objets en bois pour sa fille Claire, âgée de 4 ans. La distance entre elle et lui, c'est quelque chose à laquelle il ne parvient jamais à s'habituer. Même si, paradoxalement, Bruno est plus proche d'elle lorsqu'il est en cure à l'hôpital, plutôt qu'à la maison, où l'alcool est l'écran imperceptible qui les sépare, la mesure de leur écart.

La femme de Bruno, Sarah, est soulagée par la demande de cure de Bruno. Toutefois, les premiers jours, elle évoquera souvent la fatigue de s'occuper toute seule de Claire et de tout ce qui pèse d'autre sur le quotidien, lorsque Bruno est hospitalisé. Sarah est disponible pour participer à des séances de couple : elle veut comprendre comment retrouver la confiance en son compagnon, et ne plus le surveiller une fois qu'il sera de retour à la maison. Elle dit aimer encore Bruno, mais haïr la bouteille et l'état dans lequel Bruno se met lorsqu'il boit.

En apparence, Bruno retrouve vite sa place à la Clinique. Pourtant, derrière la façade de son sourire trop fugace pour être vrai, Bruno est un peu égaré. Son regard se pose toujours très loin, comme s'il passait à travers et bien par-delà son interlocuteur. Dans ces moments, il se laisse aller aux visions les plus sombres de son futur, remet en doute la capacité de son couple à se « réparer » – une fois de plus – et interroge même le sens de vouloir le faire. Il questionne aussi son propre entêtement à chercher à être un bon père, sans savoir au fond ce que cela signifie, pour lui, de l'être.

Lors de ses premiers jours de souffrance, dans les groupes de parole, il évoque sa famille d'origine, et le fait d'avoir été le seul d'une fratrie de trois enfants à ne pas réussir à trouver son propre chemin, ni à exister aux yeux de son père. « J'ai affronté les choix importants de ma vie en regardant comment les gens faisaient pour être heureux, plutôt qu'en suivant mes propres désirs. »

Après quelques jours, toutefois, lorsqu'il commence à se sentir mieux, Bruno abandonne toutes ces réflexions. Il veut juste se concentrer sur la manière de récupérer la confiance de Sarah – il a peur de la perdre – et devenir un bon père pour Claire.

Bruno, à bien des égards, semble être un « patient idéal », notion qui n'existe bien évidemment pas dans la réalité (sauf dans la tête du thérapeute), mais que j'utilise ici pour décrire une personne qui – à nos yeux – s'adapte à la cure, qui participe et élabore activement dans les différents espaces offerts par le dispositif thérapeutique. Un patient dont la narration se marie bien aux attentes implicites des soignants. Un patient qui habite les liens avec les autres, qui crée des connexions, tout en respectant le cadre.

Si je ne m'attardais que sur ce passage-ci à l'hôpital, je n'aurais pas beaucoup des raisons de me questionner. Toutefois, je me dois de constater que cette cure est presque parfaitement identique aux trois précédentes. Les paroles, les petits gestes, la familiarité avec lesquels Bruno retrouve ses marques. La façon de se relever des premiers jours difficiles de sevrage, et de trouver les mots justes pour laver les blessures de sa compagne. Sa manière de sourire et de remercier silencieusement des yeux. On pourrait les intervertir, ses quatre passages à l'hôpital.

En élargissant le champ d'observation à des arcs de circuit plus amples, je réalise que les intervalles entre une cure et l'autre sont également très similaires. En général, Bruno sort de la Clinique et retrouve – non sans quelques secousses de tassement – son rôle de père et de compagnon. Il parvient à maintenir loin de lui la bouteille et il traverse les premières semaines dans la sérénité.

Doucement, mais inexorablement, après un certain temps, l'alcool réapparaît. Au début il s'agit juste d'une ou deux bières, dans ce temps suspendu entre la fin du travail et le retour à la maison. Dans sa voiture, seul, avec des gestes cachés et répétitifs, sans aucun plaisir. Une, deux au maximum, puis il arrive à s'arrêter. Ce jour-là.

Sarah ne s'en rend pas compte tout de suite, vu la confiance qu'ils ont reconstruite, ensemble, pendant la cure et les premières semaines d'abstinence.

Doucement, mais inexorablement, la limite d'une ou deux bières se dissipe, dans un tas de petites négociations que Bruno s'inflige à lui-même : « Encore une » ; « aujourd'hui ça n'a pas été, mais demain je reprends les choses en main » ; « aujourd'hui ça ne compte pas. »

Sarah commence à s'en apercevoir, toujours un peu plus tard que ce que Bruno avait imaginé. Ils commencent alors à se disputer, et Bruno à s'isoler.

Sarah alterne moments de colère, où elle est violente physiquement avec Bruno, et moments où elle l'ignore (« mais il ne réagit pas, de toute façon, peu importe ce que je fais »). La crise commence à prendre forme, à être manifeste. Ils n'arrivent plus à attendre que Claire soit au lit pour se crier dessus, et la violence de Sarah se fait de plus en plus fréquente.

Ils évoquent, puis ils discutent, avant de finalement se menacer d'une séparation. Parfois Sarah part quelques jours chez sa mère, en prenant Claire avec elle. Parfois c'est Bruno qui décide de dormir dans la voiture pour éviter les moments les plus sombres de leurs conflits.

Puis, souvent à la suite d'un événement extérieur (un accident de voiture, une réprimande d'un supérieur sur le lieu du travail, un appel de l'institutrice de Claire, car la petite à l'air si distante pendant les cours…), Bruno décide de téléphoner à l'hôpital pour éviter de rendre la situation encore plus empoisonnée, et pour retrouver le Bruno des premières semaines si sereines.

Depuis deux ans, il s'est créée une alternance entre rechutes et cures, entre périodes de crise et de calme. Chacun, pétri de ses meilleures intentions, participe à ce mécanisme, le dispositif thérapeutique inclus.

Bruno et Sarah parviennent à s'arrêter juste sur le bord du précipice, mais toujours à temps.

Bruno investit le temps de sa cure, il récupère la confiance et les liens, il jette les bases pour une abstinence qui pourtant ne dure que le temps d'une illusion. Mais une illusion tellement belle que tout le monde veut y croire.

La réitération presque banale des cures impose un moment de réflexion : dans notre projet thérapeutique la crise est une opportunité de changement, et pas un « coussin » pour arrondir les conséquences les plus dures d'un mécanisme que nous-mêmes contribuons à alimenter.

En suivant la première ligne de conduite, je décide « d'amplifier la crise » plutôt que de la « contenir ». De chercher à éviter, autrement dit, que le quatrième passage à l'hôpital ne soit qu'une trace de plus dans le socle des trois cures précédentes.

Durant les séances de couple, je retrouve Bruno et Sarah, et leur désir de se reconstruire. Je leur dirai que je ne suis pas particulièrement préoccupé quant à leur capacité de réparer la confiance, et à recoller les morceaux. Ils ont déjà su le faire trois fois, malgré des situations tellement pénibles. Beaucoup d'autres couples auraient déjà éclaté après même pas la moitié de ce qu'ils avaient enduré. Pas Bruno et Sarah. Ils parvenaient toujours à se relever, d'une façon ou d'une autre. Ils auraient probablement trouvé le chemin pour le faire une fois de plus.

Ce qui m'était moins clair, en revanche, c'étaient ces brefs moments de crise où ils se faisaient du mal, et où ils évoquaient une séparation. Ces moments qui, par la suite, étaient catalogués comme simplement dus à l'alcool. Ces moments qui, à peine passés, paraissent déjà si incompréhensibles et distants. Au lieu de reconstruire la confiance, et renouer l'appartenance, je décide d'oser regarder un peu plus dans cette obscurité, de laisser mes yeux s'y habituer, pour que je puisse entrevoir des formes s'y dessiner.

L'alcool, pour Bruno et Sarah, est le seul moment où ils se demandent véritablement s'ils doivent rester ensemble ou se séparer. Où ils se questionnent sur ce qui les lie encore et sur ce qui les éloigne l'un de l'autre. Dans les phases de cure, et dans leur prolongation en apparence sereine, tout ceci devient non interrogeable. Être ensemble revêt à nouveau le costume d'une évidence. D'une sentence sans appel, et pas d'un choix.

Une des fonctions possibles de l'alcool (niveau relationnel) est donc celle de créer un espace pour que ces questions puissent se poser, quoiqu'il s'agisse d'un espace extrêmement limité, court et condensé de violence. À l'image de la violence, pour ce couple, d'oser mettre en doute leur propre lien.

L'alcool permet à Bruno et Sarah, bien que ce soit au milieu d'une tempête, d'énoncer des choses qu'ils n'auraient jamais osé se dire dans d'autres circonstances. Toutefois, au milieu d'une tempête, les mots sont emportés par le vent, écoutés à moitié, enflés et déformés par la colère, et rendus inaudibles. Parler à travers l'alcool, c'est une façon de dire et en même temps de recouvrir de bruit la parole.

En suivant la deuxième ligne de conduite, je décide de ne pas me limiter à penser à l'alcool, mais de remettre en question la forme et le fonctionnement du système dans sa phase d'abstinence. Si, en effet, les premières semaines de sérénité sont clairement une façon de réparer les blessures de la phase de violence et de consommation, qu'est-ce qui rend l'abstinence si inéluctablement courte et partielle ? Si belle et insaisissable, telle un rêve dont la rechute est le réveil ? En quoi l'abstinence n'est-elle pas durable, supportable, au point d'avoir l'alcool comme inévitable porte de sortie ? Quel est le lien, le fil rouge, qui lie la phase d'abstinence et celle de consommation, leur impossibilité à se définir l'une sans l'autre, comme le jour et la nuit ?

Souvent, pour le système dépendant, il peut se révéler ardu de consentir à ces réflexions. Dans la « cybernétique du moi » (1972), Bateson décrit bien comment l'alcoolique considère le soi-même qui boit, et celui qui arrête, comme deux entités séparées, distinctes et divergentes. Inconciliables. Séparer les arcs de circuit, une partie du reste du système : voici l'erreur épistémologique qui, selon Bateson, emprisonne la personne dépendante.

Il est nécessaire d'avoir noué un certain lien thérapeutique, une certaine confiance (et irrévérence, Cecchin 1992) pour permettre au patient de mettre sur le même plan – celui du questionnement – la phase de consommation et celle de l'abstinence.

Bruno commence à me raconter comment, dans la période suivant la cure, il se sent animé par l'envie de reconquérir Sarah, et de regagner sa place de père aux yeux de Claire. Toutefois, après les premiers doux moments de retrouvailles, Bruno sent persister une espèce de barrière invisible. Comme une fine couche de verre, presque imperceptible, qui le sépare de sa compagne et de sa fille, et de leur relation dont il se voit irrémédiablement mis à l'écart.

Bruno me dira que l'alcool (autre possible fonction, ici au niveau individuel) parvient à rendre cette sensation moins âcre, tout en l'alimentant, paradoxalement : en effet, après avoir bu, il se disait « épuisé par le travail » et allait chercher du repos, seul, dans la pièce d'à côté.

Il me parle également de la difficile coexistence entre son désir d'être un bon père et les souvenirs froids et remplis d'amertume de la relation à son propre père. Il désire à la fois être présent pour Claire, tout en ne possédant aucune mémoire pour l'aider à comprendre ce que cela voulait dire, de passer des bons moments entre père et fille. Toutefois, contrairement à son père, Bruno essaie, il se force, il se bat. Il construit et il détruit, pour reconstruire une fois de plus.

Sarah, lors de la même séance, me parle pour la première fois des problèmes d'alcool de son père, et de la déchirante séparation de ses parents. De la manière dont sa mère avait été objet de violence, pendant des années, et de comment, paradoxalement, cela avait été son père qui l'avait quittée. Sarah me dira que si sa mère subissait l'alcoolisme de son père, elle, en revanche, prenait les choses en main et poussait Bruno à se soigner. Elle aurait tellement voulu le sauver, Bruno, lui qui n'avait jamais levé la main sur elle, contrairement à elle, qui se laissait toujours emporter par la colère.

Une possible fonction systémique de l'alcool est de permettre à Bruno et Sarah de reproduire des aspects de ce qu'ils ont vécu dans leur famille d'origine, mais afin de les modifier. Le rôle de père pour l'un, la relation entre ses parents pour l'autre : Bruno et Sarah, tous les deux, mettent en balance la peur de revivre les mêmes souffrances du passé, et le désir de les réparer. De les traverser, à nouveau, mais différemment.

Répéter, pour réparer. À l'image de l'alternance entre rechutes et cures.

En suivant la troisième ligne de conduite, j'essaie d'introduire dans le travail thérapeutique avec Bruno des artefacts pour « accompagner » sa tendance à trianguler, cette fois-ci non pas au profit du symptôme, mais du changement. Je demande donc à Bruno et Sarah de choisir (et d'amener en séance) un objet qui puisse – pour chacun d'eux – représenter ce qui les unit, et un objet pour représenter ce qui les sépare. Ils pourront choisir un objet en tant que souvenir d'un moment emblématique, ou au contraire en tant que métaphore de ce qu'ils souhaitent exprimer.

Sarah, comme objet du lien, porte une photo d'elle et de Bruno ensemble, au sommet d'une montagne. Bruno, en effet, est passionné par l'escalade et il l'avait souvent invitée, au début de leur histoire, à l'accompagner dans des trekkings, même d'un niveau de difficulté intense. Pour Sarah, cette image évoque la capacité de Bruno, ces premières années, à la guider et à la pousser à dépasser ses propres peurs. Bruno, en effet, l'avait encouragée à commencer sa carrière de peintre, et il l'avait soutenue lorsqu'elle se laissait submerger par les doutes. Le premier objet, donc, offre une image de Bruno bien lointaine du Bruno « à sauver » que Sarah possède actuellement. Mais aussi, une image bien différente du Bruno sans points de repère que Bruno lui-même a de lui.

Pour le deuxième objet, celui qui représente ce qui les sépare, Sarah ne choisit étonnement rien de lié à l'alcool. Elle a pris avec elle une autre photo, où l'on voit au centre Sarah qui joue avec Claire, souriantes, alors que Bruno, au bord un peu flou de l'image, les regarde de loin. Sarah l'a choisie, car elle réalise qu'elle n'arrive pas à donner de la place au lien entre Bruno et sa fille : elle maintient toujours Bruno un pas au-delà de la zone de complicité entre elles deux.

Bruno, comme objet d'appartenance, a choisi une clé. Il s'agit de la clé du premier appartement où ils avaient habité ensemble. Grâce à Sarah, il avait trouvé la force de quitter le domicile familial, de montrer à ses parents qu'il pouvait s'en sortir même sans l'approbation ou l'aide économique de son père.

L'objet qui représente leur éloignement, en revanche, est une carte postale d'un ami, avec au centre des montagnes enneigées – les Andes – plongées dans la lumière du matin. Cette image représente pour lui son désir de partir plus souvent, de passer plus de temps seul sans se sentir coupable de ne pas être présent pour sa compagne et pour sa fille. La carte postale, pour Bruno, raconte son sentiment d'emprisonnement dans une image, celle de sa famille à eux trois, dans laquelle il ne parvient pas à être heureux. Et ce, malgré le fait qu'il l'avait tellement désirée : « Nous avons tout pour être bien, pour que les choses fonctionnent entre nous. » Cependant, une fois à l'intérieur de l'image, il sent le désir d'être ailleurs. Bruno me dira qu'il lui est arrivé de se haïr, lors des courts moments où il s'avouait ne plus vouloir rester avec Sarah.

La reconnaissance réciproque de tout le bien que leur rencontre leur avait fait a créé un sentiment de sécurité nécessaire à affronter ce qui, actuellement, les sépare. Nécessaire à se donner le temps de penser et de choisir de continuer ensemble, ou de ne plus partager le même chemin. Un temps plus long que les courtes fenêtres de violence et de crise. Un temps dont l'alcool – dans son encombrante présence tout comme dans son assourdissante absence – ne soit pas le dépositaire. « C'est à nous deux de comprendre si on reste ensemble, ou si on laisse aller l'autre. Cette décision nous revient, à nous deux. Pas à l'alcool. Plus à l'alcool. »

Six mois plus tard, Sarah et Bruno se sont séparés. Cela n'a pas été un choix facile, mais porté par tous les deux, avec respect et affection. Bruno a la garde de Claire un week-end toutes les deux semaines. Le fait de s'occuper d'elle tout seul lui permet d'apprendre à être père – de comprendre que, comme il me l'a confié lors de la dernière séance : « Je ne sais pas encore ce que cela veut dire, dans l'absolu, être un bon père, mais je cherche à être un bon père pour Claire. » Les moments où il est seul l'aident à se concentrer à nouveau sur lui, à comprendre ce qu'il veut faire de cette phase de sa vie.

Sarah aussi se sent plus sereine. Elle me dira : « Je ne suis pas parvenue à sauver Bruno en étant à ses côtés. Peut-être y suis-je parvenue en le laissant partir. En le laissant se sauver tout seul. »

CHAPITRE 9

Les systèmes de type C : *le glissement vers la périodicité*

Nous avons vu que l'addiction peut être une tentative, quoique dysfonctionnelle et temporaire, de se stabiliser face à une transition chaotique liée à un changement que le système n'arrive pas à traverser (type A).

Nous avons également décrit comment l'auto-organisation qui émerge autour de l'attracteur produit peut progressivement s'installer, jusqu'à créer un fonctionnement à deux phases (rechute-abstinence) dont le dispositif thérapeutique même devient participant (type B).

Or, dans les deux cas, le symptôme conserve la double acception de médicament/poison du terme grec *pharmakon* : si d'un côté il présente d'indéniables conséquences négatives (aux niveaux physique, relationnel, économique, social...), de l'autre côté il exerce une fonction quelque part adaptive.

On peut de ce fait affirmer que l'addiction est (avec des niveaux de durée et de pervasivité tout à fait différents dans les cas du type A ou B) la seule solution que le système est parvenu à se donner pour répondre à une situation de crise.

Certes, cet équilibre entre fonctionnalité et dysfonctionnalité, entre solution partielle et accumulation des conséquences négatives, est un exercice dangereux : c'est comme marcher près du bord du précipice.

Tôt ou tard, les effets négatifs de la phase de consommation s'additionnent au point de ne plus être compensés par les phases passagères d'abstinence (*rupture par accumulation*).

Ou un événement de rupture plus extrême que les précédents peut comporter des conséquences qui ne sont pas réparables par le système (*rupture par singularité*). Par exemple, après plusieurs crises, un couple co-dépendant peut se séparer, un accident de voiture peut se révéler irrémédiable ou le corps peut ne plus supporter l'enchaînement des rechutes.

En marchant sur le bord du précipice, on ne perçoit plus le danger, et on finit par tomber.

Une *première caractéristique* des systèmes dépendants de type C est la présence d'une *significative dégradation* à plusieurs niveaux.

Au niveau physique, par exemple, le corps est atteint par des pathologies graves, parfois dégénératives ou chroniques (dans les cas d'alcoolisme, communément : cirrhoses hépatiques, polynévrites, détériorations de la mémoire de travail, *etc.*).

Au niveau social, on assiste à une désinsertion progressive (perte de travail, précarisation, difficultés économiques, parfois perte d'un lieu de vie stable, *etc.* ; de Timary 2014).

Au niveau relationnel, on observe un grandissant *repli sur soi* (une raréfaction du nombre et de la qualité des liens à l'autre) ; plusieurs *épisodes de rupture relationnelle* (séparations, perte de la garde des enfants) ; ainsi qu'un *rétrécissement de la gamme des positions interactives* : les liens qui restent sont centrés sur la consommation de la substance ou sur ses rétroactions. Il s'agit par exemple de « compagnons de consommation » ou de membres de la famille en état d'urgence permanent, ou en position de « cure ».

Il est important de souligner que l'accumulation de conséquences négatives, en plus d'être un élément problématique en soi, est le signal d'une dynamique sous-jacente.

En effet, le symptôme n'est plus un point d'équilibre, un compromis entre tentative de changement et incapacité d'y faire face.

Une *deuxième caractéristique* significative du type C est que *la phase de consommation perd sa capacité adaptative* pour assumer une sorte de « vie propre » : elle se reproduit, de façon périodique, stable, identique, *bien au-delà de sa fonction initiale.*

Quelque part, on passe de « je bois pour X » (par exemple : s'auto-médiquer d'une dépression sous-jacente ; chercher à gérer ses émotions ; ne plus penser à un événement traumatique ; provoquer le rapprochement d'un partenaire ; gérer la distance avec les autres ; *etc.*) à : « Je bois, car je bois. »

La substance et sa consommation deviennent tellement prégnantes qu'elles outrepassent les domaines initiaux (liés à une fonction) et envahissent chaque aspect de la vie de la personne dépendante.

Les rituels de consommation qui, dans les types A et B, accompagnent ou remplacent seulement partiellement et par intermittence les rituels d'appartenance et de structuration du temps, s'y substituent complètement dans le cas du type C.

Au niveau temporel, chaque aspect de la journée est cadencé par le produit : se le procurer, le consommer, et même éviter la plus infime possibilité d'en manquer.

Le rapport au temps est uniquement celui de la substance : un présent continu qui empêche de projeter le futur et de penser le passé. La temporalité de la personne addicte, restreinte à celle du produit, perd sa capacité à se connecter aux temps sociaux : on assiste à une sorte de *dislocation structurelle* (processus inversé par rapport à l'accouplement structurel de Maturana et Varela 1980) par rapport à la temporalité des autres (c'est l'autre face de la désinsertion sociale dont nous avons parlé).

Au niveau auto-organisationnel, le système perd sa capacité à avoir plusieurs configurations (plusieurs attracteurs), et il réduit sa complexité à la seule organisation autour du produit. Les interactions sont répétitives, rigides, périodiques, semblables à celles que Von Foerster considérait caractéristiques des *machines banales* (1981). Le système restreint son répertoire de comportements (tout est lié à la consommation de la substance) : en cybernétique, on dirait qu'il ne respecte plus la loi de variété requise (*law of requisite variety*, Ashby 1952), selon laquelle un système, pour s'adapter aux changements, nécessite de maintenir un répertoire suffisamment varié de comportements. « Les systèmes qui manquent de diversité perdent leur fonctionnalité » (Page 2011, p. 8).

Au niveau narratif, la substance a pris la place de la personne addicte comme sujet et auteur de sa propre histoire. Les narrations ont peu de personnages ; elles sont arides, lisses, et le produit en est le roi. Les connexions sont des liens de nécessité, d'identité, de rigidité. Le discours se dépouille d'images et de la capacité à penser de façon métaphorique. Dans les narrations de l'addiction de type C, le sujet est assujetti.

Bateson, dans le *Naven* (1972), avait introduit le concept de *schismogenèse* (du grec skhismos – séparation – et génésis – création, origine). En pratique, il s'agit de circuits d'interactions (symétriques ou complémentaires) qui, en entrant en escalade, se reproduisent de façon grandissante jusqu'à provoquer la rupture du système même.

Je tiens à souligner que, dans une schismogenèse, ce qui caractérise le passage d'une phase de stabilité (et adaptation) à une phase d'escalade n'est pas le type de *loop* interactif en soi, mais son *découplage de la fonction initiale*, c'est à dire sa déconnexion de la participation au processus auto-organisationnel.

Prenons un exemple qui ne se limite pas aux addictions : un couple qui se dispute. La grande majorité des couples, du moins de temps en temps, se retrouve dans une situation de conflit. Certains conflits sont ponctuels, uniques, comme des singularités, liées à des situations différentes de l'ordinaire. Outre ces situations uniques, cependant, il existe des petits conflits récurrents, qui se répètent autour de la même thématique, avec des modalités interactives redondantes (avec la même façon d'interrompre la dispute, avec des temps et des rôles fixes dans le processus de réconciliation, comme par exemple : qui fait le premier pas, combien de temps dure le conflit, *etc.*).

Si les disputes par « singularité » peuvent être source de changement (et donc de redéfinition relationnelle, ou même de rupture), les disputes « récurrentes » font partie de l'homéostasie du système (sinon, elles ne seraient pas si semblables et répétitives, sans modification de la relation) :

elles ont une fonction, et elles participent au fonctionnement du couple, en particulier en tant que *mécanisme de gestion des différences.*

Imaginons un couple qui se dispute de façon modérée et récurrente autour de la question de la fréquence et des situations dans lesquelles voir leur belle-famille. Ces deux partenaires ont probablement une vision (normalement implicite) différente à propos des frontières que le couple devrait garder par rapport aux familles d'origine. Les petites disputes leur permettent à chaque fois de trouver un compromis, un équilibre temporaire entre leurs modèles respectifs de couple qui ne se superposent pas parfaitement. Tant que ces litiges se maintiennent à faible intensité (dans le sens d'être supportables par le couple, vu qu'il perdure dans le temps), similaires et contenus par les rituels de réconciliation que le couple a développés, ils continueront à exercer leur fonction de gestion temporaire des différences, et ainsi à participer à l'auto-organisation du système.

Il peut arriver, toutefois, que le couple commence à se disputer de façon plus récurrente, avec des pics de conflit plus élevés, et des temps et des modalités de réconciliation plus laborieux et longs.

C'est le signe que la relation entre dans une phase de schismogenèse : le fait de se disputer a perdu sa fonction adaptative. L'enjeu n'est donc plus de trouver un compromis, et d'exprimer des différences, mais de gagner, d'avoir raison. Au prix de la relation même.

Les disputes s'auto-alimentent de ce fait dans une escalade qui, progressivement et exponentiellement, envahira les autres aspects de la vie du couple (par exemple, ils se parleront moins entre un litige et l'autre, et les frontières de l'intimité changeront ; les interactions peuvent dégénérer en violence verbale ou physique). Finalement, si la schismogenèse n'est pas interrompue, elle portera le système à la rupture. Dans notre exemple, à la séparation ou à la mort.

Revenons maintenant aux addictions. En parlant de la deuxième caractéristique du type C, d'un point de vue cybernétique on peut dire que le circuit du produit *entre en schismogenèse* (escalade de la consommation), ce qui conduit à la rupture des formes d'auto-organisation (configurations) du système autres que celle de l'addiction (le produit devient le seul attracteur). Dans la théorie des systèmes complexes, on pourrait dire que le produit devient un *cycle limite* (Gribbin 2004), dans le sens où tous les comportements du système convergent vers ce *pattern* spécifique et répétitif (notamment, la consommation).

Pour observer ce phénomène, la temporalité et l'aspect pervasif sont deux éléments essentiels.

Si un système de type A (dans lequel le produit est le stabilisateur temporaire d'une phase chaotique) reste « appuyé sur les béquilles de l'addiction » pour un temps suffisamment long, il glissera sur le continuum chaos-périodicité vers une addiction de type B (où le produit a un rôle central dans l'auto-organisation du système), en sortant d'une phase de crise pour entrer dans une phase de fonctionnement homéostatique.

De la même façon, un système de type B, si son cycle de rechutes-rémissions dure trop longtemps, est destiné à glisser ultérieurement vers le pôle de la périodicité, en assumant les caractéristiques d'un système de type C.

Ce passage est marqué par une phase de schismogenèse, dans laquelle les rechutes sont tellement répétées et violentes qu'elles ne sont plus compensées par la phase de rémission. La consommation du produit dépasse les frontières de sa fonction initiale, pour entrer en escalade, et finalement provoquer une rupture (sens littéral du terme « schismogenèse ») entre le système et certaines de ses parties (en particulier : les relations familiales ou sociales ; ou l'insertion professionnelle).

Le système de type C, qui est complètement pénétré par la substance et dépouillé par la schismogenèse d'une grosse partie de ses ressources relationnelles, est un système qui entre dans une phase de fermeture et de *perte de complexité.*

Les comportements deviennent alors *périodiques*, dans le sens d'identiques et surtout non influencés par ce qui advient autour d'eux et par les feedbacks à leurs conséquences négatives. Repensons aux systèmes physiques périodiques : la Terre tourne autour du Soleil, peu importe si sa surface est habitée par des dinosaures ou des hipsters ; de la même façon, les marées ne sont pas influencées par les navires qui parcourent les eaux.

La phase de consommation se reproduit au-delà de ce qui s'effrite autour, le système se dépouille de différentes ressources et se replie sur lui-même, en devenant ainsi moins influencé par les rétroactions. Je rappelle que, dans la théorie des systèmes complexes, une perte de sensibilité aux feedbacks correspond à un appauvrissement des capacités d'auto-organisation (Heylighen 2001).

La troisième caractéristique du système de type C est donc *la perte de complexité,* avec une conséquente perte d'adaptativité, exprimée par la présence de comportements de type périodique, et manifestée par la rigidité et la fermeture.

La fermeture du système est témoignée par une raréfaction des connexions sociales, jusqu'à arriver à une sorte d'invisibilité, de détachement du tissu social (désinsertion, précarisation, perte de travail et parfois d'un domicile fixe).

Afin de souligner l'importance pour un système de garder un nombre suffisant de connexions, je souhaite faire une courte promenade avec le lecteur dans le champ de la biologie évolutive.

Stuart Kauffman (1993 ; 1995) s'est intéressé à l'émergence de la vie à partir de la non-vie, c'est-à-dire à la manière dont les premières molécules ont pu se lier entre elles par des réactions chimiques jusqu'à former des systèmes qui se répliquent eux-mêmes. Grâce à des simulations (sur ordinateur) assez brillantes, Kauffman a montré qu'« un réseau suffisamment complexe de réactions chimiques s'auto-organise nécessairement en cycles auto-catalytiques, c'est-à-dire les précurseurs de la vie » (Heylighen 2001, p. 4). Il est intéressant de souligner qu'afin que les conditions pour la vie puissent émerger, il faut un nombre suffisant de connexions : « Si le réseau est connecté de façon insuffisante, il n'y a pas de vie ; toutefois, en ajoutant une ou deux connexions, la vie n'est pas juste possible, mais inévitable » (Gribbin 2004, p. 168).

Un système complexe, pour rester tel, a besoin d'un nombre suffisant de connexions. Avoir peu de connexions résulte en une perte de la capacité à s'auto-organiser et donc à s'adapter aux changements – et ceci est valide pour tous les systèmes complexes, des systèmes chimiques aux systèmes socio-économiques et humains, en passant par le systèmes biologiques et physiques[22].

Mais que se passe-t-il lorsqu'un système se referme et perd sa capacité à s'adapter même aux perturbations « ordinaires » qui l'entourent ?

Pour répondre à cette question nous devons nous rappeler que, lorsqu'on parle de frontières d'un système, nous utilisons toujours une « ponctuation » : le système, dans une perspective socio-constructiviste, existe plus dans le regard de celui qui le décrit que dans la réalité.

Ceci implique que chaque système est en réalité un sous-système d'un macro-système plus ample, qui possède un niveau de complexité souvent supérieur (le dernier super-système étant l'Univers, si on accepte l'hypothèse physique d'un Univers fini, autrement il faut supposer l'existence d'un macro-système d'ordre encore supérieur).

Revenons à notre question : la réponse est que normalement, face à une perte de complexité d'un sous-système, le système d'ordre supérieur compense à la conséquente perte d'adaptativité du sous-système en question.

Les systèmes humains, s'ils assument un comportement périodique, perdent automatiquement leur autonomie, et finissent par *solliciter l'intervention du macro-système* d'ordre supérieur.

Comme décrit brillamment par Roland Coenen (2004), les systèmes périodiques, dans leur perte d'autonomie, provoquent l'action d'instances supérieures, comme par exemple les services sociaux qui compensent (parfois avec le placement des enfants) la perte de ressources parentales, ou l'intervention des autorités judiciaires qui sanctionnent les comportements que le système n'arrive plus à contenir tout seul.

Je considère donc qu'un *important critère diagnostic* qui marque le passage d'une addiction de type B à une de type C est l'apparition

---

[22]Lors d'études expérimentales, le *surnombre de connexions* se révélait également peu adaptatif : s'il est saturé par un excès de connexions, un système s'hyper-structure et perd sa capacité à s'adapter. Une fois de plus, la complexité et la vie se situent à la lisière entre ordre et chaos (Bak 1996).

d'interventions de la part des instances sociales : signalements de l'école ; actions de la police, des juges, des services sociaux ou des acteurs de santé publique et mentale (souvent sans que ces interventions ne soient demandées par le système même).

Ces actions externes compensatoires signent les processus de repli et de perte de complexité de la part du système (troisième caractéristique du type C).

Je me dois de souligner la notion de danger inhérente à l'émergence de caractéristiques périodiques de la part d'un système. Même si la répétitivité apparente de la périodicité peut faire penser de façon illusoire à une certaine forme de stabilité, nous savons que, dans les systèmes complexes, la stabilité est maintenue par le changement et pas par le comportement périodique toujours égal à lui-même.

Comme illustré dans les chapitres précédents, qu'il s'agisse de systèmes physiques, biologiques, sociaux ou politiques, le fonctionnement périodique comporte une perte de complexité, une augmentation de l'entropie et, finalement la mort. Les systèmes de type C sont des patients qui se dégradent, qui perdent leurs ressources, et qui meurent.

9.2 Le type C et le système thérapeutique : points d'intervention

Le système de type C, en glissant de plus en plus vers la périodicité, « invite » le système thérapeutique à occuper une place différente par rapport aux types précédemment évoqués.

Dans le système de type A, le dispositif thérapeutique est « convié » à *contenir une crise momentanée* dictée par un changement auquel le système n'arrive pas à faire face malgré le recours à un produit ; alors que dans le type B le système thérapeutique est « invité » à *compenser de façon intermittente* les excès de la phase de consommation lors de l'alternance entre les deux phases de rémission/rechute.

Dans le cas du système de type C, cependant, le dispositif thérapeutique est « appelé » à *fournir de l'extérieur de façon continue les ressources que le système dépendant a perdu*, en commençant par *compenser la perte d'autonomie*. Quelque part, on peut affirmer que le système thérapeutique est sollicité sans cesse par la perte de complexité et d'adaptativité du système.

La demande n'est pas proprement une demande de changement, mais plutôt d'assistance et de soutien. D'ailleurs, elle ne provient pas uniquement du patient ou de son entourage (de ce qu'il en reste), mais aussi d'autres institutions qui interagissent avec lui et qui sont interpellées par son dysfonctionnement. L'envoi peut être fait (et/ou accompagné) par l'école, les assistants sociaux, par un juge, *etc.* : il s'agit donc souvent d'une demande « diffuse ».

Comment aborder un système de type C ?

Il est d'abord crucial de repérer le moment où un système dépendant assume les caractéristiques de type C, vu que les interventions thérapeutiques sont profondément différentes que dans le cas d'un type A (où l'on crée un cadre de stabilité temporaire suffisant à traverser une transition chaotique nécessaire au changement) ou dans le cas du type B (où l'on amplifie la crise pour interrompre le fonctionnement à deux phases).

Une *première ligne de conduite* consiste donc à *reconnaître les signes du glissement vers la périodicité*. Le passage d'une addiction de type B au type C est certes progressif, mais également rapide, d'où l'importance de prêter attention aux *signes précurseurs*. Un exemple sont les premières interventions du macro-système (comme l'école, ou la police) en réaction au dysfonctionnement du système. Un signal peut également être l'escalade des conséquences négatives du produit (des accidents plus graves ou plus fréquents ; une augmentation de l'échelle de la violence dans les disputes ; un licenciement ; les premières ruptures relationnelles ; des problèmes de santé qui perdurent même une fois la phase d'abstinence entamée). L'extension du domaine des conséquences négatives peut être la signature d'un début de schismogenèse.

Outre les précurseurs, les *signes manifestes* de périodicité forment un autre critère : accélération de la fréquence des cures ; rechutes immédiatement après la sortie de l'hôpital sans événement ou situation déclencheurs clairs ; raréfaction sociale ; aplatissement relationnel ; multiplication des acteurs sociaux en réponse à la perte d'autonomie du système ; dégradation physique ; présence du produit dans tous les aspects de la vie.

Lors des séances, un autre signe (qui évoque un passage à travers la schismogenèse) est la *difficulté à élaborer des hypothèses sur la fonction du produit*. En effet, vu que la consommation de la substance s'est élargie de son domaine initial à tous les aspects de la vie du patient (en provoquant des ruptures et une réduction de la complexité du système), il est ardu d'entrevoir par rapport à quoi le produit est (ou, plutôt, a été) une tentative de solution.

Quelque part, en se détachant de sa fonction initiale, la substance est utilisée « pour tout ». Comme si elle avait une vie qui lui était propre, et à laquelle chaque partie du système se voyait assujettie. Le patient alcoolique en fonctionnement périodique *boit parce qu'il boit* : il utilise l'alcool pour trouver le courage de sortir du lit, pour ne plus ressentir le corps, pour se nourrir, pour supporter la solitude, pour trouver de la compagnie dans un café… il boit pour tout, et donc pour plus rien en particulier.

Souvent, ce n'est pas uniquement le produit initial qui étend sa présence, mais il est accompagné par d'autres substances qui complètent cette délégation vers l'extérieur des ressources du patient : la cocaïne pour sortir le soir, les médicaments pour dormir malgré la consommation de cocaïne, l'alcool pour chasser la tristesse de la descente des produits précédents.

La polyconsommation est vue comme nécessaire selon un schéma relationnel où le sujet est forcément manquant, défaillant à l'égard de tout lien à l'autre : par conséquent une ou plusieurs substances en sont le complément obligatoire.

Une *deuxième ligne de conduite* est donc, après avoir reconnu la signature du fonctionnement périodique, *la mise en sécurité du système.* Un système de type C est un système en danger de mort, donc le premier pas est celui de fournir les soins nécessaires surtout au niveau physique, et de permettre – par l'accompagnement – une insertion sociale qu'il ne parvient plus à s'offrir seul.

En parlant de la dimension physique, un aspect commun à toute addiction est le *décrochage entre corps et image corporelle* : comme le patient ne veut pas voir le produit en tant que problème, de la même façon il garde une image positive de son corps en la préservant de la reconnaissance des dégradations physiques que le produit provoque. Le déni imprègne aussi profondément le discours sur le corps et le discours du corps.

Or, si dans les systèmes de type A et B ce découplage entre corps et représentation du corps est un voile qui en « couvre » les premières fissures, dans le cas des addictions de type C c'est (pardonnez-moi la dureté de la métaphore) le drap qui couvre le corps d'un cadavre. Le corps des patients de type C est en effet victime d'un martyre lent et inexorable qui dure depuis des années et qui se compose de malnutrition, maladies non soignées, douleurs chroniques, *etc.*

Je pense par exemple à une patiente qui boitait ostensiblement et qui, sur mon insistance, avait passé une radiographie aux urgences pour finalement apprendre qu'elle marchait depuis 10 jours sur une fracture au pied. La déconnexion avec le corps est telle qu'il est souvent nécessaire de passer par le miroir du regard de l'autre pour arriver à entrevoir son propre corps.

Cette mise en sécurité du patient commence par la prise en charge des besoins de base : fournir un lieu sûr ; une alimentation régulière et équilibrée ; des soins pour ce corps rendu invisible et muet ; l'assistance sociale pour répondre à la précarité économique et à l'abandon de tout ce qui relève de l'ordre administratif.

Quelque part, on pourrait dire que la deuxième ligne de conduite consiste à passer (du moins temporairement) d'une perspective de *changement* à une perspective de *réduction des risques*, et de mise en sécurité.

Ceci passe par le déploiement d'un dispositif thérapeutique très articulé, afin de répondre aux besoins de santé et aux demandes sociales d'un système dépouillé de ressources après le passage de la schismogenèse, et en perte d'autonomie à cause de la réduction de sa complexité.

Par ailleurs, le système thérapeutique est amené à un changement de vision à deux niveaux : la temporalité et les attentes. Un système de type C nécessite un soutien continu dans le temps, et coordonné entre différentes structures. Les attentes doivent être constamment revues et adaptées en fonction de la capacité du patient à récupérer des ressources et de l'autonomie, mais aussi en reconnaissant que, dans certains cas, l'accompagnement s'inscrit dans la durée et pas dans la transition.

Désirer à la place du patient, dans ce cas d'autant plus que dans d'autres, peut être le voile invisible qui empêche de le rencontrer là où il est.

Une cure de trois semaines, comme dans l'Unité 1 de la Clinique la Ramée à Bruxelles, n'est pas indiquée pour les patients de type C, sauf en tant que première étape avant une réorientation vers un dispositif d'accompagnement d'une durée plus longue (de l'ordre de quelques mois), et plus contenant.

Dans une structure de type communautaire ou une post-cure, par exemple, le patient peut se donner le temps de faire l'expérience d'une abstinence continue qu'il n'aura probablement pas vécue depuis plusieurs années. Par ailleurs, il se retrouvera dans un monde plus restreint et moins complexe que la société dont il est désormais en marge (mais bien plus articulé et relationnel que le petit monde du produit). Il pourra également se réintégrer dans une structure liée à la collectivité plutôt qu'à la structure cadencée par la consommation ; s'inscrire à nouveau dans le lien à l'autre et ne pas s'enfermer dans celui à la substance ; faire l'expérience d'un partage et retrouver le rapport à la limite qui est indissociable de la rencontre avec l'altérité.

Il est vrai que, si d'un côté le système thérapeutique est convié par le système addict à fournir un soutien à 360 degrés et dans la durée, il ne faut surtout pas se limiter à « accepter » simplement et uniquement cette place qui nous est offerte.

Une *troisième ligne de conduite* pour les patients de type C consiste en effet à *consolider les mécanismes d'autorégulation qui restent,* à s'appuyer sur les *résiliences* encore présentes, à préserver et soutenir les *sphères d'autonomie* qui demeurent, à essayer d'accompagner à nouveau le système vers une polarité moins périodique.

Nous avons décrit la lente descente du système de type C vers la périodicité, vers l'entropie, vers la dégradation et la mort. Si ceci est le cadre général, nous ne devons pas oublier l'importance des exceptions comme leviers pour le changement (dans la théorie des systèmes complexes on parle de *lever points*, c'est-à-dire ces points du système où une petite perturbation correspond à un grand effet, Heylighen 2001 ; Page 2011).

Bien que nous assistions de façon générale à une désertification sociale, il existe probablement encore une voire plusieurs relations qui ont survécu au passage de la schismogenèse.

Même si le patient a entrepris un processus de précarisation, les compétences qu'il avait développées précédemment peuvent encore être présentes, et – si elles sont soutenues – permettre de retrouver une meilleure insertion sociale.

Si, au niveau narratif, le patient est prisonnier d'une histoire dont le sujet est le produit, en faisant l'expérience de liens non destructifs (comme ceux de soins et parfois ceux avec les autres patients) il peut retrouver un regard neuf sur lui-même.

Même dans le cas des patients de type C, il est encore possible de s'éloigner de la périodicité, de retrouver une certaine forme de complexité, et de récupérer la capacité à changer. Certes, il s'agit d'un processus lent, progressif, avec des passages intermédiaires, et jamais banal. Un processus qui s'arrêtera souvent simplement au fait de retrouver une qualité de vie acceptable et qui, dans d'autres cas, évoluera vers des horizons de changement plus amples.

Il est donc nécessaire de trouver un équilibre entre l'impératif éthique de Von Foerster d'élargir le champ du possible (1987), et l'importance de ne pas désirer à la place du patient, et donc d'accepter la *non-réversibilité* (Prigogine 2008).

Prenons maintenant un cas clinique illustrant une addiction de type C et un possible parcours thérapeutique.

9.3 Le type C : un cas clinique

Eve

Eve a 40 ans, certains jours beaucoup plus, d'autres bien moins. Quand elle sourit, ses yeux turquoise cachent pendant quelques secondes les signes de souffrance qui affleurent ici et là sur son visage. Signes presque imperceptibles et pourtant si clairs d'un temps qui est passé trop vite.

Eve a travaillé pendant plus de dix ans comme journaliste. D'abord à la radio, puis pour une chaîne de télé, comme envoyée locale. Dotée de sens critique, infatigable, ouverte, Eve parvenait à se faire apprécier par presque tout le monde, mais en réalité elle ne portait dans son cœur que ses plus proches.

Celle-ci, c'était l'Eve d'avant, d'il y a huit ans. C'est encore l'Eve qu'elle voit lorsqu'elle se regarde dans le miroir, néanmoins ce n'est plus l'Eve que les autres voient aujourd'hui.

Depuis huit ans Eve cumule les cures, les passages dans les différentes structures hospitalières et les parcours de thérapie. Au début, entre une cure et l'autre, il se passait beaucoup de temps : plusieurs mois durant lesquels elle avait l'impression de parvenir, plus ou moins, à contrôler l'alcool et la cocaïne. Un sourire, un regard turquoise, et c'était facile de (faire) croire que tout allait bien se passer. Pendant longtemps, ni Eve ni ses proches ne voulaient voir les premières fissures dans cette image brillante et pourtant si lisse.

Eve avait été en couple pendant plusieurs années. Pietro, son compagnon, avait essayé à de trop nombreuses reprises – et jamais assez – de la « sauver », de la convaincre d'arrêter de consommer. Dans cette danse saccadée de séparations et de réconciliations, de rechutes et de remontées, Eve se sentait aimée. Se promener sur le bord du précipice lui faisait trembler les jambes, certes, mais lui rendait la tête légère, et la faisait se sentir vivante comme jamais.

Pourtant, les moments où elle se sentait mourir devenaient de plus en plus fréquents. Les folies de la veille ne disparaissaient plus à la première lumière du jour, mais traînaient jusqu'au lendemain.

Pietro partit un matin de septembre. Eve avait tellement souvent imaginé cette scène qu'elle y assista comme à un film qu'on a l'impression d'avoir déjà vu, même si on n'est plus sûrs d'en connaître la fin. À moult reprises, Pietro avait évoqué une dernière fois, une dernière occasion à laquelle tous les deux avaient tellement voulu croire.

Pietro voulait sauver Eve d'elle-même avec son amour ; Eve voulait sentir jusqu'à quel point Pietro pouvait l'aimer, car c'était seulement aux lisières qu'elle ressentait les choses. « Cette fois-ci nous serons plus forts que la bouteille », s'étaient-ils surpris à se répéter jusqu'à presque s'en convaincre.

« Il reviendra cette fois-ci aussi » avait pensé Eve. Toutefois, Pietro ne revint jamais. Il était parti sans regarder en arrière, avec la même détermination qui l'avait jadis animé à rester, à de si nombreuses reprises.

Eve noya sa surprise et sa tristesse avec un peu plus d'alcool et de cocaïne, et avec une poignée de rencontres occasionnelles. Juste pour avoir quelqu'un qui dort à ses côtés, un corps qui « réchauffe les draps, et refroidit mon cœur » comme elle aimait dire.

Elle ne restait à la maison que peu de soirs, et nombreuses étaient les nuits où elle ne rentrait pas du tout. Ses amis, eux aussi, avaient commencé à prendre de la distance. D'abord le cercle éloigné, celui qui ne lui avait jamais véritablement importé. Puis, un par un, avec la même douleur qu'une racine qu'on arrache, les amis les plus proches aussi reculèrent. Fatigués d'aller la chercher aux urgences, après qu'elle s'était fait agresser par un homme dans la rue. Fatigués de l'accompagner devant un juge qui lui retirait son permis de conduire pour consommation d'alcool et de drogue. Fatigués de lui prêter de l'argent « pour se relever » – qui servait en fait à se faire encore un peu plus de mal. Un par un, ils s'éloignèrent tous, sauf la bouteille et la poudre blanche.

« C'est comme le lendemain d'une fête. Je sais qu'il y avait de la vie. Il en reste des signes indéniables. Et pourtant, plus personne n'est là, et j'ai mal partout. »

Sur son lieu de travail, doucement, mais sans retenue, Eve avait perdu la lumière de la scène. Elle avait été orientée vers des postes moins sujets aux conséquences de ses excès. Eve aimait son travail, me disait-elle, et elle l'aimait avec la conscience de le détruire en même temps. Un peu comme avec Pietro. Un jour, après plusieurs années durant lesquelles il avait supporté ses absences et soutenu ses demandes de cure, son responsable la vira.

Elle me raconta que son chef en avait les larmes aux yeux. « Lorsqu'il me demanda de partir, il avait l'air d'être éprouvé physiquement par chaque mot, comme si cela lui raclait la gorge. » Eve, cependant, l'avait observé : « Comme on contemple un paysage lointain, sans rien ressentir. »

Elle pensait déjà à la cocaïne, et cette image à elle seule suffisait à la rendre sereine.

Le chômage ne lui permettait pas de maintenir son niveau de vie précédent. Cette façade qu'elle tenait tellement à conserver, alors qu'elle était occupée à en détruire les fondations.

Son téléphone fut coupé, et le propriétaire de l'appartement qu'elle louait n'accepta pas l'énième promesse. Et pourtant, Eve était très douée pour promettre, vu qu'elle s'y entraînait tous les jours, devant le miroir, en finissant toujours par trouver les mots justes, les mots neufs.

Eve arriva à l'hôpital avec une valise ni trop grande ni trop petite, dans laquelle elle avait condensé tout ce qui restait de sa vie. Elle franchit la porte d'entrée avec le pas lent de celle qui n'a pas de lieu vers lequel retourner.

C'était la deuxième fois qu'elle était admise dans notre clinique. Entre ces deux séjours, six ans et dix cures ailleurs, dans des endroits dont elle se souvenait des détails, mais jamais du nom en entier : « J'ai été dans ce centre à Paris, avec les murs blancs fraîchement repeints, mais avec les armoires poussiéreuses, où les infirmières donnent les médicaments avec des gestes lents et réguliers, justes, comme lorsqu'on donne à manger à un chat. Après, je suis passée par ce centre dans les Ardennes, où on s'appelle tous par notre prénom, mêmes les soignants. Les vitres sont fines et laissent filtrer la fraîcheur du matin, mais aussi les bruits nocturnes des animaux de la forêt d'en face. » Beaucoup d'images, et aucun nom.

Je me rappelle clairement l'Eve d'il y a six ans. Lorsque je la regarde, je vois en même temps celle qu'elle était auparavant et celle qu'elle est actuellement. Cette vision duplice est comme une trace, une image qui renvoie à quelque chose qui n'est plus là. Quelque chose qui reste, mais qui est définie par ce qui a été perdu.

Il est touchant de la voir dans cet état, mais je pense que, pour elle, les deux Eve doivent être encore plus difficiles à saisir d'un même regard, à inclure dans la même pensée.

Je décide alors de laisser partir l'image de l'Eve de six ans auparavant, afin de pouvoir rencontrer l'Eve actuelle, pas comme un résidu ou un reflet, mais comme une personne à part entière.

Eve restera trois semaines à l'hôpital dans l'attente de pouvoir commencer une post-cure dans un centre hors de Bruxelles. À plusieurs moments elle pensa interrompre la cure et sortir : l'alcool et la cocaïne l'attendaient, fidèles comme toujours.

« Je sais que je me fais du mal, mais je le fais depuis tellement longtemps que je ne me souviens plus de rien d'autre. Aller bien, j'ignore ce que cela signifie. Peut-être, ne l'ai-je jamais véritablement su. »

Puis elle décida de continuer sa cure. Les produits lui manquaient, et la pensée de leur insupportable absence envahissait son esprit d'une violence semblable à celle avec laquelle leur présence avait démonté sa vie, morceau par morceau.

Lors des séances, toutefois, l'alcool et la cocaïne n'étaient pas les seuls fantômes, les seules présences silencieusement assourdissantes. Les narrations d'Eve étaient traversées par de fugaces et pourtant intenses apparitions.

Un père qu'elle n'eut pas le temps de connaître, emporté par un accident de la route et par tant de questions sans réponse.

Une mère qui l'avait élevée dans le chant des sirènes de ce qui aurait pu être, et qui n'a pas été. Une mère qui ne s'est autorisé aucune relation stable, car aucun homme ne pouvait sortir gagnant du duel avec le père d'Eve. Lui, un souvenir, hors du temps, qui n'aurait jamais pris de l'âge. Sa mort, c'était hier, et hier pour toujours. Comme lui, qui aurait toujours eu les 28 ans du jour de l'accident.

L'école, ou plutôt, les écoles, qui changeaient chaque année comme les villes, dans le sillage du travail de sa mère. Et, à chaque fois, une nouvelle école c'était recommencer une nouvelle vie. Eve savait très bien comment entamer une amitié et comment l'interrompre avant de s'y lier davantage. Tout changeait rapidement, tout était une trace qui venait s'ajouter à une trace précédente.

Que reste-il, que reste-il vraiment ? Tout ce que nous avons perdu, quelle partie de nous est-ce ? Eve se posait ces questions depuis toujours, mettant tout à l'épreuve, traçant une ligne pour la franchir juste après.

La seule parenthèse de sérénité avait été le temps de l'amour pour Pietro et pour le travail de journaliste. Ces années, interminables et en même temps si courtes. La peur d'être heureuse, et de tout perdre à nouveau. Comment savoir si cela durerait ? Comment contrôler si quelque chose touche à sa fin, sans trop la regarder de près ? Sans chercher la limite, pour après la repousser – mais jamais trop loin – en la guettant toujours du coin de l'œil ?

Eve avait dansé sur le bord du gouffre heureuse et désespérée en même temps, pendant plusieurs années, jusqu'à tout perdre. Elle-même était devenue la réponse à ces questions : une trace, l'image de « ce qui reste de ce que nous avons perdu ».

« Si je n'étais pas à l'hôpital, maintenant, je dormirais probablement à la rue. Ou peut-être serais-je morte. Je n'aime pas revenir ici, mais au moins je vis. » Au moins, la vie.

Les premiers jours suivirent la cadence simple des repas, du sommeil, des groupes de parole. Simple, mais pas banale, car jusqu'à peu de jours auparavant c'étaient l'alcool et la cocaïne qui scandaient une bien autre danse.

« Je me sens bien ici, mais ce n'est pas la vraie vie, c'est juste un petit monde parfait. » Je l'interroge alors sur ce qu'est la vraie vie, dehors.

Eve me répond, mais après avoir regardé longtemps le sol, comme si elle cherchait des mots tombés par terre : « Perte. »

Puis, après quelques respirations dans le silence : « La vie, dehors, ma vie, c'est comme un vase volé en éclats. On peut essayer de recoller les morceaux, mais il restera toujours un vase cassé. On verra toujours les lignes de fissure, et ça, aucune colle ne peut le cacher. Un vase tombé en morceaux ne pourra jamais redevenir comme avant. »

Je reste un moment silencieux face à l'image d'Eve. Nous donnons une forme et un sens à l'expérience à travers le langage. Ce langage qui renferme des images et des métaphores qui parviennent toujours à nous laisser entrevoir quelque chose, dans une intuition à la fois inexorablement partielle et en même temps tellement plus riche que la limite de la seule parole. D'un point de vue narratif, comme nous l'avons observé au chapitre 2, les métaphores qui nous sont offertes par les patients sont des fenêtres vers des paysages de significations. Elles sont à la fois des contraintes et des opportunités. Elles renferment l'expérience dans un monde reclus dont les recoins abritent des ressources, des horizons cachés. Il est important d'accueillir les métaphores des patients, mais sans être sidérés face à elles : il faut les accompagner et les explorer ensemble.

Je décide alors de raconter à Eve l'histoire d'un vase cassé. Au XVe siècle, le Shogun du Japon Ashikaga Yoshimasa cassa sa tasse de thé préférée, à laquelle il était profondément attaché. Il décida alors d'en envoyer les morceaux en Chine, pour la faire réparer. Quand la tasse lui revint, Ashikaga ne fut pas du tout satisfait : les artisans, selon les meilleures techniques de l'époque, avaient cherché à lui rendre son apparence originelle, en s'efforçant de cacher le plus possible les lignes de rupture. Toutefois, malgré leurs tentatives et leurs compétences, bien que de façon imperceptible, la tasse n'était plus comme avant. Aux yeux d'Ashikaga elle ne l'était pas, et l'image de cette irréparabilité l'emplissait de tristesse.

Un artisan japonais essaya alors de la réparer en s'offrant un point de vue diamétralement opposé : si la tasse ne pouvait pas redevenir comme avant, au lieu de cacher la fêlure, il chercha à la sublimer. Il prit les morceaux et les unit en utilisant de l'or liquide (de la poudre d'or mélangée à de la résine) en guise de colle.

Les signes de rupture, au lieu d'être cachés, étaient mis en valeur. La technique s'appelle 金継ぎ (*kintsugi*), et elle s'est depuis lors développée en rendant tout ce qui a volé en éclats non pas « comme avant » (chose qui est impossible), mais doté d'une nouvelle et unique beauté, qui accueille la fêlure au lieu de la dissimuler.

Eve passera quatre mois dans un centre communautaire, à la moitié desquels, comme convenu lors de notre dernière séance, elle m'envoya un mail pour me tenir au courant de la manière dont les choses se passaient pour elle.

Le temps lui était péniblement long, avec des moments de vide qu'elle ne parvenait pas toujours à traverser, et des moments d'attente dus aux règles – ou simplement à la confrontation continue à la temporalité de l'autre, comme toute vie collective l'implique.

Mais ce fut justement ce temps d'abstinence, ces mois qu'elle ne s'était jamais offerts auparavant qui la firent sortir de l'étreinte des substances, du moins le temps suffisant pour se redécouvrir, pour se surprendre. À l'aide d'une assistante sociale, elle mit de l'ordre dans le dédale administratif qu'elle avait créé, sortant ainsi d'une situation de précarité. Ce n'était plus la société qui réagissait à son dysfonctionnement (retrait du permis de conduire, passage aux urgences après une chute), mais Eve même qui se positionnait en demandant l'aide dont elle avait besoin.

Elle chercha à reprendre contact avec ses amis. Certains refusèrent de la revoir, d'autres furent contents d'entrevoir une autre Eve. Mais ils eurent eux aussi besoin d'une certaine temporalité et d'une certaine distance avant de la laisser s'approcher à nouveau.

Eve parvint à prendre et à donner aux autres ce temps. Elle me raconta la beauté de voir comment la confiance de sa meilleure amie se reconstruisait, peu à peu. Ce n'était plus une confiance innocente et un peu distraite comme avant, mais une confiance partielle et pourtant plus authentique.

L'or commençait à recouvrir les fissures, sans les cacher.

Sortir du centre et retrouver le contact avec la réalité extérieure ne fut pas un passage banal. En deux ou trois épisodes, trois mois plus tard, elle se saoula, sans toutefois se mettre en danger, et elle demanda par la parole de l'aide à des professionnels au lieu de faire appel silencieusement, par les actes, à la préoccupation des proches. Elle réagit rapidement, le lendemain, et reprit le chemin de son abstinence.

« J'ai trébuché, je n'ai pas rechuté. J'ai perdu et retrouvé l'équilibre à la dernière seconde, comme une serveuse qui marche trop vite avec son plateau. »

Eve trouva un nouveau travail dans le sud de la France, où elle habite depuis lors. Je n'ai plus de nouvelles récentes d'Eve, mais j'aime penser que la tasse aux deux vies, malgré les vacillements, est encore bien sur le plateau, embellie par de belles fissures dorées.

TROISIÈME PARTIE

CHAPITRE 10

Vers une lecture systémique-constructiviste de la transgression

Dans la clinique des addictions, les thérapeutes sont constamment confrontés à de petits ou grands outrepassements des normes et des frontières du dispositif thérapeutique. Qu'il s'agisse d'un hôpital, d'une communauté de cure ou simplement du setting d'une consultation privée, la pathologie des limites ne se confine pas au rapport à la substance.

Consommation d'alcool ou de drogue au sein du service hospitalier, contacts non autorisés entre patients, retards systématiques, petites mises en échec quotidiennes, questions trop personnelles, ou simplement mise à l'épreuve du sens des règles et des pratiques qui définissent le cadre thérapeutique.

Comment y réagir sans apporter une réponse automatique de sanction (comme une *machine banale* de Von Foerster 1981 ; Cecchin *et al.* 2005), mais sans non plus glisser vers ce laxisme à petite échelle qui peut irrémédiablement éroder le processus de soin ?

Dans ces pages, je propose une grille de lecture qui se revendique partielle et donc complémentaire à d'autres approches, mais cohérente avec l'épistémologie systémique, pour donner un sens à tous ces comportements vus comme une mise à l'épreuve (voire carrément une attaque) des limites du dispositif de soin.

Un regard, donc, qui puisse aller au-delà de la simple étiquette de *transgression*, afin de ramener ces actes dans le champ de la clinique et de la signification. Une perspective, de ce fait, qui cherche à saisir une partie de la complexité du rapport récursif entre transgression et cadre.

Par « cadre » je ferai référence à l'ensemble de normes et de pratiques, certaines explicites (comme les règles), d'autres implicites (comme les *habitus*, Bourdieu 1972), qui ordonnent l'espace, le temps et les corps, et qui constituent donc le contexte à l'intérieur duquel le processus thérapeutique peut avoir lieu.

Si, comme proposé par Bateson (1979), nous construisons notre connaissance du monde à partir de nos prémisses épistémologiques, afin (et avant) de pouvoir parler de transgression je me dois de présenter les trois idées qui préexistent et qui guident mon regard sur la transgression.

10.2 La première idée : le contexte comme templum

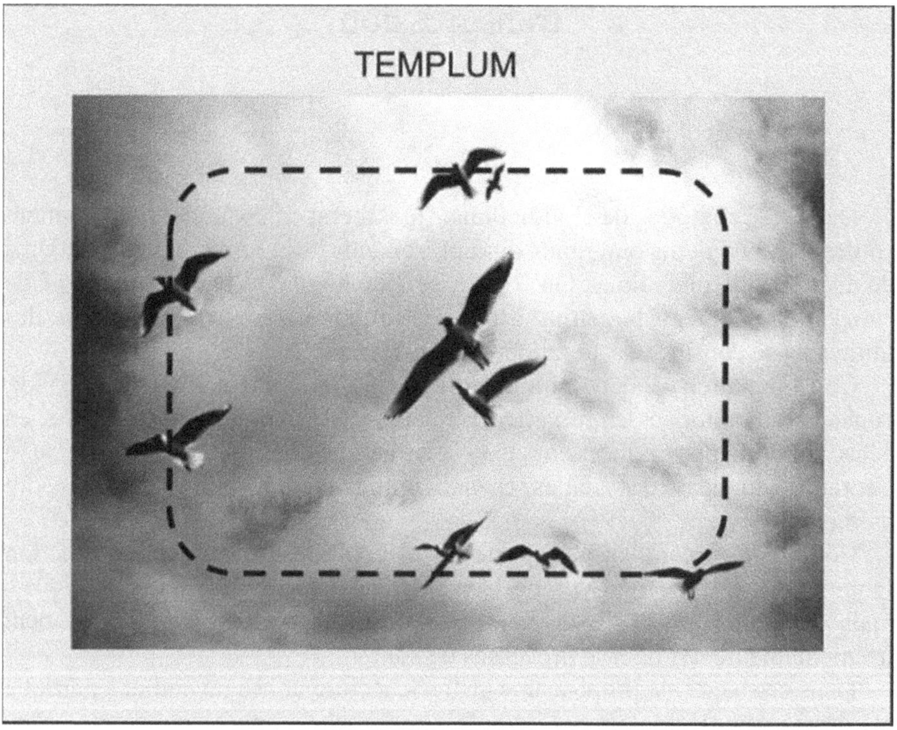

Le *templum* (du grec τέμνω, couper ou séparer) était, dans les traditions romaine et auparavant étrusque, cette partie du ciel délimitée par les augures grâce au *lituus* (un bâton), afin de séparer l'espace du sacré du reste du réel.

Ceci leur permettait de définir les confins de la portion du ciel dans laquelle le vol des oiseaux assumait la signification de présage, c'est-à-dire de quelque chose qui les aide à identifier la volonté des dieux. Tout ce qui advenait à l'extérieur du templum, donc, n'était pas pris en considération comme point de connexion au sacré.

D'un geste de la main (et par la parole, *effari templum*), les augures créaient une division (Keeney dirait une description, 1983) dans l'espace et dans le temps. Ils délimitaient un instant et une portion de la réalité – un *contexte*, donc – à l'intérieur duquel, et seulement à l'intérieur duquel, les connexions se délinéaient et grâce auquel le sens pouvait émerger.

Peu après, les frontières du sacré dessinées dans le ciel étaient retranscrites sur le terrain, tracées sur la terre humide du matin. Avec le temps, comme dans une métonymie, ces confins se fixèrent et perdirent leur caractère impermanent et singulier de geste, et le *templum* devint un édifice (d'où le mot « temple »).

De façon similaire, dans la même période historique, mais de l'autre côté du monde, les shintoïstes délimitaient l'espace du sacré de celui du profane avec une corde, la 標縄 *(shimenawa)*. Initialement, cette frontière qui séparait – mais qui en même temps connectait – le monde des hommes et celui des 神 (*kami,* les divinités immanentes à la réalité) était éphémère. Toutefois, par la suite, les premiers sanctuaires Shinto furent construits, et la corde fut intégrée aux édifices érigés. La ligne de séparation (et de lien) avec le sacré perdit son caractère éphémère pour devenir fixe et stablement visible.

J'ai repensé au *templum* après la vision de *Saints' Game*, le film de la réalisatrice (et amie) Amélie Derlon Cordina, dans lequel elle comparait la prise d'images de la caméra vidéo au geste des augures qui délimitent la portion du réel au sein de laquelle les événements assument une signification, en interrogeant ainsi le rapport entre gestes et images sacrées.

J'ai décidé d'utiliser la métaphore du *templum* pour réaffirmer que le sens des choses émerge dans la ponctuation d'un contexte. D'ailleurs, en reprenant une fois de plus la pensée de Bateson (1972), je considère que l'unité d'analyse ne peut être que la duplicité indissociable du phénomène + le contexte où il a lieu.

Comme la trajectoire du vol des oiseaux exprimait le sacré uniquement dans la portion de ciel du *templum* qu'elle traversait, de la même façon, la signification d'un comportement est liée au cadre à l'intérieur duquel il advient.

Cette première prémisse marque donc profondément ma vision de la transgression. Aucun comportement n'est en soi transgressif, mais il existe des contextes à l'intérieur desquels il l'est. La transgression n'est donc pas une caractéristique propre à une action : c'est la rencontre entre un contexte et un comportement qui la définit comme telle.

Imaginons que vous décidiez de mordre le cou d'une personne : selon que vous le fassiez dans l'espace intime de votre chambre à coucher et avec votre partenaire ou, en revanche, dans le tram à l'égard d'un inconnu, le cadre déterminera s'il s'agit d'une transgression ou d'une action permise.

Von Foerster (1987) affirme qu'en parlant de quelque chose, nous racontons davantage à propos de nous-mêmes, qu'à propos de ce dont nous sommes en train de parler.

Lorsque nous parlons de transgression, nous évoquons en réalité à la fois un comportement et un cadre de normes et de pratiques. Nous parlons de nous-mêmes, et de l'autre. D'identité, et d'altérité.

10.3 La deuxième idée : la récursivité entre limite et transgression

Georges Bataille, dans ses œuvres (1957 ; 1961 et 1967), a mis en lumière la manière dont la transgression et la limite ne s'opposent pas : au contraire, elles sont engagées dans une danse dialectique.

La transgression, dans son franchissement de la limite, ne la détruit pas : elle la rend visible, et la fait émerger. La transgression serait donc l'occasion où la limite devient explicite, le lieu où elle est amenée à s'affirmer. De la même façon, une limite n'annule pas un comportement : selon Bataille, « l'interdit donne sa valeur à ce qu'il frappe » (1961, p. 91). En effet, interdire rend souvent – dans un paradoxe qui n'est qu'apparent – plus désirable l'objet de l'interdit.

Foucault, dans sa *Préface à la transgression* (1963), en commentant la pensée de Bataille, trouve les mots les plus beaux pour décrire la récursivité inéluctable entre transgression et limite.

« La limite et la transgression se doivent l'une à l'autre la densité de leur être : l'inexistence d'une limite qui ne pourrait absolument pas être franchie ; vanité en retour d'une transgression qui ne franchirait qu'une limite d'illusion ou d'ombre. Mais la limite a-t-elle une existence véritable en dehors du geste qui glorieusement la traverse et la nie ? [...] Et la transgression n'épuise-t-elle pas tout ce qu'elle est dans l'instant où elle franchit la limite, n'étant nulle part ailleurs qu'en ce point du temps ? »

Et encore :

« La transgression porte la limite jusqu'à la limite de son être : elle la conduit à s'éveiller sur sa disparition imminente, à se retrouver dans ce qu'elle exclut (plus exactement peut-être à s'y reconnaître pour la première fois), à éprouver sa vérité positive dans le mouvement de sa perte. »

Estellon (2005), en parlant de transgression, reprend le concept de *fissure* de Deleuze : quelque chose qui n'est ni à l'intérieur ni à l'extérieur, mais qui se joue sur la lisière, sur l'interface, sur la connexion. La transgression laisse une trace, entaille, mais laisse aussi à voir.

Bateson (1972) nous rappelle qu'en répétant les comportements, ceux-ci glissent de plus en plus dans le champ des automatismes. La séquence qui constitue l'enchaînement logique d'une pratique, en se réitérant, en se fondant dans le quotidien, devient invisible à nos yeux. L'ensemble des normes et des pratiques qui composent le cadre thérapeutique, avec le temps, tendra à échapper à notre regard conscient.

Pour cette raison, par exemple, je suis toujours content d'accueillir, au sein de notre Unité, des stagiaires psychologues. Lorsqu'ils/elles m'interrogent sur l'origine d'une règle ou d'une pratique du dispositif de soin, ils/elles me permettent – en réfléchissant à ma réponse – de vérifier si un sens persiste derrière les limites que nous traçons. Ou, au contraire, de constater que nous avons glissé vers le champ de l'arbitraire, c'est-à-dire d'une règle qui ne rencontre sa légitimité que dans sa simple permanence.

Face au risque de devenir aveugles à nos propres règles et pratiques – et de ce fait à ne plus les interroger – la transgression des patients est une opportunité. En traversant la limite, la transgression la rend visible, l'interroge, et permet de la réaffirmer.

La deuxième prémisse qui guide ma vision de la transgression du cadre du système thérapeutique est donc celle de la *récursivité entre transgression et limite*. Si la limite définit le champ de ce qui est permis et de ce qui est interdit, c'est la transgression qui invite la limite en dehors de l'ombre, et qui permet l'affirmation de son sens et de son existence même.

10.4 La troisième idée : la rétroaction, dernier ingrédient de la transgression

Mucchielli (2014) nous rappelle que, selon les sociologues de la « deuxième école de Chicago » (Becker 1963 ; Goffman 1963), la *déviance* existe comme situation sociale uniquement si on suppose la réunion de trois éléments : la norme, la transgression de la norme, et la rétroaction sociale.

Selon Becker (1963), par exemple, la déviance est à considérer non pas comme une propriété du comportement même, mais plutôt de *l'interaction* entre la personne qui commet l'acte et celles qui rétroagissent à l'acte.

Sans réaction sociale, donc, nous ne pouvons pas parler de déviance. En ramenant cette vision à la transgression, nous pourrions nous demander : si un patient fumait dans une chambre malgré la défense de fumer, ou s'il sortait de l'hôpital sans prévenir, ou encore s'il introduisait au sein du service de la cocaïne sans provoquer dans aucun de ces trois cas la moindre réaction du personnel soignant, pourrions-nous vraiment parler de transgression ?

Becker répondrait probablement par la négative et, personnellement, je ne peux qu'abonder dans son sens.

Le franchissement d'une limite ne suffit pas pour parler de transgression : c'est la manière dont le système rétroagit qui conférera à ce comportement l'étiquette de transgression.

La transgression est, selon cette perspective, une co-construction entre la personne qui commet le comportement et le processus de réaction et d'étiquetage (*labeling*) opéré par les personnes qui se font garants de la norme.

Ceci comporte également des risques, comme souligné par Becker et Goffman : si le *labeling* se limite à la stigmatisation du comportement, ou à un étiquetage « essentialiste » (transgression comme expression d'une caractéristique propre de celui qui la commet), ceci devient une marque sociale intériorisée par la personne qui en est l'objet, et qui tendra donc à s'y conformer (jusqu'à la naissance de ce que Becker décrit comme des véritables « carrières déviantes »).

La réaction à la transgression (qui est donc une partie inséparable du processus qui la définit en tant que telle) est un moment d'une importance capitale : elle permet de réaffirmer (ou de modifier) la norme et son sens, mais aussi de redéfinir les rôles et les images de soi des personnes impliquées. En rétroagissant à la transgression, nous exprimons en même temps notre vision de nous-mêmes, des patients, et du sens des normes et des pratiques qui nous guident.

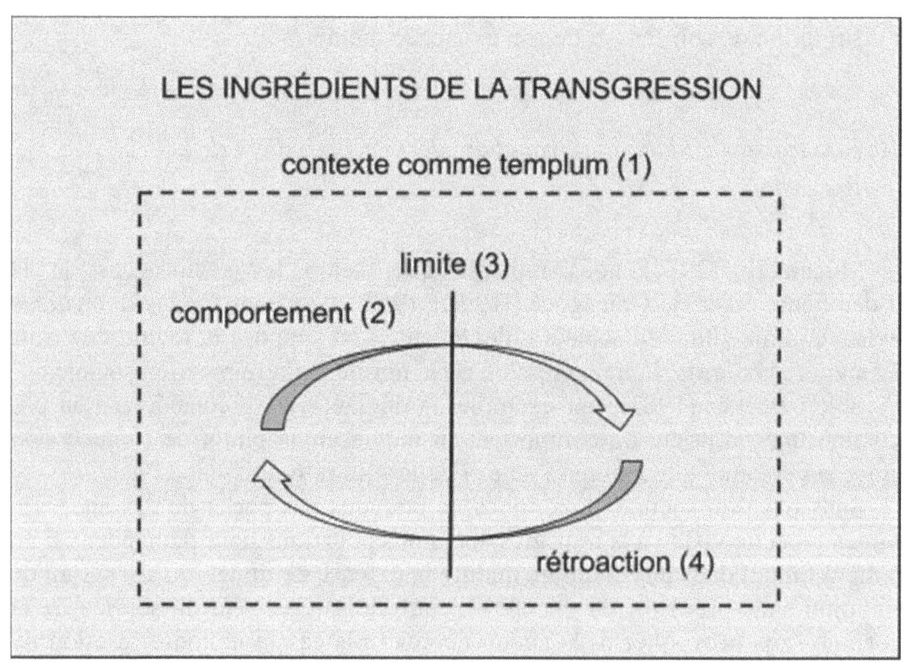

En reprenant les trois idées qui constituent mes prémisses épistémologiques pour aborder la transgression, je pourrais résumer ma proposition en disant que, pour pouvoir parler de transgression, il faut supposer :

- l'existence d'un contexte qui, comme le *templum* (première prémisse), soit le cadre à l'intérieur duquel un comportement assume la signification de transgression (1) ;
- un comportement (2) qui, en la franchissant, interroge et rend visible une limite (3), dans une récursivité entre règles et transgression qui est une relation dialectique et non pas oppositive (deuxième prémisse) ;
- une rétroaction (4) de la part du système thérapeutique qui, en réagissant au comportement, permet de réaffirmer l'existence et le sens de la limite (troisième prémisse), et d'exprimer une vision de soi-même et de l'autre (*labeling).*

En réalité, d'un point de vue théorique, le contexte-templum (1) et la limite (3) sont des synonymes ; nous pourrions même dire que la limite rendue visible par la transgression est une partie de cet ensemble de normes et de pratiques qui constitue le cadre (ou contexte-templum), à l'intérieur duquel le comportement assume la connotation de transgression. Par facilité d'exposition, je les ai présentés comme des éléments distincts.

En ayant rendu explicites les prémisses épistémologiques à la base de mon regard sur la transgression, voyons maintenant comment l'utiliser en tant que levier thérapeutique.

10.5 La transgression comme symptôme du système thérapeutique : sens, isomorphisme et fonction

Quelles sont les frontières d'un système ? Quelles sont les relations qui nous définissent ? Quelles sont les appartenances sans lesquelles nous ne serions plus les mêmes et notre sentiment d'identité vacillerait ?

Normalement, cet ensemble de réseaux dont nous sommes le croisement est multiple, fluide, souvent implicite et transparent à nos yeux. Nous glissons sans cesse entre nos rôles et leur contexte relationnel sans nous y attarder plus d'un instant.

Père, ami, amant, nageur, activiste, fils, passant, citoyen, spectateur, lecteur, pollueur… nombreuses sont les positions relationnelles que nous occupons dans une même journée, nombreux les contextes d'appartenance entre lesquels nous glissons.

Plusieurs des premiers thérapeutes « non-individuels » n'ont pas respecté cette complexité, en créant un synonyme réductionniste entre thérapie systémique et thérapie familiale ou de couple. Comme si ces unités d'analyse propres du champ politique et social pouvaient réfléchir la multiplicité – en mouvement – de ce croisement d'appartenances qui constitue une personne.

Individu, couple, famille : une de ces trois cases pour réduire l'identité du patient en souffrance.

Ensuite, une vision différente a commencé à se répandre. Les frontières du système en souffrance n'étaient plus nécessairement celles des unités d'analyse sociale, mais celles « dessinées » par le symptôme même (Anderson, Goolishian et Widerman 1986).

L'émergence d'un symptôme (comme tentative dysfonctionnelle de solution) modifie certaines de nos relations et de nos contextes d'appartenance, alimentant ainsi des rétroactions (feedbacks) et envahissant les narrations que nous développons de ces liens.

D'autres relations, en revanche, en sortent pratiquement indemnes, comme indifférentes à un symptôme qui n'exerce pas un rôle particulier dans leur équilibre.

Une nouvelle ligne se crée, une nouvelle frontière qui dessine, au sein de la multitude de champs relationnels dans lesquels nous sommes plongés, ces portions à l'intérieur desquelles le symptôme est défini comme tel, et celles où il commence à exercer une – voire plusieurs – fonctions de façon redondante. Dans la théorie des systèmes complexes, on parlerait d'émergence d'une nouvelle forme d'auto-organisation.

Regarder le système tel que tracé par le symptôme, mais aussi le système tel qu'il émerge si on s'attarde sur les ressources et les îles de résilience (Anaut 2008), nous permet d'avoir une vision moins réductionniste de la pathologie.

Toutefois, parler de ce qui constitue le système comme s'il s'agissait de quelque chose de séparé de nous n'est qu'un artifice théorique, vecteur lui aussi d'une vision réductionniste (qui se situe encore dans le champ de la cybernétique de premier ordre).

Qu'il s'agisse de micro-systèmes physiques de l'ordre de grandeur d'une particule (*principe d'indétermination de Heisenberg* ; Cassidy 1992) ou de systèmes humains (Von Foerster 1981 ; Maturana et Varela 1980), le simple acte d'observer modifie l'objet de l'observation. La distinction entre observateur et observé est de ce fait fallacieuse : nous sommes partie de ce que nous observons (cybernétique de deuxième ordre).

Lorsque nous parlons d'un patient, donc, nous ne pouvons pas en parler comme d'une entité externe à nous-mêmes. Nous ne connaissons un patient qu'à l'intérieur de cette rencontre singulière (dont nous – comme lui – faisons partie) qu'est la relation thérapeutique.

Lorsque nous parlons d'un patient, nous ne parlons pas de la manière dont il/elle est, mais de la manière dont nous le/la voyons à partir de nos prémisses théoriques et à partir de la relation et du cadre à l'intérieur desquels cette rencontre a lieu.

En entrant en contact avec le patient et avec son système tracé par le symptôme, un autre système prend forme : le système thérapeutique.

Maturana et Varela (1984) affirmaient que : « Tout ce qui est dit, est dit par quelqu'un. » Personnellement, j'ajouterais que *tout ce qui est dit, est dit au sein d'une relation* (« à quelqu'un » donc).

Nous devons donc considérer, dans un contexte de cure, la transgression comme un *symptôme du système thérapeutique*. C'est-à-dire, comme quelque chose qui possède un *sens* ainsi qu'une *fonction*. Quelque chose qui exprime une difficulté, mais qui constitue en même temps aussi une opportunité d'évolution et d'autopoïèse (Maturana et Varela 1980) de niveau supérieur.

Lorsque je parle de *sens* de la transgression, il s'agit d'une façon de me demander : le patient, qu'est-ce qu'il est en train de nous dire sur lui (et sur nous) à travers cet acte que nous étiquetons comme transgressif ?

En mathématique, on parle d'*isomorphisme* lorsque : « Deux structures complexes peuvent s'appliquer l'une sur l'autre, c'est-à-dire faire correspondre l'une à l'autre, de sorte que, pour chaque partie d'une des structures, il y a une partie correspondante dans l'autre structure ; dans ce contexte, nous disons que les deux parties correspondent si elles ont un rôle similaire dans les deux structures » (Hofstadter 1979, p. 51).

En thérapie systémique, ce terme a été utilisé (Dessoy 2000) pour décrire comment, lorsque des structures de soins se mobilisent pour accueillir une demande, elles le font souvent en adoptant le même mode de fonctionnement que le système qui exprime la demande. En pratique, comme dans un miroir, les équipes ou les thérapeutes peuvent se retrouver dans les mêmes positions relationnelles que certaines personnes du système d'appartenance du patient.

Dans un certain sens, je considère ce phénomène comme un passage lié à ce que Maturana et Varela (1980) définissent comme le processus d'*accouplement structurel* : deux systèmes, en ayant des interactions répétées, tendent à s'accorder en créant une structure d'ordre supérieur (qu'il s'agisse d'un organisme pluricellulaire à partir de deux cellules ; d'un couple à partir de deux individus ; ou d'un système thérapeutique à partir de la rencontre entre patient et dispositif de soins).

Lors des premières phases de la rencontre avec le patient (début de l'accouplement structurel), il est par exemple normal d'avoir tendance à se comporter en accord (et anticipation) avec nos prémisses théoriques, expérientielles, personnelles, qui influencent notre image du patient. Dans un certain sens, notre vision du patient préexiste à notre première rencontre avec lui (Cecchin, Lane et Ray 1987).

Parallèlement, un patient tendra à se relationner avec nous en nous « invitant » à une position relationnelle similaire à celle occupée par les personnes qui font partie de ses liens les plus significatifs.

Si un patient est habitué à être dans une relation dans laquelle il craint souvent de décevoir ses parents, lors des premières interactions avec nous il tendra à lire nos rétroactions à son égard selon la grille de lecture « attentes et déception ».

Si un patient, dans son système d'origine, est perçu comme agressif et violent, il aura tendance, lors du contact avec le dispositif de soin à se comporter d'une façon qui finit par alimenter des feedbacks qui l'étiquettent comme tel.

Si un patient dépendant participe à une relation de codépendance dans laquelle il est contrôlé et infantilisé par le partenaire, il tendra à interpréter comme une forme de contrôle certains aspects du cadre thérapeutique, et ainsi à adopter des comportements qui finiront par solliciter une réaction de contrôle.

Naturellement, en parlant d'*isomorphisme*, nous parlons d'une phase et d'une possibilité, et non d'une inéluctabilité. Les patients peuvent sans s'en rendre compte nous « inviter » à occuper une position relationnelle, et nous – en réponse – reproduire « en miroir » les caractéristiques de leur système d'appartenance (ou du système dessiné par le symptôme). Après, il nous revient, bien sûr, de maintenir une vision réflexive qui nous permette d'élargir les possibilités, au lieu de les renfermer dans un cycle aride de répétitions. De prêter donc attention à ce que le système thérapeutique ne soit pas une copie du système dans lequel le symptôme est l'attracteur, mais plutôt à créer un contexte relationnel dans lequel le patient fasse l'expérience d'un lien qui aille par-delà le symptôme.

Les questions à se poser sont donc : que sommes-nous éventuellement en train de reproduire du système d'appartenance du patient ? À travers la transgression, à quelle position relationnelle le patient nous invite-t-il ? Que nous raconte-t-il sur ses relations et ses expériences passées ou actuelles, à travers son outrepassement des normes ?

Certes, toutes ces questions ne doivent pas être affrontées seul, mais en compagnie du patient. Les réponses et le sens doivent être coconstruits, et émerger d'une narration partagée.

En ce qui concerne le point suivant, notamment la *fonction* de la transgression du système thérapeutique, les questions sont : la transgression, que permet ou empêche-t-elle dans le déroulement du processus thérapeutique ? Quelles peuvent être ses fonctions dans la rencontre avec le patient ?

L'idée est donc de lire le comportement transgressif, le contexte au sein duquel il a lieu et nos feedbacks, comme un moment à l'intérieur d'un processus de soins, et d'en analyser les effets sur celui-ci.

Prenons l'exemple d'un patient alcoolique qui introduit de l'alcool au sein de l'hôpital et qui en consomme quelques jours avant la date de sortie prévue. S'agit-il d'une façon de demander de rester plus longtemps et donc de montrer qu'il n'est pas prêt à sortir ? Ou est-ce un moyen de saboter le processus thérapeutique et d'exprimer un désaccord quant aux projets de post-cure ?

La transgression, quels mots remplace-t-elle ? Que dit-elle sur le patient et sur nous, et sur le processus thérapeutique ?

Il est extrêmement important, avant de choisir une rétroaction, de prendre le temps d'interroger et de coconstruire avec le patient la fonction et le sens de sa transgression au cadre. Autrement, si la réaction est automatique, toujours identique et non interrogeable, nous risquons de répondre de façon banale (Von Foerster 1987), comme dans un dialogue (d'actes) entre sourds.

Le sens donné (et le temps pris pour le faire) à la transgression n'empêche naturellement pas une prise de position même très ferme de la part du thérapeute : au contraire, son positionnement s'en trouve légitimé. Il s'agira alors d'une rétroaction « au sein d'une relation thérapeutique » et non d'une réaction automatique, identique, stérile et réitérée.

J'ai montré comment la transgression – à lire comme un symptôme du système thérapeutique – peut être un moment clé dans un processus de soins : un risque de rupture, mais aussi une possibilité de changement.

La transgression, dans sa composition multiple (comportement, limite, et feedback à l'intérieur d'un contexte-templum) est porteuse de sens. Elle peut arriver à exprimer, ou plutôt laisser entrevoir, des aspects du processus de cure qui ne sont pas saisis par la parole. La transgression est donc à la fois une menace et un possible levier dans la trajectoire de soin du patient.

10.6 Les traces de la transgression sur le système thérapeutique

Toutefois, je tiens à prendre le temps d'une réflexion sur ce qui reste, après le passage de la transgression, dans le dispositif de cure et dans les équipes qui le portent. Sur les traces possibles, les résidus, les sillages, les fissures.

Un *premier cas* est celui où la transgression, en la franchissant (et donc en la rendant visible), interroge la limite. Dans ce cas la rétroaction du personnel soignant permet de réaffirmer le sens du cadre, et en même temps de coconstruire une vision où la transgression est « traduite » et utilisée comme possibilité de changement. La limite sort renforcée (dans son portage de signification) de cette dialectique avec la transgression (comme décrit par Bataille et Foucault), et la transgression ne se voit pas uniquement sanctionnée ou contenue, mais « lue » à l'intérieur d'un processus de cure où elle aussi trouve un sens et une fonction.

Un *deuxième cas*, en revanche, même s'il est plus rare, est celui où la transgression, en sollicitant l'autoréflexivité du système thérapeutique, conduit à un changement des normes et des pratiques qui constituent le cadre. En effet, *un dispositif de soin est un moyen, et jamais une fin.* Il est un outil pour guider le processus thérapeutique (en créant les conditions à l'intérieur desquelles il peut avoir lieu). Toutefois, il n'est jamais atemporel, ou étranger au changement.

Parfois, poussés à la réflexion par un comportement « inconfortable » de la part du patient, nous arrivons à modifier certains aspects de notre façon de fonctionner en tant que système de soin. En effet, nous « perturbons » le système-patient afin de l'ouvrir aux possibilités de changement, mais, par la même occasion, nous en sommes aussi « secoués » : « Des contextes qui ne peuvent pas se modifier en réponse aux changements qui ont lieu à un niveau inférieur peuvent être le symptôme d'un système pathologique incapable de contraction ou de croissance » (Cronen, Johnson et Lannamann 1982, pp. 96-97).

Ceci est valide pour nous aussi, et pas uniquement pour le patient.

Je prendrai un exemple quelque peu extrême et donc provocateur. Selon Durkheim (1894), la criminalité aurait aussi des fonctions positives : par exemple, celle de consolider le sentiment d'appartenance à la société qui la sanctionne, mais aussi celle d'être *un laboratoire de changement des normes.* Plusieurs comportements qui, dans un premier temps, sont sanctionnés, peuvent ensuite et progressivement devenir légitimes aux yeux de la société, comme si la phase de déviance était une anticipation de certains changements sociaux (ou plutôt, de la façon de regarder la réalité sociale et de considérer ce qui est normal et ce qui ne l'est pas). L'homosexualité, par exemple, a été considérée comme illégale dans nombreuses périodes historiques, mais aussi comme « déviante » au sens de « pathologique » : il suffit de penser à sa classification dans les premières éditions du manuel de nosographie psychiatrique DSM (Bayer 1981). Après, au fil du temps et des changements sociétaux, elle est sortie du champ de la transgression : en d'autres mots, elle est sortie de ce contexte-templum qui la situait dans la pathologie[23].

Naturellement, le changement du cadre en réponse aux différentes transgressions n'est pas la réponse la plus commune de la part d'un système thérapeutique, mais elle ne doit pour autant pas être exclue *a priori.* Une transgression est toujours une interrogation du sens d'une norme : si la réflexion qui s'en suit nous amène à ne plus retrouver ce sens, il est alors possible de modifier la norme ou la pratique, afin d'en maintenir la cohérence avec les parties encore « vivantes » et porteuses de sens du cadre thérapeutique.

Il existe pourtant un *troisième cas* : celui où la transgression frappe des points tellement vitaux du système thérapeutique, qu'elle risque de le détruire. Afin de pouvoir en parler, je souhaite faire un pas en arrière.

Bateson parlait de communication comme de la coprésence de deux dimensions : le *contenu* (ce qui est transmis) et la *relation* (dans ce sens que, en communiquant, nous définissons aussi la manière dont nous voyons nous-mêmes et notre interlocuteur). Ces deux dimensions ne sont pas deux lignes parallèles, mais l'une est le cadre de l'autre.

En effet, la *relation* est considérée comme étant le contexte à l'intérieur duquel le *contenu* assume une signification : la même critique est interprétée

---

23 Même si certains secteurs de la société continuent à adopter une vision essentialiste et déviante de l'homosexualité (Graglia, Guzzi et Rigliano 2014).

bien différemment si elle provient d'une personne qui nous aime (nous allons alors la vivre comme une remarque constructive) que si elle émane d'une personne avec laquelle nous sommes en conflit (dans ce cas, nous allons l'interpréter comme une critique émise afin de nous nuire). Et ceci, même si la parole ou le ton sont exactement les mêmes.

Ceci est défini comme *force contextuelle*, c'est-à-dire l'influence du contexte dans la définition du phénomène qui a lieu en son sein, exactement comme cela advient dans la métaphore du contexte-templum que nous avons vue précédemment.

Toutefois Cronen, Johnson et Lannamann (1983) ont souligné qu'il existe toujours une certaine récursivité : si le contexte contribue à définir le contenu, parallèlement, le contenu rétroagit également pour donner du sens au contexte.

Ceci se définit comme la *force implicative*. En effet, si d'un côté la relation que nous entretenons avec quelqu'un offre le cadre à l'intérieur duquel nous interprétons nos interactions avec lui/elle, de l'autre côté, l'image que nous avons de la relation n'est pas fixe ou indemne aux échanges interactifs. Elle est « vivante », elle naît de l'histoire des rencontres avec cette personne, elle en est nourrie et s'y adapte constamment.

Généralement, pourtant, la *force implicative* est plus faible que la *force contextuelle*. En effet, la plupart du temps (à l'exception des transitions chaotiques), nous ne modifions pas l'image que nous avons d'un lien à chaque échange communicatif (cela ne serait probablement pas « économique » en termes relationnels) ; c'est par ailleurs la raison pour laquelle les liens résistent aux disputes et aux phases de conflit.

Toutefois, il peut arriver que la *force implicative* parvienne à renverser la hiérarchie des niveaux de signification et à redéfinir complètement la relation, en primant sur la *force contextuelle*. Ce phénomène peut arriver par *singularité* ou par *accumulation*.

Si, par exemple, le partenaire avec qui vous partagez votre vie depuis cinq ans vous avouait ne plus vous aimer ou vous avoir trompé depuis des mois, cette simple phrase suffirait probablement à vous amener à redéfinir complètement l'image de la relation que vous avez avec lui/elle (*rupture du cadre par singularité*).

De la même façon, une *accumulation* d'échanges, où en apparence la *force contextuelle* prime, peut en réalité conduire à un point de rupture. La *force implicative*, de façon peu visible – presque sous-jacente – peut éroder le contexte et donner naissance à une nouvelle ponctuation relationnelle, qui apparaîtra d'un coup, mais qui a été préparée par la stratification des interactions précédentes. Dans l'un de nos exemples, si la personne qui nous aime nous critiquait non pas de façon ponctuelle, mais constamment, il est probable qu'initialement les critiques soient redéfinies comme des remarques constructives, ou en se disant par exemple que la personne est nerveuse. Toutefois, si ces critiques continuaient sans cesse, à un certain moment, l'image même de la personne s'en trouvera modifiée, même si le dernier épisode interactif n'est pas spécialement plus intense que les précédents. C'est la raison pour laquelle un couple peut avoir neuf fois la même dispute en réussissant par la suite à se réconcilier, alors qu'à la dixième, même si elle a lieu selon des modalités conflictuelles identiques, il y aura une rupture (*rupture du cadre par accumulation*).

Revenons maintenant au champ de la transgression. Nous avons vu que, généralement, un cadre thérapeutique sollicité par des comportements ponctués comme transgressifs est un cadre qui reste « vivant ». C'est un cadre qui, autrement dit, peut relire et traduire la transgression ainsi que réaffirmer le sens de son être (*force contextuelle* du dispositif thérapeutique agissant sur le comportement transgressif). Toutefois, il existe des cas où la transgression, au lieu d'interroger le sens du cadre de normes et pratiques du système thérapeutique, est capable de le détruire jusqu'à ses fondements mêmes (*force implicative* de la transgression qui agit sur le cadre). Dans ce cas aussi, ce phénomène peut avoir lieu par *singularité* ou par *accumulation.*

La *rupture par singularité* advient lorsque le comportement transgressif frappe les valeurs de base du système thérapeutique. Chaque système a une capacité (variable) d'adaptation aux perturbations, également internes. Il existe donc un *range* (gamme, spectre) de comportements qui peuvent être affrontés et absorbés sans une redéfinition du système même (dans la théorie des systèmes complexes on dirait : sans changement d'attracteur). Certains comportements, toutefois, sont tellement incompatibles avec l'auto-organisation du système qu'il ne peut en résulter qu'une rupture. Par exemple, dans certains couples, le conflit peut être quelque part accepté et même vécu comme fonctionnel, mais, si les modalités de conflit dépassent certaines limites, la relation se cassera (par exemple, dans le cas de violence physique). La même chose advient pour un dispositif de cure.

La question est donc la suivante : quels sont ces comportements qui sont considérés tellement inacceptables (dans le sens de : incompatibles avec les valeurs de base du système), au point de n'être en aucun cas tolérés ? Quels sont ces actes qui, par-delà le sens possible qui peut leur être attribué dans un parcours thérapeutique, mettent quoiqu'il arrive un terme à la relation de soin ? La violence verbale, ou physique ? La violence à l'égard des autres patients ? Celle adressée au personnel soignant ? Les menaces ? L'utilisation de la cure à d'autres fins que celles thérapeutiques ? L'excessive proximité entre patient et thérapeute ? Le vol ? Le chantage au suicide ?

Chaque système thérapeutique (même individuel) possède des frontières qui, si elles sont franchies, conduisent à la fin de la relation de soin, ou à la fin du système thérapeutique tel qu'il avait été défini jusqu'à ce moment-là. Je considère le fait de prendre le temps de s'interroger et d'être au clair sur l'endroit où l'on trace cette « ligne rouge » comme un exercice d'une importance capitale – et également très sain.

Certes, une partie de ces limites sont définies de façon explicite. L'hôpital La Ramée à Bruxelles, comme tous les établissements du Groupe Epsylon, possède une Charte Éthique qui régit les principes à la base du dispositif thérapeutique.

Une partie de ces valeurs demeure toutefois implicite, tout comme cela advient dans les mythes familiaux (Ferreira 1963 ; Neuberger 1997 et 2005). C'est le sens – pour la plupart inconscient – qu'une équipe donne au fait d'être ensemble, et aux expériences partagées passées.

Certaines transgressions sont considérées « graves » non pas tant pour le comportement en soi, mais car elles vont toucher cette partie plus implicite du cadre thérapeutique.

Prenons l'exemple d'une équipe qui partage le mythe d'être : « Adaptable à la singularité du patient, tout en restant cohésive et cohérente à son intérieur. » Partant de ce mythe implicite, il s'agit d'une équipe capable de s'adapter et de trouver du sens à plusieurs transgressions de la part des patients. Si, en revanche, ce processus advenait sans consensus interne, voire en laissant carrément une impression d'incohérence ou de clivage au sein de l'équipe, dans ce cas de figure même une petite transgression de type « fumer dans la chambre » mènerait à une perte de sens, et pourrait se révéler mortifère pour le système thérapeutique.

La *rupture par accumulation,* en revanche, a lieu quand la capacité d'absorber un comportement transgressif n'est pas toujours reproductible : la force implicative de la transgression peut perdre quelques batailles mais, si elle dure suffisamment longtemps, elle gagnera la guerre contre la force contextuelle.

Imaginons par exemple un patient qui ne respecte pas le contrat thérapeutique de base et qui se présente au bureau de son thérapeute (qui est situé dans son habitation) en dehors du rendez-vous convenu (un dimanche soir, par exemple). Et que ce thérapeute décide de prendre le temps de traduire ce comportement, et de co-construire avec le patient le sens de ce franchissement du cadre thérapeutique comme un symptôme du processus de soin. C'est-à-dire, de trouver une rétroaction qui réaffirme le sens du setting tout en permettant d'intégrer la transgression comme étape d'une trajectoire thérapeutique. Or, si ce comportement se répétait une deuxième voire une troisième ou une quatrième fois, ce thérapeute se retrouverait probablement à la croisée de chemins : soit il interrompra le processus thérapeutique, soit il continuera à accepter/intégrer ces comportements de la part du patient ; par conséquent, dans ce dernier cas, le cadre se trouvera complètement redéfini par rapport au contrat de base.

Si j'ai donc voulu offrir une perspective récursive entre transgression et cadre thérapeutique afin que le sens émerge, et que la transgression soit ramenée dans le champ de la clinique, il ne faut pas pour autant oublier que ce processus ne peut jamais advenir au prix de l'existence du système thérapeutique même.

Pour conclure cette promenade entre transgression et cadre, je présenterai un dernier cas clinique.

10.7 Une vision systémique de la transgression : un cas clinique

Andreas

Je rencontre Andreas pour la première fois un lundi matin, à l'hôpital. Le ciel, en dehors de ma fenêtre, est un entrelacement de nuages bas et argentés. Il est lourd, comme s'il était sur le point de tomber. Une pluie fine se manifeste en pianotant contre la fenêtre ; autrement elle demeurerait invisible.

« C'est le bonjour du mois de novembre à Bruxelles » me dit Andreas, en souriant. Ses yeux partagent la même tonalité de gris que les nuages. Calmes, et insondables. Son corps, cependant, bougera légèrement tout le long de cette première séance, comme si le fauteuil brûlait.

La nuit avant de rentrer à la Clinique, Andreas l'a passée dans sa voiture. Une dispute de plus avec sa compagne, un geste de trop, et Andreas se retrouve enfermé hors de la maison. Pour l'accompagner, un t-shirt et des clés jetés à la figure.

Il me raconte que cette scène s'est répétée déjà mille et une fois. La relation avec Elise est un enchaînement de feux d'artifice et de nuits blanches. Depuis le premier jour, une balançoire de passion, disputes, fusion et rejet. Parenthèses de réconciliation et ruptures déchirantes. Si, dans la théorie des systèmes complexes, on dit que les conditions pour la vie se trouvent sur le bord du chaos (Gribbin 2004 ; Haken 2000), Andreas en fait une interprétation littérale.

La balançoire avec Elise, en réalité, finit paradoxalement par rassurer Andreas. En effet, il me racontera l'image qu'il garde du couple de ses parents : deux personnes qui ont vécu en parallèle, deux trajectoires grises qui se sont effleurées un court instant (le temps d'avoir Andreas) sans plus jamais se retrouver véritablement. Il me parlera de la froideur de leur regards croisés, et des efforts pour se parler uniquement quand il était présent dans la même pièce. De ce moment, à seulement 10 ans, dans le peu de minutes parsemées entre le petit-déjeuner et le trajet vers l'école, où il leur avait directement demandé pourquoi ils restaient encore ensemble.

« Car tu es là » ils avaient répondu, avec des mots glaciaux tels une sentence. Leur condamnation à rester ensemble s'était terminée quand, à 17 ans, Andreas avait quitté la maison pour aller étudier la physique à l'université, à Bruxelles. Depuis lors, Andreas avait passé des nuits blanches à étudier et à rencontrer des filles qu'il quittait après une poignée de semaines, afin de s'assurer de ne pas tomber dans la même prison muette que celle de ses parents. Dans cette cadence saccadée il trouvait son bonheur ou, du moins à cette époque, il aimait le penser.

Et puis, la rencontre avec Elise. Les vagues, la danse de l'attraction et du rejet, comme si son corps était gouverné par une force invisible. Mais, dans cette apparente instabilité, Andreas avait trouvé une forme plus sincère et plus intense de bonheur. Dans les ruptures et les réconciliations, Andreas sentait qu'Elise et lui restaient libres. Libres de se choisir, et de s'abandonner. « Cela fait deux ans désormais qu'on est ensemble depuis un mois » m'avait-il dit, citant une chanson qu'il aimait.

Elise aussi semblait trouver du réconfort dans cette girouette de pauses et de jaillissements, du moins dans la première période. Depuis 6 mois, pourtant, Andreas la sentait se détacher.

Peu à peu.

« Je le sens dans tout ce qui manque à ses gestes pour être complets » me dira Andreas.

Peu à peu.

Cette mesure intermédiaire, pour lui qui était habitué au tout et au rien, était l'excès même.

Par ailleurs, le licenciement de son père avait entraîné le manque du seul et partiel soutien économique à ses études. Andreas avait commencé à travailler dans un café, le soir, et les nuits passées à étudier et à courir derrière Elise étaient devenues encore plus denses. Avec le temps, il avait commencé à consommer de la cocaïne et des amphétamines avec ses collègues, derrière le comptoir.

Pour vaincre la fatigue, pour oublier les horaires, et pour continuer à étudier. « Cela me maintient concentré. Vous savez, sinon l'épuisement me rend méconnaissable à mon propre regard. » Cette phrase d'Andreas me fait penser à Paul Valéry lorsqu'il écrit « par la fatigue, le corps devient chose étrangère » (1973, p. 1137). En réalité, avec les produits, c'est Andreas lui-même qui décide ne plus écouter son corps.

Pendant une longue période Andreas a gardé pour lui, dans un coin de sa vie, cette relation à la cocaïne. Loin des yeux d'Elise. Un jour, toutefois, elle en a trouvé des traces sur la table, et elle a transpercé Andreas d'un regard aussi glacial qu'une lame.

Depuis lors, l'alternance entre tempêtes et éclaircies s'est accélérée. Les promesses d'Andreas et les menaces d'Elise se pourchassent sans répit.

Jusqu'au jour où Andreas est une nouvelle fois transpercé par ce même regard du premier jour, et par les mots d'Elise qui l'accompagnent : « Tu te fais soigner, ou c'est fini entre nous. »

C'était comme cela qu'Andreas, un matin argenté de novembre, était rentré à la Clinique. Nous avons beaucoup discuté de sa relation à la cocaïne, image de son lien de couple.

Tout ou rien, mais quand tout n'est plus assez, il ne reste rien.

Nous parlons également de ses parents, et de la manière dont, pour fuir leur grise prison faite de routine et de stabilité, Andreas était entré dans une autre, plus colorée certes, mais toujours aussi pauvre en liberté.

Le premier après-midi où Andreas peut sortir de l'hôpital, il décide de le passer à la maison, pour faire une surprise à Elise. Lorsqu'il franchit la porte d'entrée, il a besoin d'une poignée de minutes pour comprendre. Ses yeux enregistrent clairement tous les détails, mais la vision d'ensemble reste brouillée. L'armoire entrouverte. Le vide du porte-manteau. L'absence des chaussures abandonnées près de l'entrée. Puis les morceaux commencent à se recomposer, et soudainement il comprend : Elise est partie. La seule trace, à part celle des objets et des gestes absents, c'est une courte lettre, dans la cuisine, au centre de la table où tant de fois ils avaient pris un petit-déjeuner trop tardif.

Les lignes un peu hésitantes de l'écriture d'Elise trahissent certes de la précipitation, mais elles dessinent un contenu irrévocable. « Je suis désolée, mais je n'y arrive pas. Je t'en prie, ne me cherche plus. Je t'ai aimé, véritablement, et pourtant j'en suis devenue incapable. »

Andreas me racontera avoir relu ce petit bout de papier une dizaine de fois, comme s'il espérait que son regard puisse en atténuer la sentence.

Puis, dans ce qui restait de l'après-midi, au lieu de rentrer à la Clinique, Andreas se rend dans un de ces endroits de Bruxelles invisibles à la plupart des gens, mais tellement limpides à celui qui cherche la cocaïne. Il en achète deux grammes, il les met dans sa poche et rentre à l'hôpital. Deux heures plus tard, Andreas et la substance sont devenus une seule chose.

Face aux regards et aux questions des infirmières, Andreas reconnaît tout de suite, froidement et avec résolution, avoir introduit et consommé de la cocaïne au sein de la Clinique.

« J'imagine que je dois partir » dit-il, en commençant à rassembler ses affaires, sans attendre la réponse.

« Attendez » dit une infirmière et lui effleurant l'épaule. « Attendez, vous discutez d'abord avec le psychiatre de ce qui s'est passé. »

En équipe, nous parlons ensemble du sens de ce qui arrivait. À l'intérieur du cadre hospitalier, introduire et consommer de la cocaïne assume clairement les traits d'une transgression. Dans d'autres *templa* thérapeutiques, ce n'en est pas nécessairement le cas. Dans ma pratique privée, il m'est déjà arrivé de voir arriver – souvent lors d'une première séance – des patients encore sous l'effet du produit. Ils venaient accompagnés par leur symptôme, un peu comme un dépressif vient en séance avec ses pensées les plus sombres. Il existe également des structures avec un seuil d'attente plus bas que la Clinique la Ramée. Des centres de premier accueil, qui fournissent un aide à toutes ces personnes qui n'ont pas encore décidé d'arrêter (ou qui n'y arrivent simplement pas pour l'instant).

Dans ces deux exemples, ce même comportement de consommation n'est pas nécessairement une transgression. Dans le cas du système thérapeutique de la Clinique la Ramée, en revanche, il l'est, irrémédiablement.

En effet, les trois semaines de cure sont caractérisées par deux aspects. La notion de choix du patient (qui décide librement de se faire hospitaliser, et qui peut partir quand il veut, en signant une décharge). Et puis, l'idée de la cure comme un moment de rupture, une parenthèse de crise et de mise à l'écart par rapport au produit et au fonctionnement du patient à l'extérieur de l'hôpital.

Souvent, une admission à l'hôpital n'est pas nécessaire, elle ne fait pas partie de toutes les trajectoires de soin. Plusieurs patients, en effet, peuvent travailler leur relation au produit tout en restant immergés dans leur système d'appartenance. Cependant, lorsqu'on décide d'une hospitalisation, on choisit un moment de recul, un « ailleurs », une île de différence. De ce fait, continuer à consommer la substance pendant les trois semaines de cure dépouille celle-ci tout simplement de son sens. Par ailleurs, le geste d'Andreas risque de porter préjudice aux autres personnes hospitalisées.

Toutes ces réflexions, nous les partageons lors d'une réunion qui a lieu « grâce » à la consommation de cocaïne de Andreas. Comme dans la deuxième prémisse, la transgression a permis de rendre visible et de réaffirmer le sens du cadre thérapeutique.

Il reste à décider du troisième élément qui ira compléter le circuit récursif, c'est-à-dire notre feedback. Nous en discutons ensemble. Normalement, ce type de comportement implique l'exclusion de l'hôpital. Nous décidons de prendre un moment pour considérer cette transgression comme un symptôme du système thérapeutique. Notamment, comme une phase du processus de cure qui peut certainement le mettre en danger, mais qui décèle probablement un sens et une fonction. Cet espace de réflexion, nous chercherons à le coconstruire avec Andreas aussi, dans un deuxième temps.

En ce qui concerne le « sens », nous nous demandons ce qu'Andreas est en train de nous montrer de son fonctionnement, voire à quelle position relationnelle il nous « invite » à travers la transgression du cadre. Andreas nous dira qu'il probablement est en train de répéter avec nous le cycle des ruptures. Que, peut-être, il a voulu sans s'en rendre compte mettre en scène la violence du geste avec lequel Elise était partie. Nous lui demandons s'il s'attend à la même réaction de notre part, c'est-à-dire la mise à distance, le départ. « Je pense que oui. C'est comme ça que cela se termine. Je passerai une autre nuit dans la voiture, comme la veille de mon admission. »

En ce qui concerne la « fonction », la transgression d'Andreas comporte en effet normalement une rétroaction d'exclusion, et donc une répétition des ruptures qui cadencent sa vie depuis plusieurs années.

« Cela sera une trace de plus dans le même socle. C'est toujours ainsi avec moi. Je suis attiré par les répétitions. C'est ma maladie, ma condamnation à retomber toujours dans les mêmes travers, à parcourir une fois de plus ces mêmes sentiers que j'ai moi-même tracés. »

La narration d'Andreas pour donner du sens à son geste est un discours imprégné d'inéluctabilité, de manque de liberté, de spoliation de ses capacités de choix.

Je cherche à reprendre sa métaphore – certes pauvre – d'une trace qui se répète toujours dans le même socle, et à trouver des images qui puissent lui « parler ». C'est une tâche difficile, vu qu'Andreas n'a laissé entrevoir que très peu de lui, à part les images de ses nuits blanches passées à étudier la physique et à courir les filles. Je lui demande donc s'il connaît la notion de stigmergie (Heylighen 2016). C'est le phénomène par lequel, en laissant une trace dans l'environnement, un membre du système (un « agent » en termes de cybernétique de la complexité) alimente une action successive similaire (circuit de feedback positif). Par exemple, quand les fourmis trouvent de la nourriture, elles laissent des phéromones le long du chemin, en augmentant ainsi les probabilités qu'une fourmi qui arrivera après choisisse le même parcours. Progressivement, ceci crée un réseau complexe de trajectoires (par auto-organisation). Les êtres humains aussi (sans utiliser forcément les phéromones…) font de même : c'est la raison pour laquelle, dans une forêt en haute montagne, se créent des sentiers ; nous avons tendance à parcourir une route déjà tracée, renforçant de cette façon la possibilité qu'après nous ce choix soit répété. La stigmergie a également été observée dans les bactéries, les négociations en Bourse et les comportements des foules.

Andreas semble curieux de cette métaphore empruntée à la cybernétique. « C'est exactement comme ça. Que ce soit la cocaïne ou les ruptures, je laisse une trace sur la même trace d'avant. Comme une gravure. » Je lui fais remarquer qu'en réalité la stigmergie est un phénomène spontané : il continue à avoir lieu car il est produit de façon automatique, sans qu'on puisse s'en rendre compte.

Lui, en revanche, a maintenant la possibilité de choisir entre parcourir le même sentier ou pas.

« Mais c'est trop tard. J'ai tout détruit » me répond Andreas, en faisant allusion à sa possible exclusion imminente de la cure.

Je lui réponds que j'avais eu l'impression qu'il était entré à l'hôpital uniquement en réponse à l'énième ultimatum de la part d'Elise. Et que cette motivation, une fois Elise partie, s'était évaporée. Mais que, peut-être, maintenant, une nouvelle fenêtre de choix allait s'ouvrir : arrêter la cocaïne pour lui-même, ou continuer à tracer le même sentier, une fois de plus.

Nous discutons en équipe, et nous décidons que la transgression ne sera pas sanctionnée par une rétroaction d'exclusion de la cure. Le psychiatre dira à Andreas que son acte le situait à une croisée de chemins : la répétition, ou le changement. Qu'il aurait pu choisir de partir, ou de rester pour cette fois-ci commencer un parcours de cure qui lui appartienne véritablement. Un vrai moment de crise et d'exploration de nouvelles trajectoires.

Andreas décidera de rester, ou mieux, de commencer.

« Je suis entré à l'hôpital pour Elise, mais je me sortirai de la cocaïne pour moi-même. »

REMERCIEMENTS

à tous mes patients, car le bout de chemin fait ensemble m'a changé aussi,

à Julien, Charlotte et tous mes collègues de l'Unité 1 de la Clinique La Ramée, pour le plaisir de travailler ensemble, jour après jour,

à mes étudiants du centre Panta Rei à Milan, pour leur curiosité et leurs questions,

à Antonio, pour m'avoir transmis le plaisir d'enseigner et pour m'avoir poussé à écrire,

à ma famille et à ma belle-famille, car il est beau de voir les appartenances se multiplier,

et (surtout) à ma compagne Solange (mon attracteur de Lorenz), pour tout son soutien pendant l'écriture du livre, et car toi, Lucas et Giulia, vous remplissez d'amour mon espace des phases.

BIBLIOGRAPHIE

Abolafia, M. (2010) *Narrative construction as sensemaking*. Organization Studies 31 (3), pp. 349–367.

Acharya, U.R., Chua, C.K. ; Dorithy, L. et Suri, J.S. (2009) *Automatic identification of epileptic EEG signals using nonlinear parameters*. Journal of Mechanics in Medicine and Biology 9 (4) pp. 539–553.

Adams, F.C. et Laughlin, G. (2000) *The five ages of the universe : inside the physics of eternity*. Free Press, New York.

Anastassiou V. (1996) *La mise en crise du fonctionnement du système alcoolique par l'organisation d'une approche thérapeutique à effets imprévisibles*. Thérapie Familiale 17 (2), pp. 127-149.

Anastassiou V., Schweitzer M. et Sokolow I. (2002) *Pour le meilleur et pour le pire*. Alcoologie et Addictologie 24 (1), pp. 53-62.

Anastassiou V. (2003) *Les distorsions des fonctions parentales dans le système alcoolique*. Alcoologie et Addictologie 25 (3), pp. 191-199.

Anastassiou, V. (2004) *L'urgence en alcoologie*. Thérapie Familiale 2004 (4), pp. 531-541.

Anastassiou, V. (2008) *Quinze ans de pratique familio-systémique en alcoologie*. Thérapie Familiale 2008 (2), pp. 279-318.

Anaut, M. (2008) *La résilience*. Armand Colin, Paris.

Anaut M. (2010) *Les processus de résiliences familiales : pistes de réflexions et axes de travail avec les familles*. In Delage, M. (ed.) *Famille et résilience*, pp. 39-59. Odile Jacob, Paris.

Anderson, H., Goolishian, H. A. et Widerman, L. (1986) *Problem determined systems : towards transformation in family therapy*. Journal of Strategic & Systemic Therapies 5 (4), pp. 1-13.

Anderson, H., et Goolishian, H. (1988) *Human systems as linguistic systems : preliminary and evolving ideas about the implications for clinical theory*. Family Process, 27, pp. 371-393. Trad. fr. (1998) ; *Les systèmes humains comme systèmes linguistiques : implications pour une théorie clinique*. Cahiers critiques de thérapie familiale et de pratiques des réseaux 19, pp. 99-132, De Boeck Université, Bruxelles.

Arecchi, F.T. (2004) *Caos e complessità nel vivente*. IUSS Press, Pavia.

Ashby, W.R. (1952) *Design for a brain : the origin of adaptive behaviour*. Chapman and Hall, London.

Augé, M. (1992) *Non-lieux. Introduction à une anthropologie de la surmodernité*. Seuil, Paris.

Ausloos G. (1982) *La thérapie familiale dans l'alcoolisme et les autres toxicomanies*. Thérapie Familiale 3, pp. 236-256.

Babloyantz, A. et Destexhe, A. (1988) *The Creutzfeldt-Jakob disease in the hierarchy of chaotic attractors*. In Markus, M. ; Müller, S. et Nicolis, G. *From chemical to biological organization, volume 39 of Springer series in synergetics*. Springer Verlag, New York, pp. 307-316.

Bak, P. (1996) *How nature works : the science of self-organized criticality*. Springer Verlag, New York. Trad. fr. (1999) *Quand la nature s'organise*, Flammarion, Paris.

Bak, P. ; Tang, C. et Wiesenfeld, K. (1987) *Self-organized criticality. An explanation of 1/f noise*. Physical Review Letters 59, 381.

Barbetta, P. et Telfner, U. (2019) *Complessità e Psicoterapia. L'eredità di Boscolo e Cecchin*. Raffaello Cortina, Milano.

Barbetta, P. et Toffanetti, D. (2006) *Divenire umano : von Foerster e l'analisi del discorso clinico*. Meltemi, Milano.

Bataille, G. (1957) *L'érotisme, Chapitre 1, L'interdit et la transgression*. In (1987) *Œuvres complètes, tome X*. Gallimard, Paris.

Bataille, G. (1961) *Les larmes d'Eros*. Editions Jean-Jacques Pauvert, Paris.

Bataille, G. (1967) *L'histoire de l'œil*. Editions Jean-Jacques Pauvert, Paris.

Bateson, G. (1972) *Steps to an ecology of mind : collected essays in anthropology, psychiatry, evolution, and epistemology*. University of Chicago Press, Chicago. Trad. fr. *Vers une écologie de l'esprit. Tome I (1977), Tome II (1980)*. Seuil, Paris.

Bateson, G. (1979) *Mind and nature : A necessary unity*. Dutton, New York. Trad. fr. (1996) *Une unité sacrée. Quelques pas en plus vers une écologie de l'esprit*. Seuil, Paris.

Bayer, R. (1981) *Homosexuality and american psychiatry : the politics of diagnosis*. Princeton University Press, Princeton.

Becker, H.S. (1963) *Outsiders. Studies in sociology of deviance*. Free Press, New York. Trad.fr. (1985) *Outsiders. Etudes de sociologie de la déviance*. Editions Métailié, Paris.

Bejan, A. (2019) *Why the days seem shorter as we get older*. European Review 27/2, pp. 187-194.

Ben-Naim, A. (2008) *Entropy demystified*. World Scientific, London.

Bergen, B. K., et Chan Lau, T. T. (2012) *Writing direction affects how people map space onto time*. Frontiers in Psychology 3 (109).

Bertrando, P. (2007) *The Dialogical therapist*. Karnac Books, London.

Bertrando, P. et Arcelloni T. (2003) *L'ipotesi è un dialogo. Condividere ipotesi con i clienti*. Connessioni 20, pp. 195-214.

Bezruchko, B.P. et Smirnov,.D. (2010) *Extracting knowledge from time series : an introduction to nonlinear empirical modeling*. Springer, New York.

Binney, J. (1987) *Māori oral narratives Pākehā written texts : two forms of telling history*. New Zealand Journal of History 21 (2), pp. 16–28.

Bocchi, G. et Ceruti M.(1985) *La sfida della complessità*. Feltrinelli, Milano.
Bojowald, M. (2007) *What happened before the Big Bang ?* Nature Physics 3 (8), pp. 523–525.
Bojowald, M. (2008) *Follow the bouncing universe*. Scientific American 299, pp. 44–51.
Boroditsky, L. et Gaby A. (2010) *Remembrance of times east : aboriginal Australian representation of time*. Psychological Science 21, pp. 1635-1639.
Boscolo, L. ; Cecchin, G. ; Hoffman, L. et Penn, P. (1987) *Milan systemic family therapy. Conversations in theory and practice*. Basic Books, New York. Trad. fr. (1993) *Le modèle milanais de thérapie familiale*. ESF, Paris.
Boscolo, L. et Cecchin, G. (1988) *Il problema della diagnosi dal punto di vista sistemico*. Psicobiettivo 3, pp.19-30.
Boscolo, L. et Bertrando, P. (2003) *I tempi del tempo : una nuova prospettiva per la consulenza e la terapia sistemica*. Bollati Boringhieri, Milano.
Boscolo, L. ; Bertrando, P. ; Fiocco, P. et Pereira, J. (1991) *Linguaggio e cambiamento. L'uso delle parole chiave in terapia*. Terapia Familiare 37, pp. 41-52.
Bourdieu, P. (1972) *Esquisse d'une théorie de la pratique*. Editions Droz, Genève.
Briggs, J. (1992) *Fractals : the patterns of chaos*. Touchstone, Simon and Schuster, New York.
Brislin, R. et Kim, E. (2003) *Cultural diversity in people's understanding and uses of time*. Applied Psychology : An International Review 52 pp. 363–382.
Bruner, J. (1986) *Actual minds, possible worlds*. Harvard University Press, Cambridge.
Bruner, J. (1997) *La costruzione narrativa della realtà*. In Ammaniti, M. et Stern, M. *Rappresentazioni e Narrazioni*. Laterza, Roma-Bari, pp. 17-42.
Buchanan, M. (2002) *Ubiquity : why catastrophes happen*. Three Rivers Press, New York.
Bylund, E. et Athanasopoulos, P. (2017) *The Whorfian time warp : representing duration through the language hourglass*. Journal of Experimental Psychology : General 146 (7), pp. 911-916.
Caillé, P. (1998) *Les objets flottants : à la redécouverte de la relation d'aide*. ESF, Paris.
Caillé, P. (2004) *Un et un font trois*. Éditions Fabert, Paris.
Caillé, P. (2008) *Voyage en systémique*. Éditions Fabert, Paris.
Caruso, A. (2002) *Altravisione : una posizione nella conversazione terapeutica fra teoria sistemica e teoria socio-costruzionista*. Connessioni 13/14, pp. 67-75.
Caruso, A. (2008) *Produrre cambiamento e offrire altre visioni : appunti per una sessione di counselling generativo*. In Formenti, L. ; Caruso, A. et Gini D. *Il diciottesimo cammello. Cornici sistemiche per il counselling*. Raffaello Cortina, Milano, pp. 33-57.

Casasanto, D. et Boroditsky, L. (2008), *Time in mind : using space to think about time.* Cognition 106 (2), pp. 579-593.

Cassidy, D.C. (1992), *Uncertainty. the life & science of Werner Heisenberg.* Freeman & Co., New York.

Cecchin, G. (1987) *Hypothesizing, circularity and neutrality revisited : an invitation to curiosity.* Family Process, 26, pp. 405-413.

Cecchin, G., Lane G. et Ray W.A., (1992) *Irriverenza : una strategia di sopravvivenza per i terapeuti.* Franco Angeli Editore, Milano.

Cecchin, G., Lane G. et Ray W.A., (1997) *Verità e pregiudizi. Un approccio sistemico alla psicoterapia.* Raffaello Cortina Editore, Milano.

Cecchin, G. (1997) *Linguaggio, azione, pregiudizio*, Connessioni, 1, pp. 26–34.

Cecchin, G. ; Barbetta, P. et Toffanetti, D. (2005), *Who was von Foerster, anyway ?* Kybernetes : The International Journal of Systems & Cybernetics, vol. 34 (3), pp. 330-342.

Cecchin, G. et Apolloni, T. (2012) *Idee Perfette. Hybris delle prigioni della mente*, Franco Angeli, Milano.

Choi, I. ; Nisbett R.E. et Norenzayan A. (1999) *Causal attribution across cultures : variations and universality*, Psychological Bulletin 125, pp. 47–63.

Coenen, R. (2004), *Les famille périodiques : théorie du chaos, complexité et systémique*, Thérapie Familiale 25(2), pp. 215-238.

Cole, M. (1998) *Cultural Psychology : A once and future discipline*, Harvard University Press, Cambridge.

Cooperrider, K. et Nunez, R. (2016) *How we make sense of time.* Scientific American Mind 27, 6, pp. 38-43.

Cronen, V.E. ; Johnson, K.M. et Lannamann, J.W. (1983) *Paradossi, doppi-legami e circuiti riflessivi. Una prospettiva teorica alternativa.* Terapia Familiare 14, pp. 87-120.

Cyrulnik B. et Elkaïm M. (2009) *Entre résilience et résonance.* Éditions Fabert, Paris.

Dakos, V. ; Glaser, S.M. ; Hsieh, C.H. et Sugihara, G. (2017) *Elevated nonlinearity as an indicator of shifts in the dynamics of populations under stress.* Journal of the Royal Society Interface 14.

Dauphiné, A. (2003) *Les réseaux urbains : un exemple d'application de la théorie des systèmes complexes critiques.* Annales de Géographie 631, pp. 227-242.

Dell, P.F. (1985) *Understanding Bateson and Maturana : toward a biological foundation of the social sciences.* Journal of Marital and Family Therapy 11, pp. 1-20.

Denborough, D. (2008) *Collective Narrative Practice.* Dulwich Centre Publications, Adelaide. Tr. fr. (2011) *L'approche narrative collective.* Herman, Paris.

Derrida, J. (1972) *La pharmacie de Platon*, in *La dissémination.* Seuil, Paris.

Dessoy, E. (1993) *Le milieu humain, I : De l'intérêt du concept en psychothérapie institutionnelle et en approche systémique.* Thérapie familiale 14 (4) pp. 311-330.

Dessoy, E. (2000) *Isomorphisme et changement, commentaires à l'étude de cas du petit Jean*, L'Homme et son milieu. Etudes systémiques, UCL, Louvain-la-Neuve.
de Timary, P. (2014) *Sortir l'alcoolique de son isolement*. De Boeck, Bruxelles.
Dhamala, M. et Lai, Y-C. (1999) *Controlling transient chaos in deterministic flows with applications to electrical power systems and ecology*. Physical Review E 59 (2).
Disconzi, M.M. ; Kephart, T.W. et Scherrer, R.J. (2015) *New approach to cosmological bulk viscosity*. Physical Review D 91, ref 043532.
Dodgson G., Gordon S. (2009) *Avoiding false negatives : are some auditory hallucinations an evolved design flaw ?* Behavioural and Cognitive Psychotherapy 37, pp. 325–334.
Duriez, N. (2009) *Le recadrage systémique*, in *Changer en Famille*. ERES, Paris, pp. 149-177.
Durkheim, E. (1894) *Les règles de la méthode sociologique*. PUF, Paris.
Einstein, A (1922) *Il significato della relatività : il mondo come lo vedo io*, Newton Compton ed. 2014. Tr.fr. (1934) *Comment je vois le monde*. Flammarion, Paris.
Dussutour, A. ; Fourcassié, V. ; Helbing D. et Deneubourg, J. L. (2004) *Optimal traffic organization in ants under crowded conditions*. Nature 428, pp. 70– 73.
Eldredge, N. et Tattersall, I. (1982) *The Myths of Human Evolution*. Columbia University Press, New York.
Epston, D. et White, M. (1992) *Experience, contradiction, narrative and imagination : Selected papers of David Epston & Michael White, 1989-1991*. Dulwich Centre Publications, Adelaide.
Estellon, V. (2005) *Eloge de la transgression*. In *Transgression, folies du vivre ? De la marche vers l'envol*, Champs Psychosomatiques 38 (2), pp. 149-166.
Falconer, K. (2013) *Fractals : a very short introduction*. Oxford University Press, Oxford.
Ferreira, A.J. (1963) *Family myths and homeostasis*. Archives of General Psychiatry, pp. 457-463.
Firth, R. (1972) *Verbal and bodily rituals of greeting and parting*. In *La Fontaine, J. (1972), The interpretation of ritual*. Tavistock Press, Cambridge.
Foucault, M. (1963), *Préface à la transgression*. In *Dits et écrits, Tome 1*, Gallimard, Paris.
Foucault, M. (1998) *Surveiller et Punir*. Flammarion, Paris.
Fraser, J.T. (1998) *Time, the familiar stranger*. University of Massachusetts Press, Cambridge.
Gaby, E. (2012) *The Thaayorre think of time like they talk of space*. Frontiers in Psychology 3 (300).
Gabaix, X. (1999) *Zip laws for cities : an explanation*. The Quarterly Journal of Economics 114, pp. 739-767.
Garcia-Pelayo, R. et Morley, P.D. (1993) *Scaling law for pulsar glitches*. Europhysics Letters 23, pp. 185-189.

Gilbert, D. T. (1998) *Speeding with Ned : A personal view of the correspondence bias*. In Darley, J. M. ; Cooper, J. (eds.) *Attribution and social interaction : The legacy of E. E. Jones*. APA Press, Washington.

Goldberger, A.L. (1997) *Fractal variability versus pathologic periodicity : complexity loss and stereotypy in disease*. Perspectives in Biology and Medicine, 40 pp. 543-61.

Glasersfeld, Ernst von (1995) *Radical constructivism : a way of knowing and learning*. Routledge Falmer, Oxford.

Glass, L. et Mackey, M.C. (1988) *From clocks to chaos : the rhythms of life*. Princeton University Press, Princeton.

Gleick, J. (2008) *Chaos, making a new science*. Penguin Books, New York. Tr. fr. (2008) *La théorie du chaos*. Champs Sciences, Flammarion, Paris.

Goffman, E. (1963) *Stigma : notes on the management of spoiled identity*. Prentice-Hall, Englewood Cliff. Tr. fr. (1975) *Stigmate*. Les Éditions de Minuit, Paris.

Gould, S.J. (1989) *Wonderful life*. Norton, New York. Tr. fr. (2004) *La vie est belle. Les surprises de l'évolution*. Seuil, Paris.

Graglia, M. ; Guzzi, S. et Rigliano, P. (2014) *L'homoséxualité dans les psychothérapies : histoire, enjeux, perspectives*. De Boeck, Bruxelles.

Gribbin, J. (2004) *Deep simplicity : bringing order to chaos and complexity*. Random House, New York. Tr. fr. (2010) *Le chaos, la complexité et l'émergence de la vie*. Champs Sciences, Flammarion, Paris.

Haken, H. (2000) *Information and self-organization : a macroscopic approach to complex systems*. Springer-Verlag, Berlin.

Hall, E. (1959) *The silent language*. Anchor Press, New York. Tr. fr. (1984) *Le langage silencieux*. Seuil, Paris.

Hall, E. (1966) *The hidden dimension*. Anchor Press, New York. Tr. fr. (2014) *La dimension cachée*. Seuil, Paris.

Hall, E. (1983) *The dance of life : the other dimension of time*, Anchor Press, New York. Tr. fr. (1992) *La danse de la vie : temps culturel, temps vécu*. Seuil, Paris.

Hawking, S. W. (1974) *Black hole explosions ?* Nature 248 (5443), pp. 30–31.

Healy, K. ; McNally, L. ; Ruxton, G.D. ; Cooper, N. et Jackson, A.L. (2013) *Metabolic rate and body size are linked with perception of temporal information*. Animal Behaviour 86 (4), pp. 685-696.

Hendry, J. (2016) *An anthropological lifetime in Japan*. Brill Publishing, Leiden.

Heylighen, F. (1989) *Self-organization, emergence and the architecture of complexity* in *Proceedings of the 1st European Conference on System Science*, AFCET, pp. 23-32.

Heylighen, F. (2001) *The science of self-organization and adaptivity*, The Encyclopedia of Life Support System 5 (3), pp. 253-280.

Heylighen, F. et Gershenson, C. (2003) *The meaning of self-organization in computing*, IEEE Intelligent Systems 18 (4), pp. 72-75.

Heylighen, F. (2008) *Complexity and self-organization*, in Marcia, J. ; Bates, M.J. et Maack, M.N. *Encyclopedia of library and information sciences*, Taylor & Francis, Milton.

Heylighen, F. (2016) *Stigmergy as a universal coordination mechanism I : definition and components*. Cognitive System Research 38, pp. 4-13.

Hildenbrandt, H. ; Carere, C. et Hemelrijk, C.K. (2010) *Self-organized aerial displays of thousands of starlings : a model*. Behavioural Ecology 21, pp. 1349 -1359.

Hodgins, D. C., et Engel, A. (2002) *Future time perspective in pathological gamblers*. Journal of Nervous and Mental Disease, 190 (11), pp. 775-780.

Hoffman, L. (1990) *Costruire una realtà. Un'arte di lenti*. Connessioni 37, 2016, pp. 83-99.

Hofstadter, D. (1979) *Gödel, Escher, Bach : an eternal golden braid*. Basic Books, New York. Tr. fr. (2008) *Gödel, Escher, Bach : les brins d'une guirlande éternelle*. Dunod, Paris.

Holland, J.H. (1996) *Hidden order : How adaptation builds complexity*. Addison-Wesley, New York.

Ito, K. et Matsuzaki, M. (1990) *Earthquakes as self-organized critical phenomena*. Journal of Geophysical Research 95, pp. 6853-6860.

Jacobs, J.A. (1995) *Reversals of the earth magnetic field*. Cambridge University Press, Cambridge.

Jeanson, R. ; Kukuk, P. F. et Fewell, J. H. (2005) *Emergence of division of labour in halictine bees : contributions of social interactions and behavioural variance*. Animal Behaviour 70, pp. 1183–1193.

Johnson, N. (2007) *Simply complexity*. Oneworld Publications, Oxford.

Jones, E. E. et Harris, V. A. (1967) *The attribution of attitudes*. Journal of Experimental Social Psychology 3 (1), pp. 1–24.

Kauffman, S. (1993) *The origins of order : self organization and selection in evolution*. Oxford University Press, Oxford.

Kauffman, S. (1995) *At home in the universe*. Oxford University Press, Oxford.

Keeney, B.P. (1983) *Aesthetics of change*. Guilford Press, New York.

Kellert, S. H. (1993) *In the wake of chaos : unpredictable order in dynamical systems*. University of Chicago Press, Chicago.

Kempler, V. (1947) *Notizbuch eines philologen*. Reklam Verlag, Berlin. Tr. fr. (1996) *LTI, la langue du troisième reich*. Albin Michel, Paris.

Keough, K. A. ; Zimbardo, P. G. et Boyd, J. N. (1999) *Who's smoking, drinking, and using drugs ? Time perspective as a predictor of substance use*. Basic and Applied Social Psychology, 21 (2), pp. 149-164.

Kerr, A. (2015) *Lost in Japan : last glimpse of beautiful Japan*. Penguin Books, New York.

Kim, J. H. et Stringer, J. (1992) *Applied chaos*. John Wiley and Sons, Inc., New York.

Klioutchnikov, I. ; Sigova, M. et Beizero, N. (2017) *Chaos theory in finance*. Procedia Computer Science 119, pp. 368-375.

Korzybski, A. (1933) *Science and sanity : an introduction to non-aristotelian systems and general semantics*. Institute of General Semantics (ed.1995). Tr. fr. (2015) *Une carte n'est pas le territoire. Prolégomènes aux systèmes non-aristotéliciens et à la sémantique générale*. Éditions de l'Éclat, Paris.

Krugman, P. (1996) *The self-organizing economy*. Wiley Blackwell, Cambridge. Tr. fr. (1988) *L'économie auto-organisatrice*. De Boeck, Bruxelles.

Kuhn,T.H. (1963) *The structure of scientific revolutions*. University of Chicago Press, Chicago. Tr. fr. (2018) *La structure des révolutions scientifiques*. Champs Sciences, Flammarion, Paris.

Kuznetsov Y. (1995) *Elements of applied bifurcation theory*. Springer-Verlag, New York.

Lai, Y-C. et Tel, T. (2011) *Transient chaos : complex dynamics on finite time scales*. Springer Verlag, New York.

Lai, V.T. et Boroditsky, L. (2013), *The immediate and chronic influence of spatio-temporal metaphors on the mental representations of time in english, mandarin, and mandarin-english speakers*. Frontiers in Psychology 4 (142).

Lakoff, G. et Johnson, M. (2003) *Metaphors we live by*. University of Chicago Press, Chicago. Tr. fr. (2011) *Les métaphores dans la vie quotidiennes.* Les Éditions de Minuit, Paris.

Laplace, P. (1820) *Essai philosophique sur les probabilités*. Imprimeries Royales, Paris.

Laufer, O. ; Israeli D. et Paz, R. (2012) *Behavioural and Neural Mechanisms of Overgeneralization in Anxiety*. Current Biology 26, pp. 713-722.

Legovski, T. et Brownlee, K. (2001) *Working with metaphor in narrative therapy*. Journal of Family Psychotherapy 12, pp. 19-28.

Leifer, M.S. et Pusey, M.F. (2017) *Is a time symmetric interpretation of quantum theory possible without retrocausality ?* Proceedings of the Royal Society Publishing 473, London.

Levin, K.J. (1997) *Rest Heart Rate and Life Expectancy*. Journal of the American College of Cardiology 30 (4), pp. 1004-1006.

Levine, R. (1997) *A geography of time : the temporal misadventure of a social psychologist.* Oneworld, New York.

Lipsitz, L.A. et Goldberger, A.L. (1992) *Loss of complexity and aging. Potential applications of fractals and chaos theory to senescence*. Journal of the American Medical Association 267, ref : 1806-9.20.

Lo, K.D. et Houkamau, C. (2012) *exploring the cultural origins of differences in time orientation between European New Zealanders and Māori*. NZJHRM 12 (3), pp. 105-123.

Lorenz, E. N. (1963) *Deterministic non-periodic flow*. Journal of the Atmospheric Sciences. 20 (2), pp. 130–141.

Lovelock, J. (2000) *Homage to Gaia*, Oxford University Press. Tr. fr. (2017) *La Terre est un être vivant. L'hypothèse Gaïa*, Champs Sciences, Flammarion, Paris.

Macduff, I. (2006) *Your pace or mine ? Culture, time, and negotiation.* Negotiation Journal 22 (1), pp. 31– 45.
Mackey, M.C. et Glass, L. (1977) *Oscillation and chaos in physiological control systems.* Science 197(21) pp. 287-289.
Majid, A. ; Gaby, A. et Boroditsky, L. (2013) *Time in terms of space.* Frontiers in Psychology. 4 : 554.
Malamud, B.D. ; Morein, G. et Turcotte, D. (1998) *Forest fire : an example of self-organized critical behaviour.* Science 281 (5384), pp. 1840-1842.
Mandelbrot, B. (1967) *How long is the coast of Britain ? statistical self-similarity and fractional dimension.* Science 156 (3775) pp. 636–8.
Mandelbrot, B. (1982) *The fractal geometry of nature.* W.H. Freeman and Company, San Francisco. Tr. fr. (2010) *Les objets fractals : forme, hasard et dimension.* Champs Sciences, Flammarion, Paris.
Mangiarotti, S. ; Peyre, M. et Huc, M. (2016) *A chaotic model for epidemic of Ebola in West Africa.* Chaos 26.
Marinoni, C. et Buzzi, A. (2010) *A geometric measure of dark energy with pair of galaxies.* Nature 468 (7323), pp. 539-541.
Maturana, H. et Varela, F. (1980) *Autopoiesis and cognition.* Riedel, Dordrecht.
Maturana, H. et Varela, F. (1984) *The tree of knowledge : the biological roots of understanding*, Riedel, Dordrecht. Tr. fr. (1994) *L'arbre de la connaissance.* Addison-Wesley, Paris.
Merton R.K. (1948) *The self-fulfilling prophecy.* The Antioch Review 8 (2), pp. 193-210
Migayrou, F. (2018) *Tadao Ando, Le défi.* Flammarion, Paris.
Miller, J.H. (2015) *A crude look at the whole.* Basic Books, New York.
Mineshige, S. ; Takeuchi, M. et Nishimori, H. (1994) *Is a black hole accretion disc in a self-organized critical state ?* Astrophysical Journal 435, pp. 125-128.
Mitchell, M. (2009) *Complexity : a guided tour.* Oxford University Press, Oxford.
Moore, K.E. (2014) *The spatial language of time : metaphor, metonymy and frames of reference.* John Benjamins, Philadelphia.
Morie, K.P. ; Yip, S.W. ; Nich, C. ; Hunkele, K. ; Carol, K.M. et Potenza, M.N. (2016) *Alexithymia and addiction : a review and preliminary data suggesting neurobiological link to reward/loss processing.* Current Addiction Report 3 (2), pp. 239-248.
Morin, E. (1985) *Le vie della complessità.* In Bocchi C. et Ceruti, M. *La sfida della complessità.* Feltrinelli, Milano.
Morin, E. (1986), *La méthode, 3. La connaissance de la connaissance.* Seuil, Paris.
Morris, M.W. et Peng, K. (1994) *Culture and cause : American and Chinese attributions for social and physical events.* Journal of Personality and Social Psychology 67, pp. 949–971.
Moussaïd, M. (2019) *Fouloscopie : ce que la foule dit de nous.* Humensis, Paris.
Mucchielli, L. (2014) *Sociologie de la délinquance.* Armand Colin, Paris.

Nagel, K. et Paczuski, M. (1995) *Emergent traffic jams*. Physical Review 51, 2909.

Natsuki, U. ; Kazushi, M. et Sumiyoshi, T. (2018) *Positive symptoms and time perception in schizophrenia : a meta-analysis*. Schizophrenia Research : Cognition 13, pp. 3-6.

Neuburger R. (1995) *Le mythe familial*. ESF, Paris.

Neuburger R. (1997) *Le nouveaux couples*. Odile Jacob, Paris.

Neuburger R. (2000) *Les territoires de l'intime : L'individu, le couple, la famille*. Odile Jacob, Paris.

Neuburger R. (2005) *Les familles qui ont la tête à l'envers : revivre après un traumatisme familial*. Odile Jacob, Paris.

Nunez, R.E. et Sweetser E. (2006) *With the future behind them : convergent evidence from Aymara language and gesture in the cross linguistic comparison of spatial construals of time*. Cognitive Science 30 (3), pp. 401-450.

Nunez, R.E. ; Cooperrider, K. ; Doan, D. ; et Wassman, J. (2012) *Contours of time : topographic construals of past, present and future in the Yupno valley of Papua New Guinea*. Cognition 124 (1), pp. 25-35.

Nunez, R.E. et Cooperrider, K. (2013) *The tangle of space and time in human cognition*. Trends in Cognitive Science 17 (5), pp. 220-229.

Page, S.E. (2011) *Diversity and complexity*. Princeton University Press, Princeton.

Pakman, M. (2018) *Immagine e immaginazione in psicoterapia*. Alpes, Roma.

Peitgen, H. (2004) *Chaos and fractals : new frontiers of science*. Springer, New York.

Perlmutter S. *et al.*, (1999) *Measurements of omega and lambda from 42 high-redshift Supernovae*. The Astrophysical Journal 517, pp. 565-586.

Poincaré, J. H. (1890) *Sur le problème des trois corps et les équations de la dynamique. Divergence des séries de M. Lindstedt*. Acta Mathematica 13 (1-2), pp. 1-270.

Pool, R. (1989) *Is it healthy to be chaotic ?* Science 243, pp. 604-607.

Poon C.S. et Merrill C.K. (1997) *Decrease of cardiac chaos in congestive heart failure*. Nature 389, pp. 492-495.

Poon C.S. (1999) *Cardiac chaos : implications for congestive heart failure*. Congestive Heart Failure 5, pp. 270-274.

Poplawski, N. (2011) *Nonsingular, big-bounce cosmology from spinor-torsion coupling*, Physical Review D : Particles and fields 85 (10) ref 107502.

Price, H. (2012) *Does time-symmetry imply retrocausality ?* Studies in History and Philosophy of Science Part B : Studies in History and Philosophy of Modern Science 43, pp. 75-83.

Prigogine, I. et Nicolis, G. (1982) *Le strutture dissipative. Auto-organizzazione dei sistemi termodinamici di non-equilibrio*. Sansoni, Firenze. Tr. fr. (1992) *A la rencontre du complexe*. PUF, Paris.

Prigogine, I. et Stengers, I. (1984) *Order out of Chaos*. Bantam Books, New York.

Prigogine, I. (2008) *Les lois du chaos*, Flammarion, Paris.

Protopopescu, V.A. ; Hively, L.M. et Gailey, P.C. (2001) *Epileptic event forewarning from scalp EEG*. Journal of Clinical Neurophysiology 18 (3), pp. 223-45.

Raup, D. (1991) *Extinctions : bad genes or bad luck ?* Norton, New York. Tr. fr. (1993) *De l'extinction des espèces*. Gallimard, Paris.

Renzl, B. (2007) *Language as a vehicle of knowing : the role of language and meaning in constructing knowledge*. Knowledge Management Research & Practice 5, pp. 44–53.

Riess, A. G. *et al.* (1998) *Observational evidence from supernovae for an accelerating universe and cosmological constant*. Astronomical Journal 116, pp. 1009–1038.

Rigliano, P. (2015) *Doppia diagnosi. Tra tossicodipendenza e psicopatologia*. Raffaello Cortina Editore, Milano.

Rigliano, P. (2004) *Piaceri drogati. Psicologia del consumo di droghe*. Feltrinelli, Milano.

Rigliano, P. et Bignami, E. (2009) *Cocaina. Consumo, psicopatologia e trattamento*. Raffaello Cortina Editore, Milano.

Rinaldo, A. *et al.* (1996) *Thermodynamics of fractal river networks*. Physical Review Letters 76, pp. 3364-3367.

Rosenberg, D. et Grafton A. (2010) *Cartographies of time : a history of the timeline*, Princeton Architectural Press, Princeton.

Rosenthal, R. et Jacobsen L. (1968) *Pygmalion in the classroom : teacher expectation and pupils' intellectual development*, Holt, Rinehart and Winston. Tr. fr (2013) *Cartographie du temps : des frises chronologiques aux nouvelles timelines*. Eyrolles, Paris.

Rosenthal, R. et Babad, E.Y. (1985) *Pygmalion in the gymnasium*. Educational Leadership 43 (1), pp. 36–39.

Ross, L. (1977) *The intuitive psychologist and his shortcomings : distortions in the attribution process*, in Berkowitz, L. (ed.) *Advances in experimental social psychology* 10, pp. 173–220, Academic Press, London.

Rousseau, J.P. ; Faoro-Kreit, B. et Hers, D. (2000) *L'alcoolique en famille*. De Boeck, Bruxelles.

Ruelle, D. et Takens, F. (1971) *On the nature of turbulence*, Communication in Mathematical Physics 20(3). pp. 167-192.

Sapir, E. (1985) *Selected writings in language, culture, and personality*. University of California Press, Berkeley.

Selvini Palazzoli, M. ; Boscolo, L. ; Cecchin, G. et Prata, G. (1980) *Hypothesizing – circularity – neutrality*. Family Process 19, pp. 73-85. Tr. fr. (1982) *Hypothétisation – circularité – neutralité, trois directives pour conduire la séance*. Thérapie Familiale, 4 (2), pp. 117-132.

Soulignac, R. (2015) *Planches narratives. Redevenir auteur de sa vie de couple.* Chronique Social, Lyon.

Spagat, M. *et al.* (2005) *From old wars to new wars and global terrorism.* Physics and Society, Cornell University, http://lanl.arxiv.org/abs/physics/0506213.

Steinglass, P. et Bennet, L. (1993) *The alcoholic family*, Basic Books, New York.

Steinhauer, J. (2014) *Observation of self-amplifying Hawking radiation in an analogue black-hole laser.* Nature Physics 10, pp. 864-869.

Steinhauer, J. (2015) *Measuring the entanglement of analogue Hawking radiation by the density-density correlation function.* Physical Review D 92, pp. 40-43.

Steinhauer, J. (2016) *Observation of quantum Hawking radiation and its entanglement in an analogue black hole.* Nature Physics 12, pp. 959-965.

Stetson, C. ; Fiesta, M.P. et Eaglemann, D.M. (2007) *Does time really slow down during a frightening event ?*, Plos One, 12 (published online).

Strogatz, S. (2014) *Nonlinear dynamics and chaos*, Westview Press, Boulder.

Tauxe, L. (2010) *Essentials of paleomagnetism*, University of California Press, Berkeley.

Thibodeau, P.H. ; Hendricks R.K. et Boroditsky, L. (2017) *How linguistic metaphor scaffolds reasoning.* Trends in Cognitive Science 21(11), pp. 852-863.

Thoenes, S. et Oberfeld, D. (2017) *Meta-analysis of time perception and temporal processing in schizophrenia : differential effects on precision and accuracy.* Clinical Psychology Review 54, p. 44-64.

Tomm, K. (1985) *Circular interviewing. a multifaceted clinical tool.* In Campbell, D. et Draper, R. *Application of systemic family therapy : the Milan approach*, Grune and Stratton, New York, pp. 33-45.

Tomm, K. (1987a) *Interventive interviewing, pt 1, strategizing as a fourth guideline for therapist.* Family Process 26, pp. 3-13.

Tomm, K. (1987b) *Interventive interviewing, pt 2, reflexive questioning as a means to enable self-healing.* Family Process 26, pp. 167-183.

Tomm, K. (1988) *Interventive interviewing, pt 3, intending to ask circular, strategic or reflexive questions ?* Family Process 27, pp. 1-15.

Ugazio, V. (1984) *Ipotizzazione e processo terapeutico.* Terapia Familiare 16, pp. 24-37.

Valéry, P. (1973) *Cahiers I.* Pléiade, Paris.

Varela, F.J. (1979) *Principles of biological autonomy*, North Holland, Amsterdam. Tr. fr. (1987), *Principes d'autonomie biologiques.* Seuil, Paris.

Vega-Martínez, C. at Azua-Bustos, A. (2013) *The potential for detecting 'life as we don't know it' by fractal complexity analysis.* International Journal of Astrobiology 12(4), pp. 314–320.

Viennot, B. (2019) *La langue de Trump.* Les Arènes, Paris.

Von Foerster, H. (1981) *Observing systems.* Intersystems, Seaside.

Von Foerster, H. (1973) *The construction of a reality.* In Watzlawick, P. *The invented reality.* Norton, New York. Tr. fr (1996) *La construction d'une réalité.* In Watzlawick, P. *L'invention de la réalité. Contributions au constructivisme*. Seuil, Paris.

Waldrop, M. M. (1992) *Complexity : the emerging science at the edge of order and chaos*. Viking Press, New York.

Wang, F.W. et Dai, Z.G. (2013) *Self organized criticality in x-ray flares of gamma-ray burst of afterglow*. Nature Physics 9, pp. 465-467.

Ward, A.J.W. ; Sumpter, D.J.T. ; Couzin, I.D. ; Hart, P.J.B. et Krause, J. (2008) *Quorum decision-making facilitates information transfer in fish schools*. Proceeding of the National Academy of Science 105, pp. 6948–6953.

Weick, K.E., (1995) *Sensemaking in organization*, Sage Publications, Thousand Oaks, CA. Tr. fr (2003) *Le sens de l'action : sociopsychologie de l'organisation*. Eyrolles, Lyon.

White, M. et Epston, D. (1989) *Literate means to therapeutic ends*. Dulwich Centre Publications, Adelaide.

White, M. et Epston, D. (1990) *Narrative means to therapeutic ends*. Norton, New York. Tr. fr. (2009) *Les moyens narratifs au service de la thérapie.* Le Germe, Satas, Molenbeek-St-Jean.

White, M. (1995) *Re-authoring lives : interview and essays*. Dulwich Centre Publications, Adelaide.

White, M. (1997) *Narratives of therapists' lives*. Dulwich Centre Publications, Adelaide.

White, M. (2000) *Reflections on narratives practice*. Dulwich Centre Publications, Adelaide.

White, M. (2004) *Narrative practice and exotic lives : resurrecting diversity in everyday life*. Dulwich Centre Publications, Canberra.

White, M. et Morgan, A. (2006) *Narrative therapy with children and their families*. Dulwich Centre Publications, Adelaide.

White, M. (2007) *Maps of narrative practice*. Norton, New York. Tr. fr. (2009) *Cartes des pratiques narratives.* Le Germe, Satas, Molenbeek-St-Jean.

White, M. (2011) *Narrative practice : continuing the conversations*. Norton, New York.

Whorf, B.L. (1956) *Language, thought, reality : selected writings of Benjamin Lee Whorf.* Massachusetts Institute of Technology Press, Cambridge. Tr. fr. (1971) *Linguistique et anthropologie.* Denoël, Paris.

Zeng, X ; Pielke, A. et Eykholt, R. (1993) *Chaos theory and its applications to the atmosphere*. Bulletin of the American Meteorological Society 74 (4), pp. 631-644.

Zhang, G.Q. et Zhang, W. (2009) *Heart rate, lifespan, and mortality risk.* Ageing Research Reviews 8, pp. 52–60.

Zimbardo, P. G. et Boyd, J. N. (1999) *Putting time in perspective : a valid, reliable individual-differences metric*. Journal of Personality and Social Psychology 77(6), pp.1271–1288.

Zimbardo, P. G. et Boyd, J. N. (2008) *The time paradox : the new psychology of time*, Rider Book, New York

TABLE DES MATIERES

Structures éditoriales du groupe L'Harmattan

L'Harmattan Italie
Via degli Artisti, 15
10124 Torino
harmattan.italia@gmail.com

L'Harmattan Hongrie
Kossuth l. u. 14-16.
1053 Budapest
harmattan@harmattan.hu

L'Harmattan Sénégal
10 VDN en face Mermoz
BP 45034 Dakar-Fann
senharmattan@gmail.com

L'Harmattan Cameroun
TSINGA/FECAFOOT
BP 11486 Yaoundé
inkoukam@gmail.com

L'Harmattan Burkina Faso
Achille Somé – tengnule@hotmail.fr

L'Harmattan Guinée
Almamya, rue KA 028 OKB Agency
BP 3470 Conakry
harmattanguinee@yahoo.fr

L'Harmattan RDC
185, avenue Nyangwe
Commune de Lingwala – Kinshasa
matangilamusadila@yahoo.fr

L'Harmattan Congo
67, boulevard Denis-Sassou-N'Guesso
BP 2874 Brazzaville
harmattan.congo@yahoo.fr

L'Harmattan Mali
Sirakoro-Meguetana V31
Bamako
syllaka@yahoo.fr

L'Harmattan Togo
Djidjole – Lomé
Maison Amela
face EPP BATOME
ddamela@aol.com

L'Harmattan Côte d'Ivoire
Résidence Karl – Cité des Arts
Abidjan-Cocody
03 BP 1588 Abidjan
espace_harmattan.ci@hotmail.fr

L'Harmattan Algérie
22, rue Moulay-Mohamed
31000 Oran
info2@harmattan-algerie.com

L'Harmattan Maroc
5, rue Ferrane-Kouicha, Talaâ-Elkbira
Chrableyine, Fès-Médine
30000 Fès
harmattan.maroc@gmail.com

Nos librairies en France

Librairie internationale
16, rue des Écoles – 75005 Paris
librairie.internationale@harmattan.fr
01 40 46 79 11
www.librairieharmattan.com

Lib. sciences humaines & histoire
21, rue des Écoles – 75005 Paris
librairie.sh@harmattan.fr
01 46 34 13 71
www.librairieharmattansh.com

Librairie l'Espace Harmattan
21 bis, rue des Écoles – 75005 Paris
librairie.espace@harmattan.fr
01 43 29 49 42

Lib. Méditerranée & Moyen-Orient
7, rue des Carmes – 75005 Paris
librairie.mediterranee@harmattan.fr
01 43 29 71 15

Librairie Le Lucernaire
53, rue Notre-Dame-des-Champs – 75006 Paris
librairie@lucernaire.fr
01 42 22 67 13

www.ingramcontent.com/pod-product-compliance
Lightning Source LLC
LaVergne TN
LVHW011954220826
846092LV00001B/175

* 9 7 8 2 3 4 3 2 0 5 1 3 7 *